寻找婺城抗战记忆

李英 章一平 陈江苹◎著

河海大学出版社
HOHAI UNIVERSITY PRESS
·南京·

图书在版编目（CIP）数据

寻找婺城抗战记忆 / 李英，章一平，陈江苹著. --
南京 : 河海大学出版社，2020.1
ISBN 978-7-5630-5715-3

Ⅰ. ①寻… Ⅱ. ①李… ②章… ③陈… Ⅲ. ①抗日战争—史料—金华 Ⅳ. ①K265.06

中国版本图书馆 CIP 数据核字（2019）第 209936 号

书　　名 / 寻找婺城抗战记忆
XUNZHAO WUCHENG KANGZHAN JIYI
书　　号 / ISBN 978-7-5630-5715-3
责任编辑 / 毛积孝
特约校对 / 王春兰　黎　红
特约编辑 / 李　路　孟祥静
装帧设计 / 周国良　刘昌凤
出版发行 / 河海大学出版社
地　　址 / 南京市西康路 1 号（邮编：210098）
电　　话 /（025）83722833（营销部）
/（025）83737852（总编室）
经　　销 / 全国新华书店
印　　刷 / 三河市元兴印务有限公司
开　　本 / 880 毫米 ×1230 毫米 1/32
印　　张 / 13.75
字　　数 / 271 千字
版　　次 / 2020 年 1 月第 1 版
印　　次 / 2020 年 1 月第 1 次印刷
定　　价 / 89.80 元

这是一段不能忘却的记忆

这是一段值得记录的经历

《婺文化丛书 X》编委会

为了不能忘却的记忆

李 英

这是一段不能忘却的记忆。

这是一段值得记录的经历。

从2014年9月开始，我作为一名志愿者，全程参与了寻访救助细菌战受害老人活动，并和资深记者章一平、陈江苹一起策划了“细菌战受害老人口述录”和“寻找婺城抗战记忆”专题活动，而这一活动的开始则是缘于与王选女士的认识。王选女士是金华的感动中国人物，是一位社会活动家、史学家。我一直以来从内心敬佩她的博大和坚强。

金华是一座感动之城，在不长时间里，出了五位感动中国人物：细菌战诉讼团长王选，一个人感动一座城的孟祥斌，普通的人民警察孙炎明，温暖中国的人民教师陈斌强，量子信息研究创新者潘建伟。我为生活在这座温暖的城市而感到骄傲。我曾经采访过孟祥斌、孙炎明、陈斌强，记录了他们的成长历程和不平凡的足迹，因此，我也希望能采访到王选，完成写作金华感动中国人物系列报告文学的夙愿。2014年秋天，在金华电视台资深记者陈江苹的安排下，我和王选在杭州匆匆见了一面。王选给我留下极其深刻的印象，她的穿着非常一般，随身背着双肩背包，快人快语，风风火火，但你和她聊上几句，就会被她内心那种正义和激情所感染。

自从1995年开始，王选放弃了在日本执教生涯和优厚待遇，执着地走上了对日诉讼索赔之路。为此，她几乎贡献了所有的青春年华和时间精力，把整个生命投入到这个活动当中，用坚毅和执着还原历史的真相。难以想象，20多年来，这个柔弱的普通女子一直坚强地走在为细菌战受害者呐喊的路上，同日本政府进行了长期没有硝烟的持久抗战。有人说她是“八年抗战”“十年抗战”，有人说她是孤独的行者。但美国历史学家谢尔顿说过一句话：“只要有两个王选这样的中国女人，就可以让日本沉没”，这句话更有震憾力。

这就是铁肩担道义的王选，这就是大义凛然的王选，这就是中国女子王选。

那次，王选到杭州是参加一个有关细菌战的专题会议，她告诉我们，她为细菌战受害老人奔走呐喊，得到了《新民晚报》的关注和连续报道，引起了上海医学专家的重视，细菌战受害老人的烂脚病终于可以得到免费救助了，她希望我能参与到这一行动中来，负责婺城区寻访救助活动。2014年9月10日，王选带着上海浦南医院、上海瑞金医院、上海第九人民医院、上海交通大学的多位专家来到金华，与金华市中心医院的有关专家共同探讨烂脚病的救治问题。那天，我们跟着王选一行，来到白龙桥、汤溪多个村子看望烂脚病老人，专家现场为患烂脚病老人问诊，上海浦南医院立即将当年 10 个免费救治名额全部提供给了婺城的烂脚病受害者。

接着，我们在《今日婺城》头版开辟了“与王选同行——寻访救助细菌战受害老人”专栏，一边寻访“烂脚老人”，一边组织动员他们参加免费治疗。9 月 18 日，我们把第一批“烂脚老人”送往上海浦南医院免费救助。我们把日子定在 9 月 18 日，就是为了提醒人们，1938 年的 9 月 18 日日军制造了震惊中外的“九一八事变”，正式发动了侵华战争，让人们铭记历史，勿忘国耻。

那天，王选特意从杭州赶到金华，一起送老人们赴上海治疗。

“寻访救助细菌战受害老人”活动引起各大媒体的广泛关注，并取得了圆满成功。接着，在资深记者、金华电视台总编办副主任陈江苹的积极努力下，金华市电视台、金华市档案馆、婺城区新闻传媒中心联合策划开展了“细菌战受害老人口述录”；后来我又和资深记者、《今日婺城》周末部负责人章一平一起策划了“寻找婺城抗战记忆”专题。

我们不能忘记，1940 年 10 月、11 月，日军飞机多次在金华上空投掷鼠疫杆菌，引发了鼠疫、炭疽、伤寒等烈性传染病，金华、兰溪、义乌、东阳、武义、浦江等地是大规模流行区，造成了大批人员伤亡。感染炭疽杆菌的部分受害者得以幸存下来，却一辈子烂头烂脚，久治不愈，痛苦不堪，度日如年。

我们不能忘记，当日本的铁蹄蹂躏中华大地的时候，坚强的中国人民奋起反抗，多少中华儿女奔赴抗战一线，与日本侵略军进行了坚苦卓绝的战斗，取得了抗日战争的伟大胜利。金华这片热土也曾经燃起抗日的烽火，留下了抗日战争的不朽足迹。抗战老兵口述录正是最忠实的记录，它告诉我们过去和战争，它告诉我们英雄和斗志。

我们不能忘记，2015年，全世界都在纪念抗日战争暨世界反法西斯战争胜利70周年，目的就是为了牢记历史，不忘过去，珍爱和平，开创未来。

无论是抗战老兵还是细菌战受害老人，他们都已年逾古稀，是他们为我们留下一份珍贵的历史资料。

我们组织的这一活动在婺城区已经告一段落，但这项工作还会继续下去，尤其是寻访救助细菌战受害老人将会延至婺城区以外的地区，我们的任务还繁重，我们将继续与王选同行，与老兵同在，一直坚持做下去。

目 录

上篇 与老兵同在——寻找婺城抗战记忆

中篇　与王选同行——细菌战受害老人口述录

下篇 与王选同行——寻访救助细菌战受害老人

上篇

与老兵同在
——寻找婺城抗战记忆

以少胜多，琅峰山大捷振奋人心

——寻访目睹日军侵略罪行和中国士兵英勇抗战的几名老人

周二上午，天朗气清。经过前一天的大雨清洗，琅琊镇琅峰山的空气更加清新，青翠欲滴的树木挺拔迎客，拂过耳边的微风让人心旷神怡。拾级而上，记者看到了并排而立的两块纪念碑：革命烈士纪念碑和抗日阵亡战士纪念碑，碑前摆放着花圈。抗日阵亡战士纪念碑是1993年琅琊镇政府立的，碑的背面介绍了这次战斗的概况。

在这悠悠琅峰山上，中国士兵曾经抛头颅、洒热血，以少胜多，击退了日军的进攻，书写了琅峰山大捷的光荣一页。当天，记者找到了当年目睹日军侵略罪行和中国士兵英勇抗战的几名老人，他们虽然都已到耋耄之年，但仍可以将日本鬼子的罪行清楚地道来。

以少胜多，“琅峰山九壮士”都是无名英雄

今年85岁的离休干部徐康有退休之后致力于琅峰山风景区的开发，收集了大量详实的历史资料。据他收集整理：1943年3月7日，驻扎在长山乡石门村的日军七九三四部队出动了200余人，向琅琊徐村以西进犯。当他们经过白沙溪时，在琅峰山山顶，中国守军二十六师一个班的9名战士居高临下，勇敢地向日军发起猛烈进攻。经过惨烈的战斗，他们共击毙了包括日军中队长在内的21人，战马1匹。日军指挥官新田大佐因战马被击毙摔倒在地。随后，日军掉头向琅峰山包抄，从当天上午10时至下午3时，一共发起3次进攻，我方守军在6人牺牲、2人受伤的劣势之下，依然坚守阵地，顽强抵抗。后来，在我方一个加强排的支援下，日军无法占领琅峰山高地，只得在泉口村抓了几十名村民，抬着尸体狼狈撤回了石门村。那一仗打得振奋人心，第二天上午，琅琊徐村的村民们奔走相告，大家主动捐钱，买了两头大肥猪、四只羊、好几担米酒，送到徐村营部驻地，慰劳抗日部队。

当时，汤溪县政府得到这一喜讯之后，马上派人来战地采访，还把被击毙的战马竖起来拍照。翌日，在《汤溪县简报》上刊登了《琅峰山之役》的文章。琅琊镇浩仁村92岁高龄的滕维松当时在琅琊徐村，亲眼看到张贴在墙上的简报。“我记得那张简报大概有半张报纸那么大，标题是大红色的，非常醒目，内容就是表彰战士们的英勇事

迹。”回忆那段历史，滕维松老人思路清晰。不过，“琅峰山九壮士”都是无名英雄，人们并不知道他们的名字，传下来的只有他们的不朽战绩。

而第一个给中国军队通报日军情报的长山乡公所总干事方伯英，事后被日军残忍杀害。

方伯英原籍福建仙游，幼时随父亲迁居长山村，当过5年兵。1942年5月日军侵占金华后，7月，日军一个大队又占据了石门村。日伪军对老百姓敲诈勒索，无恶不作。在这危难之际，方伯英挺身而出，受命于中国军队第三战区司令部，任联络参谋，接任长山乡公所总干事之职。他一方面虚以应付日伪军，另一方面在金华天妃宫福建会馆安装电台，向中国军队提供军事情报。1943年，方伯英得到情报，日军200余人，要经过琅峰山下进犯驻扎在徐村的中国军队二十六师，就把这个情报告诉了长山村的朱凤阳。朱凤阳连夜冒着生命危险把情报送到了徐村。

去年的6月，记者在长山村方伯英孙子方浩忠的家中，看到了在日本投降后， 1946年4月金华县政府颁给方伯英的一块“为国捐躯”匾额。方浩忠说，这是当时的县政府颁给爷爷的，他们一直保存至今。

因为饥饿，有些村民就吃了日军的马肉

徐毅富在琅琊镇琅琊徐村当了36年的村支书，今年已经78岁。虽然日本鬼子来时他只有6岁，但当时的情景还历历在目。

那时候为了躲避日本鬼子，村里人每天都会轮流在溪边站岗，随身带着鞭炮，如果听到动静就点燃鞭炮，提醒大家逃跑。记得1943年的一天，正好轮到徐毅富的父亲站岗。他听到溪里有动静，连忙点燃了鞭炮，跑回家，抱着徐毅富在坟地里睡了一夜。第二天早上，父亲带着他到隔壁一个村为石磨开磨，早饭、午饭都在那儿吃。那户地主家里有一座三层高的楼房，当时没有那么多大树和房屋，眼界比较开阔，站在三楼望过去，刚好可以看到琅琊山上交战的情况。那天，日本鬼子和中国军队打仗，一直打到下午3点多，后来徐毅富他们看到村里没有硝烟了，也看不到日本兵，这才放心回家。那天晚上，徐毅富他们到姑妈家吃饭，姑妈高兴地拿出八九斤马肉招待他们。原来，那马肉就是日本鬼子指挥官的战马，在当天的战斗中被打死了，村民们围上去割马肉。“我记得那马肉味道和牛肉有点像，就是带了些酸味。那个年代吃饱都是奢侈，能一下子吃到这么多肉，大家都很高兴。那么多马肉，我们一直吃了两餐才吃完。”徐毅富说。

滕维松说，当时他在汤溪简师读书，由于日军的狂轰滥炸，学校被迫停课。滕维松回到家后，被迫到湾坞村妹妹家逃难。妹妹从小就送给该村一户人家当童养媳。那天，滕维松得到消息，说有一匹日本鬼子的战马被中国军队打死，由于饥饿，有些村民就割了马肉回来。在亲家家中，滕维松也吃过马肉，就是用咸菜和马肉炒起来吃，那味道其实和牛肉差不多，一起吃马肉的除了亲家一家人，还有其他村的几个人。

罄竹难书，日本鬼子干尽了坏事

华炳钱今年 81 岁，是琅琊镇老年大学的现任校长。据他回忆，1943 年，中国军队有一个连驻扎在琅琊徐村，就住在他家隔壁，一个炊事班也设在那儿。具体哪个连，他也说不清楚，只记得听到士兵们说，他们的营长姓何。当时，华炳钱只有 8 岁。1943 年 4 月的一天下午，日军突然来袭，炮弹朝着村里一棵大樟树飞来，炮声隆隆。村民四下逃窜，躲在家里不敢出门。过了许久，听着外面安静了，村民们才偷偷出门张望，确定日本人走了，才敢大胆走出来。华炳钱也跟着大家出来看，他亲眼看到，一个40多岁的孕妇被日军的炮弹炸死了，肚子里8个月的孩子还在蠕动，惨不忍睹。还有一名老人的脚被炮弹炸断了。

当时，日本鬼子驻扎在长山乡石门村，晚上他们经常来琅琊镇扫荡，猪、牛、羊、鸡、鸭，还有粮食，看到什么抢什么，天亮前就带着东西离开。日本鬼子烧杀抢夺，奸淫掳掠，干尽了缺德事，丧心病狂的他们竟然还往村民的米缸里拉屎。

徐毅富说，记得有一次，他亲眼看到，一名妇女跪在地上朝三个日本鬼子磕头，那些鬼子一脸嘲弄的神情，还拿着刺刀佯装要刺，侮辱那名妇女。

滕又春说，那时候，日本鬼子每个月都要来村里抢粮食，抢猪、牛、羊等。有一次，十几个日本鬼子带着留声机来到村里，放起了唱片。村民们觉得很新鲜，都围过去看。滕又春也跟过去凑热闹。“小鬼，你过来。”一个日本鬼子把滕又春叫过去，让他扇扇子。扇了一阵之后，日本鬼子赏给他一块夹着番茄的面包。“他想毒死你啊！”滕又春的妈妈赶紧夺下偷偷地把面包扔了。滕又春继续在村里玩，遇到另外两个日本鬼子。当时，他们村里有一个妇女，颇有几分姿色，丈夫被抓去当兵了。两个日本鬼子看到之后想轻薄她，不想扒开衣服一看，她身上都是疮，一下没了兴致。但他们没有离开，反而想折磨她，两个鬼子拿起生火的煤炭棒子，就往妇女的下身戳。滕又春看到，吓得赶紧跑了。

今年83岁的鲍友棣告诉记者，当年看到日本人时她才11岁，很多事情都忘记了，但几件事印象深刻，她仍记忆犹新。1942年一天晚上8点多，鲍友棣和哥哥、妹妹正在床上睡觉。突然，枪声和砸门声响起。母亲赶紧叫醒他们：“日本人来了，快起来！”兄妹三个赶紧穿衣服起床，逃到后门菜园里，抱成一团。母亲急忙把后门关好，日本鬼子踹门进来：“有没有中国兵来过！”他们楼上楼下翻箱倒柜找了一番，接着打开了后门，一把将鲍友棣抓出来。母亲跪在地上求饶：“大先生行行好，我们家里从来没有中国兵来过，这几个只是小孩子而已。”兄妹几个也学母亲的样子，跪在地上喊着“大先生，大先生”。日本鬼子这才作罢，但他们没有走，转身把鲍友棣家的床铺搬走，睡在他们家大厅里。“我当时还小，但依稀记得，天亮之后，听到日本鬼子说，要去找花姑娘。”鲍友棣回忆。鬼子走后，母亲发现他们竟然在她家的米缸和锅里拉了屎。

鲍友棣还记得，那时候，村里的年轻姑娘们为了逃离日本鬼子的魔爪，都把自己扮丑，把脸涂黑。村里有一条通往山上的沟，上方有茂密的树木笼罩着，外人完全看不出是一条沟。每当日本鬼子来村里时，姑娘们连忙顺着这沟往山上跑。当时村里有一个男人留着长头发，因为年纪大了，不方便从沟里跑，就从大路跑。日本鬼子看到他的背影，还以为是个大姑娘，连忙追着他跑。追到之后让他把裤子脱下来，发现“大姑娘”竟然是个男人，鬼子发怒了，将他一顿毒打。

日军细菌战，全镇80%的人患上了烂脚、痢疾、霍乱等病

83岁的滕又春是一名退休教师。1942年的农历四月初九，为了躲避日本鬼子，当时9岁的滕又春牵着一头牛，从山后金村出发，和外公逃到南山。农历四月十二，外边开始打仗，他的父母也挑着担子逃到了山里。他们躲在山里一个多月，出去时发现山后金村已经成了日本鬼子的据点，他们不得不绕路，翻了一座山才回到杨塘下村的家里。过了几天，滕又春的父亲到溪里抓鱼，山后金村一个村民带着一名日本兵走过来。他父亲吓了一跳，连忙对日本兵说：“我只是在这里抓鱼，要不你把鱼拿去。”日本兵摆摆手走了过去。村里几个在田里劳动的年轻人听说只有一个日本兵，就想把他赶走，一群人追着他跑。杨塘下村离山后金村有5里路，日本兵就一路跑回去。大家觉得出了一口气，心里喜滋滋的。

不想，第二天山后金村日军驻地出动了40多名荷枪实弹的日本兵，村民们赶紧躲到了松树林里。过了一会儿，只见村里燃起了熊熊大火，日本人放火烧屋了！有人哭着喊着跑回去救火，又被日本鬼子开枪赶回来。后来经过统计，那次大火日本鬼子共烧了全村40多间房子。

鲍友棣所在的金村和日本鬼子占据的山后金村只有一里多路，所以经常遭到日本鬼子的骚扰。村里人后来商量，每天派两个人站岗放哨，一个在山后金村看着，另一个在离村子近点的地方守着，一看到日本鬼子出发了，放哨的村民就大喊，通知大家逃跑。等鬼子走了，村民们再回家。

据琅琊镇已故退休教师徐荣迪的调查：当年琅琊镇被日军杀死的村民共36人，琅琊徐、杨塘下、白沙卢三个村被烧毁房屋86间，全镇百分之八十的人患有脓疮、烂脚、痢疾、霍乱等病，当时因缺医少药，村里人又没钱医治，经常有人病死。1943年，受日军细菌战影响，高田塍村发生瘟疫，5～15岁的儿童死亡40多人，其中有两户人家各死了4人。

前事不忘，后事之师，为了让人们牢记那段历史，去年5月13日，由一批离退休老同志发起编写的《琅峰山大捷》一书在金华老年大学举行首发暨赠书仪式，告诉人们勿忘国耻，珍爱和平。

（记者　章一平　杨诗悦）

洪正春：难忘那战火纷飞的日子

周一上午，记者在婺城区蒋堂镇西洪村见到了97岁高龄的抗战老兵洪正春。一把花白的胡子，精神抖擞，除了年纪大了有些耳背，老人身体还算硬朗。也许是多年从军的关系，如今他的腰板还是挺得很直。回忆年轻时的峥嵘岁月，老人思路清晰，向记者娓娓道来。随着他的回忆，记者仿佛看到了当年中国的抗战英雄们在战火纷飞中的英姿……

20岁那年，他成为抗日主力二〇〇师的汽车兵

1918年，洪正春出生在一户普通的农民家中，上头有三个姐姐、一个哥哥，之后家里还添了一个妹妹。在那个年代，要养育兄妹六人，家里的负担可想而知。8岁那年，洪正春开始上私塾。不过因为家里经济困难，到了13岁，他便辍学回家干农活了。1937年"卢沟桥事变"之后，日本军队大举南下，中国人民处在水深火热之中，多少家庭妻离子散，天各一方。1938年，洪正春20岁。有一天，他正在田里

干活，偶然看到金华的国民党部队来蒋堂招汽车兵。“反正那年代也没安生日子过，不如去当兵，打日本鬼子。”洪正春便应征入伍了。

洪正春和一起入伍的新兵被派到江西省万载县一个部队驻地学习开汽车。洪正春对机械方面很感兴趣，经过三个多月的学习，汽车已经开得有模有样。毕业之后，洪正春被分到湖南湘潭，进入了二〇〇师补充团的第二团三营九连。当时部队里新编了一个驾驶班，加上洪正春一共 20 人，由副团长亲自带队。训练的日子辛苦枯燥，但洪正春乐在其中。有一天晚上，副团长的车在回部队的路上与另一辆车相撞，副团长不幸遇难。没有了领队人，驾驶班解散了，他被分配到二〇〇师汽车团的二营九连。当时师长还是杜聿明，后来他升官，当了第五军军长，师长是戴安澜，他是由团长升任师长的。“那时候我们的汽车团二营只有两三辆军用卡车，是福特牌两吨半的载重汽车，马力是挺大的，可都是破车，经常抛锚。我的任务就是开车，有时候运装备补给，有时候运人。”洪正春回忆。

参加了昆仑关战役，编入中国远征军奔赴缅甸参战

在湖南湘潭待了两三个月后，二〇〇师奉命南下，调防广西桂林。1939 年 12 月 18 日，昆仑关战役打响。第五军参加了这次抗日战争中的大型战役，并奉命主攻昆仑关。作为汽车兵的洪正春，也参加了这场战斗。汽车团承担后方运输的任务，每天把士兵运到前线阵地，

又从后方源源不断地向前线输送枪支弹药。战争是惨烈的，每当洪正春他们送补给时，战士们就把前线退下来的一大批伤员、尸体往车上搬。硝烟味，血腥味，充斥整个鼻腔。那场战役打了半个多月，每天洪正春开着卡车，头顶炮弹，奔波于前线和后方之间，把受伤的战士送往医院。

昆仑关战役大胜之后，二〇〇师奉命前往云南昆明。经过上一次惨烈的战役，部队需要休整，补充兵员。

1938 年 8 月，由 20 万名中国民工修筑成的滇缅公路全线通车，所有国际援华物资几乎都通过滇缅公路进入中国。1941 年底，太平洋战争爆发，日军入侵缅甸，企图切断滇缅公路，切断这条中国与外部联系的唯一的运输通道。

为了保护滇缅公路，1942 年 3 月，国民党政府抽调了 10 万名精兵组成中国远征军奔赴缅甸。中国远征军第五军以第二〇〇师为先头部队开赴缅甸战场。洪正春所在的二〇〇师汽车团二营五连到了缅甸之后，接到的任务是领取从美国运来的一批新汽车。“我记得那些汽车用很大的木箱装着，打开一看，都是十个轮子的大卡车。”

洪正春回忆，接收到汽车之后他们迅速撤离，与大部队在同古汇合。3 月 8 日，仰光沦陷。“当时我只记得，英国人战败，日本人从南面打过来了，我们必须协助和掩护他们撤退。部队里 1 个班 12 个人，我们一辆车可以运 2 个班，20 辆车一共运了 40 个班的士兵，跟着远征军第一路司令长官罗卓英。出发前，上级专门对我们这些司机传达了军令：不准超车，不准开灯，不准鸣喇叭，每辆车的距离拉得很大，我们的车队走了一个通宵，没看到一个日本兵。”洪正春说。

天亮时，他们的部队已经到了腊戌附近，罗卓英通过无线电台得知，密支那已经被日军占领，他随后命令汽车上的部队全部下车。为了不让日本人得到这批汽车，他们亲手将所有汽车烧掉。而当时，师长戴安澜率领的前线部队正在跟日军浴血奋战，并处于非常危险的境地。罗卓英下令，所有士兵步行，往北走。这一次远征军的大撤退，部队都散落在缅北崇山峻岭之间的野人山上。他们原以为，翻过了野人山就能回到中国，没想到后面困难重重。

翻山越岭，全排 38 个人只有 9 个人走了出来

当时他们一个排 36 人，加上正副排长一共 38 个人，一群人带上仅剩的粮食、御寒的大衣出发。野人山原始森林里雾气缭绕，就像一个走不出的迷宫。湿热的环境下，山蚂蟥到处都是。一行人白天要翻山越岭，一个人一天只能吃 4 两米，也没有盐。走累了根本

没有地方可以坐下来休息，不知何时，山蚂蟥就会爬到腿上吸血。大家实在走得很累了，就扔掉了大的行李，轻装上阵，洪正春最后就剩下一件英国人的大衣。在那里，走一天，困难就多一重。粮食很快就吃完了，大家没办法，只能吃野花菜、芭蕉叶的根。到了晚上，他们点燃一把火，在地上烧一圈，驱赶山蚂蟥。然后，一群人就蹲在树根下面睡觉，每天还要有人站岗。那种环境下，其实根本无法入睡。

日子一天天过去，原本 38 人的队伍也越来越少，有人饿死，有人冻死。剩下的人只能咬着牙坚持。有一天，他们遇上了一个逃难的云南商人，他会说当地的方言，他们便请了他当翻译。商人带着他们找到当地的部落，部落里的人以打猎为生，无论男女，都不穿衣服。皮肤看起来和中国人的肤色差不多。当地的女人头发长了，就用镰刀一割。在商人的协调下，部落的人愿意给他们带路，一群人这才走出了野人山。

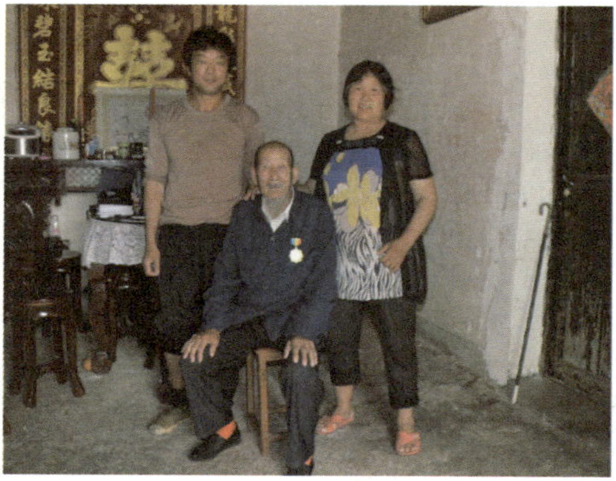

走出了野人山之后，摆在他们面前的还有好几座大山、好几条大江。洪正春记得，在翻越高黎贡山时，山上风很大，晚上还有层层积雪，

气温降到零下，很多人被冻死了。他因为还带着一件军大衣，坚持了下来。过怒江时，他们又遇到了困难。怒江上只有一座绳索桥，当地人是通过一根绳索滑到江对岸的。脚下就是波涛汹涌的江水，掉下去就会被冲走，洪正春一下子慌了。还好，当地人愿意帮忙，把他们一个个拉过去。后来，他们在当地一个保长的帮助下，坐上了船，仅剩的 9 个人一路漂到下关、大理。那三个多月艰苦逃亡的日子，洪正春一辈子都忘不了，能活着回到祖国，他觉得已经是上天对他最大的眷顾。

主动报名，远赴印度蓝姆珈受训

联系上部队之后，部队派车将他们接到昆明。9 个人经历了生死大逃亡，身心疲惫。连长体恤他们，特意吩咐他们先休息一段时间，再接受训练。在云南曲靖，第二〇〇师休整了三四个月。“第二〇〇师在缅甸损失太大了，我回去一看，汽车连里都是生面孔，好多兵都不认识，连长换掉了，营长也换掉了。”接下来的将近四个月时间里，洪正春就在部队里休养生息。

有一天，上级下了新指令，要抽调士兵到印度，让大家报名，一时间没有人愿意报名。那时，洪正春出人意料地主动报名了。“您当时为什么愿意去印度呢？”记者问。洪正春说：“战争年代，金华被日本人侵占了，有家不能回，干脆选择出去，开开眼界。”

洪正春从昆明坐飞机飞越驼峰，到了中国驻印军的训练中心蓝姆珈，被分到中国驻印军坦克第七营第一连，当上士班长。在那里，他和其他士兵一起接受专门的培训，学习如何驾驶坦克。每天，他开着交通汽车，将大家送到培训的地方，然后一起学习。在国外受训的那段日子，衣食住行等方面的条件比在国内好太多。在印度，洪正春穿的是高档的英国皮鞋、毛线袜、毛线衣、棉毛衫、衬衫，裤子还是卡其布做的。一日三餐，每天都不重样，面包、绿豆汤、牛奶、牛肉……晚上甚至还有夜宵。

洪正春回忆，给他们训练的教官是个美国人，他每天都负责接送中国学员上下课，跟他们一起学习，也要教人开车。时间一长，他也能说上几句简单的英语。后来，好学的他还当上了班长、助教，当助教待遇就更好了，每天能分到一包烟，外加一袋葡萄干。洪正春在印度待了一年半左右的时间，1945 年，日本宣布投降，他便跟着战友回中国，他们是最后一支回到中国的部队。

回家才知道哥哥因为他参加抗日，被日本鬼子杀害了

回国之后，他跟着部队来到广西南宁。“当时知道日本人投降，我心里别提有多高兴了，一心想回家看望亲人。”洪正春说，他整理好了铺盖行李，做好了回家的准备，可是却被人骗了。“我认识的一个驾驶兵把我骗到越南，把我的铺盖、行李都拿走了，不让我

回家。”原来，当时那边的部队里没有人会用酒精开车，而洪正春刚好会，他们便把他留住了。

之后，洪正春被编到六十军，给六十军军长曾泽生开车。他跟着曾泽生一路北上。“那时候工资太低，一个月才12元，烟都买不起，后来我就辞职了。”到了沈阳之后，洪正春找到原来汽车营的营长，经过介绍，他进入六十军第五十一兵站，还是当上士，他们的兵站分到10辆汽车。

在部队里，洪正春听说当时要开始“剿共”，本是同根生，相煎何太急，他不愿意参与。部队转移到长春时，他就偷偷跑到了吉林，当时吉林已经解放了。他进入一家麻袋工厂做工，做得不错，还加入了公司的工会。1949年，洪正春听说金华解放了，便一心想回家。可是当时他身上只有60元，不够买回家的车票。他跟工会申请之后，工会又补贴了他60元，离家11年后，他终于踏上了回家的火车。

回家后，原以为会一家团圆，没想到，一开门他就看到哥哥的遗照，只剩父母在家。原来，1943年的一天，日本鬼子来到洪村，得知洪正春在中国军队当兵，就在他家里残忍地将他哥哥杀害了。他的父亲躲在一边，哭都不敢哭。在家安顿下来后，洪正春原以为回归了平静，但过去国民党兵的身份，却在很长一段时间里让他受人歧视。

因为在东北待过几年，他听得懂那边的方言。当时村里有一个农民协会，会长是外地人。后来，洪正春加入了农民协会，还参与了土地改革。可是，村里很多人因为他过去是国民党的兵，排挤他，逼他退出了农民协会。更让他伤心的是，第二年他结了婚，老婆怀孕后知道了他的身份，说："国民党的兵心肠都很坏，我不能跟你过日子了。"生下女儿之后，老婆就丢下孩子自己跑了，洪正春一个人将女儿拉扯长大，一直未再娶。后来，洪正春在蒋堂镇上摆摊，给人家补鞋、修雨伞、配钥匙，过着清贫的日子。

洪正春今年 97 岁了，每个月只有 100 多元的生活补贴，家里也已经四世同堂，老人心态很好，身体也算硬朗。外孙洪志军告诉记者，老人平时还会骑着三轮车到蒋堂镇上转转。

"过去几十年，这些事情我都不敢讲，现在时代变了，社会也承认我们的功劳，感觉心里一块石头终于落了地。"洪正春说，他现在每天看看电视，在家附近转转，对如今平淡的生活很知足。

（记者　章一平　杨诗悦）

倪根聚：我曾用一挺轻机枪打死几十个日本人

倪根聚是罗店镇倪西店村人，今年91岁的他看起来精神奕奕。他19岁当兵，曾经用一挺轻机枪打死几十个日本人。他当过勤务兵，明明得到升职的机会，却因为不想同根相煎，选择回家，一辈子吃尽了苦头。过去，当过国民党兵这件事一直是他心里不能说的秘密，今天，他终于能自豪地跟世人说：“我是抗战老兵，我杀过日本鬼子！”

19岁就被抓去帮日本人造飞机场

倪根聚出身贫寒，家中兄弟姐妹共7人，他是老幺。他3岁那年，父亲就去世了，家里生活更加捉襟见肘。由于没钱读书，倪根聚很小就跟着哥哥姐姐下地干活。大哥倪玉书19岁的时候，为了寻找出路，就选择出去当兵。在国民党军队第六师的工兵营一直当到营长，他才回家娶妻成家，之后便不愿回去过戎马倥偬的生活。

当时，北山这一带有一个叫邢小显的土匪，他拉起了一支队伍。

知道倪玉书当过兵，土匪就请他当中队长，管理部队。没想到，1942 年，日本人侵占金华之后，这些土匪竟然想投降日本人，当伪军。倪玉书得知后义愤填膺："堂堂七尺男儿是要保家卫国的，怎么能和日本鬼子同流合污？"他带着部队，投奔了国民党第三战区的独立三十三旅。这下土匪恼羞成怒，带着人要去倪玉书家里烧房子。倪根聚的老母亲受到惊吓，没过多久便去世了。这下，孤苦的倪根聚一家更加凄凉，受人欺负。1943 年，倪根聚 19 岁，村里的保长就把他抓去，帮日本人在金华造飞机场。

"在飞机场做工的日子太苦了，日本人简直不把我们当人，动不动就拳打脚踢。晚上睡在地上根本睡不着，有些人饿得干不动活，日本人就活活把他们打死。我一直在找机会逃走。"倪根聚回忆，有一次，日本人派他去火车站运木头，要经过中山马路。他站在车背上，一路寻找逃跑的机会。那时候，中山马路有一个小市场，很多人在那儿做小生意。当经过那里时，倪根聚看准机会，从车上一跃而下，日本人想开枪，可是那里人太多，只能作罢。倪根聚就趁乱逃走了，但他不敢回家，怕保长又把他抓回去，他可不想去送死。在外面躲了几天之后，倪根聚偷偷跑回家。之前大哥倪玉书往家里寄过一封信，倪根聚就把信偷出来，照着信上的地址，准备去福建投奔大哥。

他曾经用一挺轻机枪打死几十个日本人

去福建的时候，倪根聚身上没有一分钱，也没有任何行李、干粮。一路上，他一步步走着，脚底下全是水泡。饿了就沿路乞讨，讨不到就吃草，在路边田里偷一些番薯果腹。晚上要么睡在田间，要么躺在人家门口，运气好遇上好心人，他也能在农户的灶屋中过夜。就这样，倪根聚整整走了 17 天，终于走到了福建省南平市，找到了大哥倪玉书所在的部队。大哥当时虽然已经是国民党的团级军官，但因为是投奔过来的，部队里没给他实权，只让他做仓库库长。当时，倪根聚浑身又脏又臭，饿得皮包骨，简直不成人形。嫂子看到之后颇为嫌弃。大哥把他的名字加到仓库的人员名单里，好让他有饭吃。在那停留了一段时间后，上级命令来了，派大哥前往江西瑞金的黄埔军校第三分校学习。大哥便携了妻儿出发了，倪根聚则留在独立 33 旅第二营第四连第三班当兵。

那时候，日本鬼子想攻占安徽，他们集结了部队，企图从新安江攻到安徽。1945 年的上半年，倪根聚所在的独立三十三旅接到命令，调到了新安江一带，阻止日本鬼子的侵犯。倪根聚之前一直在仓库里当兵，并没有接受过系统的训练，打枪也完全是靠班长和班里老兵的传授。他们一路走，一路打。到了最后一天，他们来到了分水一带，抢占了一座地形有利的山头。当时第二营第四连第三班一个姓戴的班长，把班里仅有的一挺轻机枪交到倪根聚手里。第一次扛着机枪，倪根聚心里别提有多紧张了。那座山头旁边有一条金华通往安徽的小路，他们埋伏好，等着日本鬼子经过。到了那天傍晚 5 点多，鬼子来了！当时天已经有点黑了，倪根聚看不清到底有多少鬼子。他扛着轻机枪，一直朝着鬼子扫射了一个多小时，手指都麻了。鬼子不敢再往前，逃走了。“我不知道到底射死了多少鬼子，几十个肯定有的。”倪根聚自豪地说。

那是倪根聚打的唯一一次仗，除了尝到打胜仗的滋味，其实他还经历了惊魂瞬间。当时他穿着棉裤，打仗过程中，日本鬼子的一颗子弹朝他飞来，幸好只穿过了他皱起的棉裤边。但旁边的副官就没那么幸运了，被那颗子弹打中身亡。

到了第二天凌晨 4 点多，前方传来好消息：日本人宣布无条件投降啦！部队里一下子炸开了锅，士兵们一个个乐得跳了起来。“不用打鬼子啦！”大家抱在一起，激动得都哭了。

在苏州接收投降日军的武器

打完胜仗之后，大部队浩浩荡荡前往余杭集中。到了余杭，上头命令，休息两天，整顿部队。经历了那一仗，士兵们身心疲惫。两天之后，上级命令又下来了，让他们去苏州接收投降日军的武器。大部队排着整齐的方阵，进入苏州，当地人民热烈欢迎。苏州的海军营房是日本人建造的，大得可以住下一个师的部队。他们到达那里时，日本人已将武器集中好，他们便负责管理这些武器。另外还有一个任务：保护那些日本俘虏。原来，大家都恨死了无恶不作的日本鬼子，当地人民只要一逮到外出的日本鬼子，就会将鬼子打死。“我们虽然痛恨日本鬼子，但国家肯定有国家的考虑，我们还是要顾全大局，保护他们。”倪根聚说，尽管如此，他其实那会儿也想杀日本鬼子。有一天晚上，一个日本鬼子走出来，倪根聚和一个小他几岁的战士看到了，想起日本鬼子的暴行，实在没忍住，两人就用拳头将鬼子打了一顿。

在那守了半个多月，部队接到命令，要将一千多个日本俘虏护送到上海的吴淞口，送他们回国。部队的士兵们排成两列，将日本俘虏围在中间，走路前往吴淞口。上头规定，途中不能惊扰百姓，他们晚上便直接露宿野外。整整走了两天一夜，终于到达吴淞口，完成任务后，倪根聚又跟着部队回到苏州。

升为部队的准尉，他却决定回家

回到苏州之后，倪根聚遇到了后勤总部第四兵站支部参谋主任的一个勤务兵，名叫周永志。周永志告诉他，他们的部队不用打仗，工作还挺轻松的。倪根聚听罢有些心动，便脱离了原来的部队，加入了周永志的那支部队。第四兵站参谋主任姓冯，冯主任看倪根聚人挺机灵，又参加过战争，就把他留在身边，把周永志派去给太太当勤务兵。当勤务兵确实轻松很多，只要跟着冯主任，很多时间都在办公室里闲坐。

当时，兵站的支部长名叫尚大伟，他的勤务兵刚巧逃走了。尚大伟便跟冯主任开口，想把倪根聚要过去。尚大伟属于少将级别，说话自然有分量，倪根聚便又换了地方，在第四兵站当起了警卫。倪根聚跟着尚大伟到了青岛，又从青岛到烟台。尚大伟很器重他，半年之后，什么事情都交给他做，他心中也充满感激。但倪根聚和尚大伟的太太不合，有一次，终于爆发了口角。倪根聚就想离开那里，他没读过书，不会写字，就请人连打了两份报告，要求回家。“我对你不好么？你为什么不安心留在这里，学点文化，不要回家了。”尚大伟觉得这年轻人其实挺有前途，不愿流失人才。可倪根聚心里已经下定了决心：日本人已经投降了，现在国民党又要和共产党打仗，他不愿意。他便骗尚大伟说，家中有年迈的双亲，他想回家探亲。

尚大伟考虑之后，决定升倪根聚为准尉，并且准了他一个月的假期。

回到家后，几十年忍受贫困

回到家后，倪根聚就没打算再回去。“听说支部长后来当了师长，向共产党投诚了，当年我要是没离开的话，日子肯定比现在过得好。”原来，回到家之后，倪根聚又吃尽了苦头。回来那一年，他只有23岁，他不敢把自己在国民党部队当过兵的事告诉别人，只是窝在家里默默地耕作。1949年，金华解放了，各单位开始大批招人。当时设在醋坊岭的公安局也要招人，倪根聚就去报名了。“那会儿招人程序很简单，负责招人的那人看过我之后说，第二天把小学毕业证书交过去就可以上班了。可怜我书都没读过，哪里来的小学毕业证书？”就这样，倪根聚一个部门都没法进。他也死心了，安心在家里种田。

倪根聚说，土改时，家中没有土地，爷爷当过长工，只有两间房子的倪根聚竟被划为地主，到了29岁才结婚，妻子方美蕊小他9岁。两人相继有了4个儿子，可是家里仍然穷得揭不开锅，一家人蜗居在破旧的小房子里。为了养活4个儿子，倪根聚只能到处借米借菜，有时甚至直接挖了嫩草给儿子吃。

那么多年过去了，倪根聚始终将当年当兵打仗的事深埋心中，不敢对别人透露半句。他的大舅是个离休干部，去年有一次偶然跟他说起来，现在国家承认抗战老兵的功劳了。倪根聚听了之后颇为激动，他就一五一十地将自己的故事说给大舅听。“我也是今年才听到父亲说起他过去的事，真的没想到，我父亲竟然还打过日本鬼子。”大儿子倪华生说，过去有一段时间，父亲身体很不好，现在还算稳定，就是一走路就会胸闷气短。

采访结束，记者告别了倪根聚，老人家又坐回藤椅上，目光望向远方，仿佛还沉浸在过去的回忆中……

（记者　章一平　杨诗悦）

杨金继：那年，我参加了松山血战

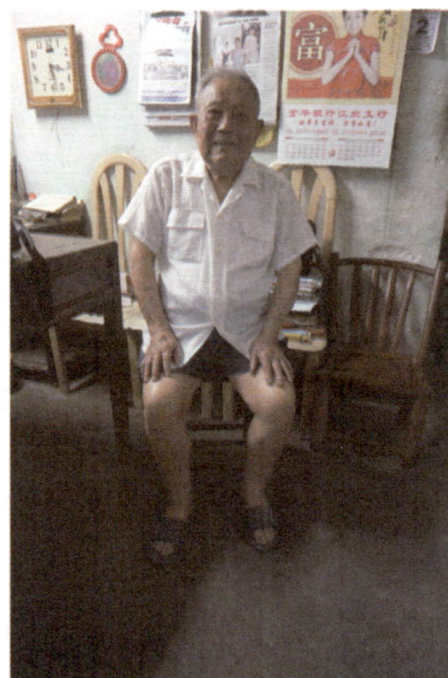

我国军事专家余戈在他的《滇缅战场拉开中国反攻序幕》一文中说，日军战史中承认，在第二次世界大战亚洲战场上，只有三次是他们所说的“玉碎战”，也就是日本人被全部消灭的战役，它们分别发生在滇西的松山、腾冲和缅北的密支那。这三个地方，都是中国军队打下来的。松山战役也是日军在中国战场上首次遗留上千具遗骨迄今无法收回的败仗。

松山战役在中国抗日战争史上具有特殊地位，它打破了滇西战役僵局，拉开了中国大反攻的序幕；这是中国抗日战场首次获得完全胜利的攻坚战，中国战略反攻的转折之战；中国军队首次歼灭一个日军建制联队（团）的战役、日军在亚洲战场的第一个所谓“玉碎战”。

在杨金继的抗战岁月中，令他印象最深的，就是这场惨烈至极的大胜仗——松山战役。几年前，一部风靡一时的电视剧《我的团长我的团》，就是以这场战役为历史背景的。

16岁考入军校，18岁走上抗日战场

1923年，杨金继出生在武义县城下街头生姜巷，9岁到武义壶山小学上学。因为天赋不错，只用了两年时间，他就学完了小学全部课程。“一个学期的书，刚发下来两个星期我就都背掉了。”杨金继自豪地说。千家驹、汤恩伯都是这个学校毕业的。小学毕业后，他又念了两年私塾。

1938年，正是全面抗战开始的第二个年头，国民政府抽壮丁，金严师管区的一个排长是龙游人，来武义招兵，他说是到金华读书。杨金继那年16岁，个子不高，来到金华后，住在秋滨的姜山头村。杨金继到了金华一看，身边这些人都是壮丁。杨金继不干了，去找连长问个明白。连长说，“小鬼，找我什么事？”杨金继告诉他：“勤务员不来当，我要读书。”“你要读书？那好，我有机会让你读书。”连长说。

一个星期后，国民党各军事院校在金严师管区司令部所在地八咏楼联合招生。连长赶忙跟他说：“小鬼，你不是要读书吗？你去

考！”得到这一消息后，杨金继很开心，早早地赶到八咏楼准备考试。当时的军事院校招生比较严格，300 多人报名，考中的只有 30 人，杨金继被成功录取。

待了三天后，他们 30 人从金华火车站坐火车出发，一路上，为了躲避日本人的飞机轰炸，火车走走停停，开了两三天，来到了湖南湘潭。下了车，来到一所学校，大操场上有一万多人，都是从全国各地来的学员。

那时杨金继才 16 岁，个子小。招生的军官就说：“你到步兵学校吧。”杨金继就被分配到步兵学校，校长是蒋介石，教育长是王俊。学校有 3000 名新生，共分为 3 个大队 12 个中队。杨金继在 12 中队，是中队里最矮的一个，都是排在队伍最后面。12 中队中队长叫王敬禅，四川人，黄埔十二期毕业的。总队长叫丘八，黄埔六期毕业的。

步兵学校就在湘潭当地，主要学怎么打仗，什么兵器都要学，也很艰苦。一门 82 迫击炮，连底盘有 40 公斤重，要背着炮跑步，得跑一个小时。

过了几个月，蒋介石来步兵学校挑选卫队，主要有 3 个条件：浙江人，未婚，高小以上文化，年龄 16 岁。杨金继被选中了，想去，但中队长说：“小鬼，不要去，当卫队没出息的，步兵学校出去是当官的。”所以，杨金继就不去了，继续在步兵学校学习。

1938 年 10 月，武汉会战爆发，步兵学校不得不迁到广西全州，后来搬到桂林。1939 年，步兵学校迁到广西永福，在永福的时候杨金继毕业了。因成绩突出，杨金继被留校任练习队教育班长，当时教育总队有 3000 名学生，其中练习队有 1000 人。步校设有将校班，都是少校营长以上的军官，练习队就是专门给将官、校官做军事示范的。

1939 年，昆仑关战役打响。第五军攻克昆仑关，12 月 30 日第五军第三次攻克昆仑关，歼灭日军第二十一旅团 5000 余人，二十一旅团班长以上的军士官死亡达 85% 以上，击毙敌少将旅团长中村正雄。

战役结束后，第五军急需休整补充。练习队就调了一部分人回去，从湖南调了 1000 名士兵，组建了军政部独立炮兵营。炮是从法国运来的 37 迫击炮。这些炮来之不易，负责运输的法国军舰在印度洋被德军潜艇击沉，捞起来 30 多门炮，只能成立一个炮兵营。营长姓关，是步兵学校教官。杨金继任独立炮兵营准尉见习官。

昆仑关战役后，补充到荣誉第一师，参加了襄宜会战

独立炮兵营在柳州郊区训练，不幸发生了瘟疫，许多官兵打摆子、发抖，有的战友发病三天就死了。昆仑关战役后，独立炮兵营剩下 700 多人，被编入驻扎在柳州的第五军荣誉一师。伤愈归队的军人称为荣誉军人，荣誉师由荣誉军人编成，战斗力非常强。

昆仑关战役后，炮兵独立营补充到第五军荣誉第一师，军长是杜聿明，副军长郑洞国兼荣誉第一师师长，驻广西柳城，杨金继任副官处附员。

1940年，副军长郑洞国升任军长，率荣誉第一师、一〇三师、八十二师，成立新编十一军，前往湖南衡阳整训。

这里还发生了一段小插曲。有一次他们在大食堂吃饭，当时的军长郑洞国看到杨金继，就问杨金继是哪里来的，郑洞国和杨金继交谈后，就推荐他去黄埔军校柳州第二分校继续深造。杨金继很珍惜这次机会，但是，他人还没到学校，就加入了前线战役。

杨金继参加的第一次战役是襄宜会战。当时，湖北吃紧，才整训月余的新编十一军即赶赴湖北鄂西，在枝江渡过长江加入襄宜会战。回忆起当时的情景，93岁的杨金继还是很激动。“长江的江面大概有6里路宽。当时渡江很不容易，白天，鬼子的炮艇在江面上巡逻，日本人的飞机在上空盘旋，我们是趁着晚上偷偷渡过长江的。”

刚过江的第二天，荣一师就在湖北阳新半月山遭遇了日军的骑兵部队，爆发激烈战斗。日军有空中支援，日军骑兵从三面包围了部队。最终，我方由于寡不敌众，师长下令后撤。部队被打散后，互相传话，上级来了一道命令：“军长有令，各自想办法渡过长江，撤到宜都集中。”退守宜都后，师长舒适存被撤职，后由八十二师副师长李弥继任。

师部成立军士教导大队，杨金继担任分队长，相当于排长，专门训练从各团来的班长、上等兵等军士。结业后，李弥找杨金继谈话，委任他为荣三团三营迫击炮排排长，军衔为少尉。此时，部队番号改为第八军。

在这两年期间，杨金继又参加了多次战役。1940 年，驻宜昌日军第十六师团渡江西犯，企图进犯恩施（第六战区司令部所在地）。中国军队增援，在长阳大桥边迎战日军，日军不支退守长江边的磨盘山。中国军队与日军相持半年。

不久，杨金继所在部队又奉命偷渡长江，深入江汉平原，在阳新、监利、湛江、沙市地区展开游击战，与当地的新四军并肩作战。“打游击战的时候很可怜啊！大冬天只能穿单衣，士兵们冻得每到一个村子第一件事情就是生火取暖，否则就会冻僵。”杨金继说，经过数十年，能想起的细节不多，唯一的感触就是很艰辛。

渡江回来后，正好是 1941 年农历春节。过完年，部队出发，经过湖南、广西，到了贵州晴隆驻防。彼时，杨金继已升任第七连中尉排长。

有一次，团长把杨金继叫到团部，派他去昆明西山碧鸡关，到军事委员会西南军官训练团学习，团长是蒋介石，教育长为陈诚。学的是美式武器装备，印象深刻的有 M260 迫击炮，很厉害，教官是美国的一名准将。

1942 年，杨金继所部又列入中国远征军序列，经鄂、湘、桂、黔，长途跋涉步行到滇南文山马关，与安南（现越南）法国殖民军、日军对峙。那时，越北一带的法国人已经向日本人投降。“这段经历让我了解了在二战中，世界人民对中国军队的顽强精神是非常佩服的。”杨金继说，当时，他们曾穿着便衣偷偷进入安南老街区，结果一到那里，就被法国人看出是中国兵了。法国人对他们竖起大拇指说：“中国兵真厉害，抵抗了这么多年，我们法国人 3 个月就投降了。”法国人还偷偷告诉杨金继，日本人每天都要搜索，让杨金继他们赶在 12 点之前回到驻地。

参加松山血战，他光荣负伤

中国军队在松山滚龙坡阵地上

1944 年，中国远征军奉命西调，经蒙自、开远、昆明、祥云，抵达保山。荣三团团部及一、二营驻在诸葛营，三营担负机场守卫任务。杨金继已升任荣誉第一师三团三营七连中尉副连长。

7月初，远征军强渡怒江惠通桥，攻击日军滇缅战区六大据点之——松山，杨金继也随部队加入了松山战役。

松山是日军在滇缅边境六大据点之一，阵地工事构筑异常坚固。1942年5月，日军由缅甸仰光登陆，侵入滇缅边境，占领怒江以西大片土地两年之久，在松山大小山头构筑钢筋水泥工事。每个山头自成一体，中央是母堡，四周为子堡，均有交通壕连接，四通八达，火力网点互相牵制支援，形成桥头堡，控制滇缅公路及数十里怒江峡谷江面，易守难攻。

中国远征军打算拔掉这个日军据点。1944年6月初，中国远征军第七十一军新二十八师开始攻击，至月底，因损失过大，卫立煌命令：由第八军接替攻击。

荣一师奉命从保山赶至怒江江畔，发现惠通桥已经被炸毁了，无法通过。只好用汽油桶和木板临时搭起一座浮桥，部队这才渡过怒江。7月上旬，荣三团团长赵发毕（贵州人，黄埔九期生，军长何绍周的外甥），带了一、二营官兵先期出发赶往松山。

1944年6月6日晚，在夜幕掩护下，赵发毕团长亲率三个连队进行正面强攻，经激战，连夜把鬼子赶下山去。日军仍负隅顽抗，荣三团继续强攻，伤亡不小，然而松山主峰久攻不下。

赵发毕团长受美国顾问启发，决定挖地道：用坑道作业延伸至松山主峰堡垒底下，以炸药摧毁。美国顾问从昆明调来 3000 余公斤 TNT 炸药。7 月中旬的一天，由荣三团担任主攻，一营二连为突击队，进入攻击点匍匐待命，四连跟进，三营为预备队。

时机一到，赵发毕团长果断按下电话机改装的遥控器，只听轰的一声，一朵蘑菇云冲天而起，把松山主峰上的日军碉堡和工事一起炸上了天。二连官兵趁机攻克了松山。部队就地修筑工事，以防日军反扑。

当晚，日军组织了 200 多人发起冲锋，企图夺回阵地。七连王富国连长奉命带了一、二排官兵增援二连。杨金继奉命率第三排担负部队侧后翼的警戒任务，以防日军偷袭。守了一整夜，第二天傍晚的时候，张营长从报话机里得到一个消息："赶紧带部队上来。"杨金继带着一个排赶回营部，营长告诉杨金继："你是副连长，你的连长王富国已经牺牲了。你赶紧带着你这个排，到松山前线阵地上去防守，我委任你为代理连长。"

于是，杨金继带着第三排赶到地名叫滚龙坡的阵地。他立即清点人数，剩下不到两个排的兵力。一名班长说："连长被打死了。""他带我过去，连长就死在一个壕沟边上，腰上中了两枪。还有一个传令班班长也牺牲了，是湖南人。当时日本兵攻上来，双方拼刺刀。他扑上去，死死掐住那个杀死连长的日本兵的脖子，日本兵情急之下拉响了身上的手榴弹，两人同归于尽。”杨金继说。

七连仅一位排长幸存，杨金继让他把所有士兵编为三个班，防守右翼阵地，又将三排三个班放在前沿阵地，将一、二排士兵合编为一个排，由二排排长指挥。再次修筑工事，备战。

第二天入夜，日军新一轮反扑又开始了。杨金继一边在战壕里左右移动指挥，一边向日军投掷手榴弹。苦战了一个小时，将日军击退。“当时的场面很混乱，冲锋枪乱扫射，手榴弹乱扔，到处都是爆炸声、惨叫声，不知怎么的，我右腿就中了一枪。”杨金继回忆说，传令兵撕开杨金继的裤子一看，这才发现他的大腿被子弹打穿，血流不止。简单包扎后，杨金继叫来六十炮排排长，也姓杨，只有18岁，杨金继对他说：“我令你接替我的位置，任命你为代理连长，一定要把阵地守住。”

传令兵把杨金继背到医院，但是因为战事吃紧，三团团长不让他下火线，而是要他继续战斗。“如果不及时治疗，而是继续作战，可能我也在那场战役中阵亡了，所幸步兵学校的一个同学看到了受伤的我。”杨金继认为自己很幸运，那位同学向三团团长请求让杨金继下战场，说杨金继这是大腿贯穿，不及时治疗会因流血过多而丧命。在杨金继同学的极力劝说下，三团团长让杨金继下了战场，随后杨金继被送到怒江边的公路上，然后乘坐弹药车到野战医院接受治疗。

回忆起松山战役，杨金继最大的感触就是伤亡惨重。

“那一仗，我们光连长都换了 4 个，3 死 1 伤啊！”说起这段历史，杨金继很激动。

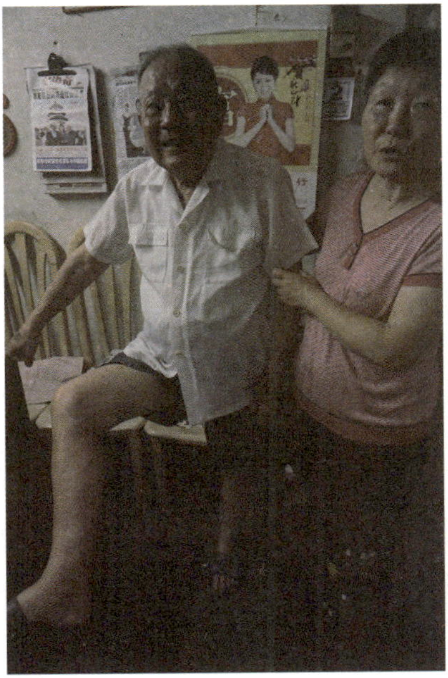

“受伤后，有人把我送到怒江边上，那个场景，我至今难忘，满目疮痍啊！公路两边躺的全都是伤兵，成千上万的伤兵。”受伤期间，沿线目睹的官兵惨状更是让杨金继伤心。到保山野战医院后，杨金继坚决拒绝了医生截肢的建议，住了一个月院后，腿有好转了，随即再次上前线。“当时日本已全军溃逃，打扫完战场后，我开始清点人数。发现我们七连原先的 300 多人只剩 17 人了，荣三团原先的 3000 人只剩 300 来人了。”

整编队伍后，杨金继所在队伍继续向龙陵追击，在龙陵与日军激战 3 天，日军乘夜逃遁。部队继续追击，追至芒市，准备攻击日军第五十六师团司令部。“随后日军逃往缅甸，我团继续追击，追了一半，上级就命令我们退回芒市了。”

凯旋回归，他过着平凡而安稳的生活

1945 年 8 月，荣一师奉命去打桂林，开始了战略反攻。行军在半路上，日本人就宣布投降了。杨金继随部队乘坐美国的运输舰凯旋，最后在青岛登陆，杨金继就留在青岛，并在青岛成了家。

1947 年，杨金继请假回家探亲，随后与部队失去联系。当时，杨金继的岳母劝说杨金继别再归队。考虑到新婚妻子的需求，杨金继没再寻找部队，转行做起了生意。1949 年，杨金继携带家属回到金华，在金华落地生根，一直过着平凡而安稳的生活。“期间虽然经历了一些事情，但总的来说，我还是很幸运的。”杨金继感慨说。1984 年，杨金继从金华银行退休。

（记者　章一平　周玉南）

朱水土：在放哨时，我和班长打死了一个日本鬼子

左为朱水土

6月9日，在沙畈乡皂里村的一座老房子里，我们见到了抗战老兵朱水土。朱水土今年已经89岁（虚岁）高龄，个子较高、较瘦，身板笔挺，岁月在他身上留下了深深的烙印。朱水土的肺里长了一个异物，导致他心胸时常有压迫感，只能经常躺在椅子上。而肺部的不适又进而刺激气管和支气管，造成慢性炎症，时常咳嗽、胸闷，无法根治。但是说起抗战的事情，他仍然精神矍铄，对当年事情的叙述思路仍非常清晰。

为了有口饭吃，替哥哥顶壮丁去当兵

1927年，朱水土出生在沙畈乡皂里村，除了一位姐姐外，家里有兄弟5个，朱水土排行第二，由于父亲身体不好，家里生活困难，朱水土从小就没有读过书。1943年，正是抗战的第六年，朱水土才17虚岁，那一年朱水土的哥哥到了当兵的年龄，被抽到了国民党的壮丁。那时候，国民党实施“适龄壮丁抽签”的政策，朱水土的哥哥被抽中去当兵，但他是家中唯一的劳力，弟弟妹妹们都很小，要是他当兵去了，家里人的生活怎么办呢？

“当时，我哥哥抽中的是第八签，因为抽中前面7签的人都想方设法走后门，要求不去当兵，我哥哥就变成了第一签，非去不可。”这让朱水土对“当兵”这回事有了一定了解。

当时的沙畈乡属汤溪县管辖，沙畈乡乡长是石宫村人，乡政府在李兰村，中国军队七十九师的部队就住在这一带。七十九师直属搜索连连长姓何，老婆是安地郑宅人，连长的大舅子也是郑宅人。朱水土也没人好问，就通过连长的大舅子问姓何的连长，他去当兵是不是可以顶壮丁。“那连长是建德人，挺好商量的，他说可以顶壮丁，我就这样进入了部队。”朱水土回忆。于是朱水土就顶替哥哥当了兵，在中国军队八十八军七十九师直属搜索连当连长的勤务兵。朱水土说，“说到我去当兵，其实是福利。当时家里实在困难，揭不开锅，为了有口饭吃，我是通过连长的大舅子去部队要求顶壮丁进去的。”

那时，在山脚村的福民山上的庙里住了一些逃兵，另一部分住在周村里面的千人寺，一共有50多人，这些人是从部队里逃出来的，他们军风军纪败坏，经常向老百姓敲诈勒索，招致民怨，七十九师师部派了搜索连来抓他们。结果他们得知消息后就四散逃走了。

在武义，他参加过攻打日军炮台

搜索连在沙畈山脚住了一夜，第二天就赶往永康，在永康四路口驻扎了4个月。那时候，朱水土已经不当连长的勤务兵了，成为了一名搜索连的战士。“参加了东镇炮台的那场战斗，能够存活下来，实属运气。”当时的四路口归武义管辖，驻扎在此处的部队便被派往攻打当时武义东镇（现应为东干村）的一个日军炮台。

“那是一场悲壮的战斗。”回忆过往，朱水土感慨万分。在那一年的年三十晚上，大雪纷飞，七十九师集结了搜索连、一个机枪连和一个工兵连共三个连，一共数百人，因为部队所穿的棉衣外面是绿色的，里面是白色的，为了隐蔽，大家都反穿着棉衣，悄悄地向日军鬼子的炮台挺进。

“在向日军炮台前进时，中途要过一条河，于是工兵连架设桥梁，让部队过河后，便留下守桥，那场战斗实际的参加人数也就两百来人。”朱水土说。

东镇的炮台有70余名日军驻守，驻扎处外围用铁丝网围着形成一个防护圈。“这是情报员给我们的信息，发挥了一定作用，但也是因为情报不够细致，导致我们损失惨重。”朱水土说，战士们用棉被铺在铁丝网上，从棉被上爬进去，然后兵分左、中、右三路进攻炮台。结果没想到日军驻地正门处的照壁下方有一个工事，工事里有一挺重机枪，一交火就猛烈射击。“从中路正门处进攻的战友因为情报不准确，不知道这里有一挺重机枪，全都牺牲了！那一战我们连损失了70多人。”想起当时战友们牺牲的惨状，朱水土唏嘘不已，“我是因为从旁路进攻的，躲开了机枪眼，才得以幸存。”

那场战斗打了两个多小时，后来日军从金华增援，朱水土所在部队因战力不支而撤退。

“撤退时还遭到日军的追击。”朱水土说，“我们不能从原路退回，只能从其他方向撤退……结果工兵连因为来不及撤退，很多人被日军俘虏。”

后来，七十九师一部回到永康，在那里待了一年多时间。

另据有关资料记载，1942年夏，七十九师追击从松阳回窜的日军到武义，自此，七十九师移防武义，并与日军对峙。1942 年 8 月至 1944 年 2 月，七十九师司令部驻防上坦村，师部驻所现为潘漠华纪念馆址。

放哨时，他和班长打死了一个日本鬼子

1944 年 4 月，七十九师奉命接防驻扎在琅琊新兰妙坑村一带的二十六师，那一年，日军第二次攻打衢州。七十九师没有到琅琊妙坑村接防，而是奉命撤到塔石，参加在衢州的会战。朱水土回忆说："七十九师辗辗转转撤退到了塔石。就在那里，我遇到了一件终身难忘的事——打死一个日本鬼子。"

"那是在塔石高岭夜里发生的事情，当天，轮到我们排放哨，我们排原计划到高岭的一处凉亭里安置哨所，排里就派出了副班长和我作为前哨。"朱水土说，在向凉亭前进的途中，他与副班长两人沿着山路仔细地向前搜索。"那天，前哨就我们两个人负责，站在山上往下看，看到前方果然有日军活动，而且在往我们这边靠近。"回忆起当时的紧张气氛，朱水土现在还很激动，"日军也派出了侦察兵在前方探路，我们一看前面有两个黑影，就知道是日本鬼子，二话没说就开了枪，结果打死一个日本兵，另一个日本兵跑了，我们上前拿了他的枪才撤回部队。"

后来，朱水土所在部队又经历了几次战斗，但都没有正面迎击过日军。

1945年8月15日，日本投降了，抗日战争终于迎来了胜利。当时七十九师已调到临安一带，在临安，朱水土听到了日本投降的消息。之后，朱水土随七十九师到嘉兴接管日军俘虏。到了第二年，七十九师又调到江苏无锡，遣送日军俘虏回国。之后部队整编。在整编中，七十九师整编为四十九师七十九旅。

1946年，部队里的人纷纷开始退伍，当时一个连长可以带3个兵退伍，朱水土就跟着他的连长吴建兵（音）退伍，回到沙畈乡以务农为生，一直到现在。“所以，在那之后我也没有遇到过特别惊险的事情了。”朱水土说。

新闻链接

据武义县党史办有关资料显示：抗战期间，原宣平县城柳城以及周围乡镇，驻有多支国民党正规部队，及省属、地区属的机关和部队，为我省抗击侵华日军的敌后基地之一，成为日军在细菌战中派遣飞机空中撒播和汉奸特务地面投放病菌的主要目标。1944年9月，七十九师二三五团，驻防原少妃镇，曾在少妃岭一带英勇击溃日军的多次进攻。据当时曾经亲眼所见的原少妃中心学校教师倪芳堂忆述，在少妃岭战斗中屡遭惨败的日军丧心病狂地施行细菌战，想摧毁这个英勇的抗日部队。二三五团官兵1100多人，部队调防时携带进了日军投放的细菌病毒，疫病立即在部队中爆发，官兵成批死亡。部队设立隔离所，每天抬出好几具尸体，后来每天几十具，就连卫生班长郭庆寿、卫生员方有文也死在隔离所内。官兵死后由运输兵抬出草草埋掉，光在下少妃的下七百就埋有 300 多人。抗战胜利后，1946 年 4 月，当地孤人会筹资收殓的尸骨就有 523 具。

1943 年 10 月至 1945 年 4 月，驻扎柳城及其附近的中国军队遭受日军细菌战死亡的官兵达 1485 人。被日军散播的细菌感染、死于疫病中的中国官兵，有驻防县后村的七十九师一个团 254 人，驻石门洲的二三七团 30 人，驻丰产村的一个团 108 人，驻竹客村的 24 人，驻云溪村的 223 人，驻郑回村的 96 人，驻上水碓村的 32 人，驻全塘口村的 46 人，驻前湾村的 145 人，驻华塘村的 83 人。驻祝村的二三五团第三营因细菌感染成批死亡 220 人，最多一天死 16 人。驻营东西村的七十九师、三十四师、二十四师联合伤后收容所，死于细菌感染疫病的病伤员有 221 人。日军施行细菌战，中国军队在抗日前线首受其害，官兵死伤人数远超过在炮火连天的战场上的死伤人数。

（记者　章一平　周玉南）

金筠林：国难当头，我们岂能坐视？

从一名普通的中学生到上过一年半军校的学员；从收集情报的情报参谋到只用了一个多月就当上排长；从穿着草鞋加入抗战到进行游击战，金筠林先后加入过三支部队，八十七军、暂九军、淞沪游击指挥部，参加过浙赣战役，保卫过金华，还在东阳（磐安）打过游击。在抗战胜利 70 周年之际，记者带着对老兵的敬佩采访了已经 96 岁的老兵金筠林。

有幸成为黄埔军校中的一员

1920 年，金筠林出生在金华雅芳埠村的一户家庭中，父亲是浙江法政学院毕业的，当过律师，还曾是金华县的参议员，金筠林 5 岁时，就随父母搬到了金华市区居住。在父亲的影响下，金筠林从小便在学校接受良好的教育。先是在常山中心小学就读，后来上了中学，叫作新中学，作新中学是一所教会学校，后来并入金华五中。17 岁那年，金筠林便辗转到了杭州，在浙江大学代办高级工业学校读书。

正当金筠林打算安心读书的时候，1937年，全面抗战爆发了，当时浙江省的省主席是黄绍竑，于是那时候浙江省所有的学校都被迫搬迁，全部的学生也一起跟着到了丽水碧湖，想着能在偏远的地方有一个清静之地。“当时全浙江省的学校都在那里，学生那个多啊，但是

学生们的衣食却还是全部由公家供应。”金筠林回忆道，“全面抗战爆发的那刻，我就知道书是再也读不下去了，与其躲躲藏藏，不如到部队为国家出一份力。”

当时学校分科分班时，还有抗日自卫队、干部训练班等班级可供选择。当时武义办有一个干训班，是由碧湖的训练团分出来的。于是，金筠林报名参加了在武义的干部训练班。

武义干训班有一个中队长，叫唐镕章，跟金筠林的关系不错，听说金筠林想去部队后就打算带他一同前往江西的吉安，那时候唐镕章的叔叔唐冠英是国民党中将，任国民党军事委员会战时干部工作训练团第三团的教育长，当时蒋介石就是训练团的团长。在一番

考虑和计划后，金筠林便跟着唐镕章来到江西吉安，正式成为战时干部工作训练团的一员。巧合的是，没过多久，黄埔军校二分校就到训练团招生了。

好几千人参加考试，只招120人，可见考试难度有多大，回忆起当初进黄埔军校的过程，金筠林还是觉得不可思议：“当时的我怎么也想不到我会考得上，但既然成为黄埔军校的一员，我就应该尽全力为抗战出一份力。”就这样，金筠林顺利地成为了黄埔军校的第十五期学员。

进了黄埔军校以后，紧接着就是分班，步兵、骑兵、炮兵、工兵、辎重兵五大兵种，因为个子的原因，金筠林被分配到了步兵第八总队第一大队第二队第九班，还当上了副班长，一个班16个人，8个人是机枪组、8个人是步枪组。

在黄埔军校二分校学习的日子里，军校对学生时间的安排也很紧凑，除了学战术、学看地形、学构筑防御工事，还得学骑马，学打枪，还有野外演习、战术实行、野营学习。在学校里睡的是那种高低铺的铁床，每天天没亮军号声准时响起，金筠林便跟其他学生们迅速起床、叠完被子、穿好衣服、打绑腿、整理完内务，第一时间冲出寝室，到操场上立正站队，开始一天的训练。

如果说在学习当步兵之前，金筠林对步兵这一兵种还有所怀疑，那么在学习当步兵后，他才知道在战争中步兵的地位可以说是举足轻重。“想要占领一座城池，只有在我们步兵的双脚踩在城里的土地上，才算是真正攻占了这座城池。”金筠林说道。因为抗战的爆发，让本来三年的军校训练时间被缩短到了一年半，但这一年半也足以让金筠林学到了不少东西。

每个士兵的背包里都绑着一双草鞋

在军校经过一年半的艰苦学习，1941 年，金筠林从黄埔军校毕业。毕业后，金筠林和同班同学一起被分配到了驻地在湖南益阳的八十七军，军长是周祥初。同学有的分配在参谋处，金筠林则被分配到了特务营的二连，任少尉见习官，说是搞情报搜集的工作，其实特务营的任务就是保卫军部。没过多久，因为三排长的空缺，金筠林刚进入部队不到一个月便当上了少尉排长。

金筠林说，那时的生活很艰苦，军训时，每个士兵的背包底都绑着一双草鞋，每天吃两餐，也不知道饿。

1941 年，八十七军接到战区命令，急行军星夜从益阳赶赴湖北公安，在长江边上，策应第五十三军，攻打在江陵一带的日军。在部队接到命令的那天，金筠林跟随部队开始了他人生中的第一次战斗。

“部队从湖南开到湖北，在长江边的江陵开始攻打日本鬼子，我当时也是他们其中的一员。”回忆起自己第一次打仗的经历，金筠林现在仍是历历在目，“部队从湖南益阳到湖北，一共打了几天几夜，但是鬼子的工事太坚固，装备实在太好，所以就没有攻打下来。”

八十七军完成任务后，又返回湖南常德整训，金筠林由少尉升为中尉。

在那一场战斗过后，因为家里来信说父亲病重，金筠林连忙请了假回家看望父亲。回到家乡后，因为父亲的身体原因，部队回不去了。

但由于是在抗战时期，最终金筠林还是决定背井离乡为国家出一份力。在金华，金筠林碰到了黄埔军校同期的同学——奉化人张邦伟，听说金筠林要去部队，张邦伟便把他推荐给自己在暂编第九军任副军长的舅舅陈式正。

金筠林的同学在暂编第九军当连长，当时暂编第九军的军部驻扎在新昌县的大佛寺。

“暂编第九军的军长冯圣法是黄埔一期的毕业生，听说我是黄埔十五期的，就把我安排在暂编第三十四师当上尉参谋，我就成为搜集情报的情报参谋。”金筠林说。

当时金筠林所在部队驻防的区域就是在绍兴至上虞一线，早在1937年12月24日杭州已经沦陷成为日占区，部队撤离时，把南下的必经之路——钱塘江大桥炸断，拖延了日军南下的时间。

金筠林这时被派出去侦察敌情，搞清楚日军在什么时候发动进攻。

“刚开始天空中就出现了日军两架飞机，飞机随后进行轰炸，而步兵就在飞机的掩护下开始进攻。当时日军的装备精良，有飞机、坦克、大炮，士兵都穿着皮鞋，而我们部队武器较差，士兵都是穿着草鞋，多数时候只有挨炸的份。”交火后，日军发起多次冲锋。战士们在掩体内，用重机枪英勇狙击。

打了两三天后，日军开始撤退，但部队也吃了不少亏。部队撤到嵊县休整，因为作战失利，军部追究责任，作为情报搜集的情报参谋，因为情报不准确，金筠林被判刑1年，第三营的营长被判刑3年，另一位副官也被判刑15天。和金筠林关在看守所里的有好几个军官，其中有一个中校营长（湖南人）、一个少校营长（山东人）。

金筠林说，他们被关在看守所里，相对还比较自由，可以穿军服。没过多长时间，日本人又要来进攻，规模比上次还要大，看守所就把他们这批军官放了。

在暂编第九军的防线被攻破后，日本鬼子占领了嵊县。

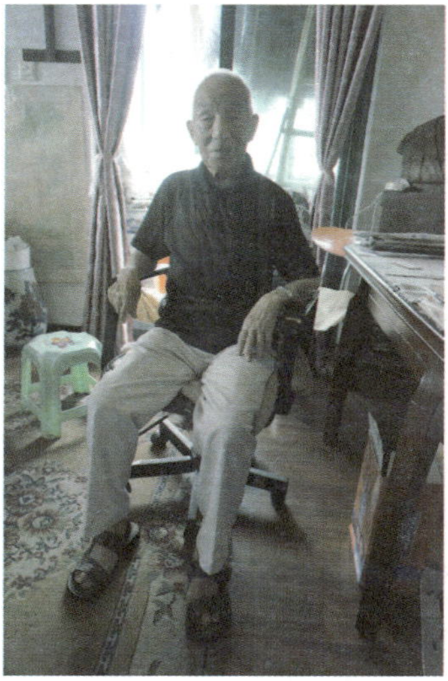

从看守所里出来，金筠林回到部队的驻地，部队已经提早撤退，再也找不到人了。

部队联系不上，没过多久，金筠林遇到了一支名叫“淞沪游击指挥部”的队伍，指挥官是薛天白，金筠林去投奔他，心想，在游击指挥部也一样打鬼子，这样心就安定下来了。

据了解，这支队伍是从上海向南撤下来的，队伍一路收编了不少被打散的官兵，有数千人之多。在加入这支队伍后没多久，指挥官就任命金筠林担任第五支队的副支队长。第五支队有 1000 多人，金筠林的副支队长相当于副团长的级别。

数千人化整为零，分散在绍兴、上虞、东阳（磐安）等地打游击。他们的主要任务是袭击日军，炸炮楼、炸铁轨，夜里去摸敌人的岗哨，让鬼子不得安宁。正因为如此，游击队在一个地方的时间都待不长，金筠林就在绍兴、东阳、上虞等地的游击战中随着部队度过了两三年。

1943—1944 年左右，“淞沪游击指挥部”的部队开到丽水碧湖，金筠林说，这是他第二次到碧湖。三十二集团军司令长官李默庵是黄埔一期的，对队伍进行整编，金筠林被任命为教导团第一连的少校连长。1945 年，部队派他和一个姓张的主任去位于上饶的第三战区长官司令部汇报工作，受到了三战区司令长官顾祝同的接见。就在此时，日本宣布无条件投降，全国人民迎来了抗战的胜利。那一天晚上的上饶，充满喜庆的气氛，真的像过年一样。到处放起了鞭炮，金筠林乐得睡不着觉，有一种如释重负的感觉。金筠林说：“全面抗战以来，当兵的苦，老百姓更苦。九死一生，我根本想不到，自己能活到今天。”

回到金华后，金筠林在浙西师管区任一科科长。浙西师管区兼金华城防司令是周振强，他是黄埔一期的，诸暨人，副司令是陈诚部长的侄子。

金筠林家在市区默相坊有一套房子，金筠林就住在那里。

也曾有过80元一个月的高工资

金华解放后，金筠林开始了新生活。但好景不长，一位来自永康的同期同学，告诉金筠林说公安局有人要找他。金筠林在金华市区待不住了，就跑到雅芳埠，当时金筠林有一支勃朗宁手枪，他一直把手枪藏在家里的隔墙里面。乡政府有位干部来找金筠林，金筠林就把手枪交给了乡长。乡政府给他开了一张收条，这事就算了。后来，按照当时的政策，金筠林每天要到在仙桥牌塘的区政府里写交代材料，早出晚归，一直持续了一个多星期，结果下结论说金筠林有特务嫌疑，于是金筠林和父亲商议后，就离开了金华。

1950年，金筠林来到上海，在一个仪器厂工作，因为他以前在浙江大学代办高级工业学校学的就是机械，所以很快成为厂里的技术骨干。后来，江苏常州的一个医疗机械厂来上海招工。金筠林就带了60个工人来到江苏常州医疗器械厂，这个厂的厂长兼党委书记很看重金筠林，和他关系很好。

1958年，金筠林当上了车间主任，每个月有高达80元的工资，但金筠林却愿意自动减5元的工资。金筠林说："除了自己的技术好外，厂长兼党委书记的王洪千可以说对我非常好，我有一次到上海被一个同在部队的人检举，被公安局拘留，全是厂长派人到公安局保我出来的。”

后来，金筠林被判刑8年。因为看中金筠林的技术，进看守所的第二年金筠林便应看守所所长的要求到了隔壁的工厂工作。白天在厂里上班，晚上回到看守所，这样的生活让本来精通机械的金筠林又拿到了好几样技术革新的奖。

1966年刑满释放后，金筠林又被派遣到洪泽湖农场修配厂当工人。1975年，金筠林回到金华跟家人团聚，回家的第二天，公社农机厂就来找金筠林，让他到社办工厂工作，任技术员。落实政策后，1978年金筠林在联运公司修配厂工作，一直到1980年退休。退休后还在厂里工作了几年， 1985年，金筠林当上了金华市政协委员。上世纪80年代，金筠林还被选为金华市黄埔军校同学会的第一任会长。

（记者　章一平　苏晓婕　文/摄）

杨元焜：一个部队军医的抗战记忆

1944年5月，中国远征军第二十集团军以六个师的兵力强渡怒江天险，向侵占滇西战略要塞腾冲达两年之久的日军发起全面攻击。这就是著名的腾冲战役，一场被称为抗战中中国军队最成功的攻坚战。杨元焜在腾冲战役中，作为预二师的一名少校军医，在前线积极治疗伤员，为打击日本侵略者贡献出自己的一份力量。

日前，在城东街道桃园社区工作人员的陪同下，记者走进了这位97岁高龄的抗战老兵的家，听听他年轻时候的抗战记忆。

考入陆军军医学校，加入中国远征军

杨元焜出生于1919年12月27日，当时住在金华城区的旌孝街，那时候叫“义乌门”。他们家的条件很一般。杨元焜父母有4个孩子，两男两女，杨元焜排行老二。在当时的城东小学读了6年，高小毕业后，杨元焜便进了甲长第四期训练班。杨元焜说，当时的甲长训练班分四期，他记得第二期在后城里，第三期在东藕塘，第四期在安地。

进入甲长训练班没多久，杨元焜在机缘巧合下考进了在浙江的护士讲习所（后来改成了浙江救护总队），进行了为期两年的训练。1941年春，杨元焜在丽水的碧湖主动报考考入中央陆军军医学校，那里也是浙江的救护联合总站所在。

当时，中央陆军军医学校已经迁到贵州安顺，杨元焜在那里学医一年，是第七期军医速成班的学员。当时学校的教务处长叫余少卿，是全国著名的“第一把刀”。眼科的教官是陈任，教育长是一位少将，叫张建。有了前辈指路，也让杨元焜更坚定地走上了学医之路。

毕业后，杨元焜被分配到一线部队预备第二师，当时的师长是陈明仁中将。而杨元焜就在预二师的师直属卫生队，担任三等军医佐军医。卫生队的队长叫孔宪武。与杨元焜工作的有三等军医正军医程少舟（相当于少校），一等军医佐军医李植（相当于上尉）等人。

陈明仁是一个很严肃的人，纪律严明。杨元焜见到过一个军需处的军官贪污，事发后一个劲地对师部参谋长说：“救救我！救救我！”参谋长跟他是亲戚，帮他求了情，但还是没救下来，那个军官被枪毙了。另一个军官嫖娼，被陈明仁知道了，就命令将他两只鞋子挂在脖子上，在昆明街头游街示众。

预二师此前一直在贵州、四川一带活动，除此之外，在贵州的黔西、四川的叙永县等地也待了不到一年的时间。1942年，部队驻防于云南昆明的安宁县。

1943年，预二师加入了中国远征军序列，隶属第六军。杨元焜就跟着部队一直驻守在惠通桥一带。

在云南驻防时，日本人已经打到龙陵一带，前线战败的部队，像流水一般退下来，有从缅甸回来的二〇〇师，还有第一军和第五军的部队。

“那时候预二师一直收容从前线战败回来的部队官兵，收容下来的一部分被送到兵站，一部分就留在了部队。”杨元焜回忆道。

说起那时候自己印象最深刻的事情，杨元焜表示莫过于得了斑疹伤寒，躺在病床上，发烧到41℃的事情了。“虽然我自己是医

生，但生病的时候还是束手无策。第一天就发烧到41℃，一直烧了14天，温度才慢慢地退下来。”杨元焜回忆道，“生病的时候一下床就感觉天昏地暗的，站都站不住。”当时杨元焜的三个同班同学都得了斑疹伤寒，住在安宁县的卫生院里，这个斑疹伤寒很厉害，基本上是医不好的，得了这个伤寒基本就被判死刑了，很多得这个病的战友都死了。

参加腾冲反攻战，在前线抢救伤员

斑疹伤寒病医好后，杨元焜回到了预二师。一开始，预二师的部队化整为零，以营连为单位在当地打游击。杨元焜说，除了跟日军打仗之外，他到现在都还记得当初腾冲县（当时是沦陷区）有个县维持会长，是部队的内线，帮了部队不少的忙。“他的名字叫张德辉，是我们派到日军的情报员。每当日军有什么大扫荡的活动时，他总会想尽办法给我们传递消息。日军大部队来了，我们就避开。日军小部队来了，我们就打他。”杨元焜说，“有一次因为张德辉提供的准确情报，第七连连长许笃率部队打死了许多日本鬼子，夺得了日军的一挺重机枪、两挺轻机枪和十匹大洋马，后来因功升官，升为第三营的营长。”

1944 年 5 月，杨元焜跟随部队翻越高黎贡山打到腾冲。5 月 11 日，中国远征军第二十集团军实施了腾冲反攻战。集团军所属的第五十三军、第五十四军，共 5 个师——预备第二师、一九八师、三十六师、一一六师、一三〇师先后投入了战斗。预二师卫生队就驻扎在腾冲郊区的野外，负责部队的伤员治疗工作。“当时腾冲是沦陷区，守腾冲的是鬼子的一个联队，有 1000 多人。”杨元焜说。

打仗前，杨元焜被分配到五团卫生队当队长，少校军衔。那时候，预二师五团卫生队有 40 多人，有担架排、掩埋排，除了医生、护士，还有看护兵。杨元焜说刚到部队报到那会儿，五团的团长和副团长见了他很高兴，还送给他一把左轮手枪，是美国货。

闲着没事，杨元焜总爱掏出手枪来把玩。有一次，不小心枪走了火，子弹出膛，右手食指旁一块皮掀掉了。后来团长得知后，就把手枪收回去了。

回忆起打仗时的情景，杨元焜说:“战斗打得相当激烈，美国‘飞虎队’的飞机也来参战。先是侦察机出动侦察，侦察哪儿有日本鬼子的碉堡，在部队冲锋之前，就出动轰炸机把日本鬼子阵地炸了一遍，一颗颗像黑酒坛子一样大的炸弹甩在敌人阵地上，真够痛快的。”

“日军阵地上的碉堡密密麻麻，鬼子一缩进去，就再也不肯出来。部队冲锋时，硬冲伤亡太大。美国教官给了部队很多火焰喷射器，说是攻坚战的好帮手。那家伙可厉害了，隔着老远，一团火苗冲出去，一路烧进鬼子碉堡，只听见碉堡里一阵又一阵哭爹喊娘的惨叫声，有的日本兵浑身是火从里头爬出来，有的日本兵头顶上的钢盔都被烧红了。”杨元焜兴奋地说道。

部队的医院分好几种，有陆军医院、兵站医院、后方医院。而杨元焜所在的地方，是五团团部，是最接近前线的地方，所以他们看到的伤员很多。杨元焜感慨道：“打仗期间我还记得，第五团的团长就在一次战斗中被日本鬼子用枪打中了。”当时，第五团团长李颐见一个日军据点久攻不下，一连冲锋好几次都被打退了。那一天李颐爬上了高处准备侦察日军情况：“怎么还打不下来？”话音刚落，李颐就被日军狙击手“嘭”地一声击中头部牺牲了。李颐团长年仅而立，死后被追晋少将，他是腾冲攻城作战中我军阵亡的最高指挥官。

五团团长阵亡后，新团长也是东阳人，是黄埔第五期的，叫张鉴之。听说以前在蒋介石位于贵阳的公馆当过警卫连长。

子弹就在头顶上飞过

一打仗，受伤的总是冲在最前线的士兵，其中不乏连长、营长等，杨元焜医治的伤员中就有一位连长。“当时他被子弹打中了胸口，还好没有伤到内脏，送到我那里的时候，连长就问我他是不是要死了，我当时就告诉他，不要紧的，这一点小伤一个星期就好了。”杨元焜说，“听了我的话以后他不是很相信，有空就问我是不是伤得很严重，后来过了一个星期，他果然可以上前线了。”

杨元焜回忆，当时在前线的除了军医以外，还有一些从军医学校毕业的实习生。听到炮弹从头顶飞过，学生们都吓得不轻，这时候杨元焜就教给他们一个识别的方法。“要是听到‘呜呜’的声音就不用怕，你就干自己的事情不用去理会，要是听到‘咻咻’的声音，你就赶紧趴下，这样就没事了。”说起自己识别炮弹的方法，杨元焜显得有些自豪。

光复腾冲以后，由于减员比较严重，部队在原地进行了休整。休整完毕后，部队就一路打到芒市、大黑山、畹町一线。打到大黑山时，杨元焜已经是第五团团卫生队的队长，升为三等军医正军医，少校军衔。

大黑山在中缅交界处，有一次，杨元焜带着勤务兵罗复胜到团部前沿指挥所办事，日本鬼子的一发掷弹筒炮弹刚好打到团部指挥所的边上，把罗复胜吓个半死。回去的路上，他一直说，再也不跟杨元焜上前线来了。

罗复胜是四川宜宾人，只比杨元焜小两三岁，也是他的徒弟。

后来，抗战胜利后，罗复胜跟杨元焜说要回家探亲，杨元焜就准了他的假。他回去之后，就再也没有回来，从此杳无音讯。

说起自己在前线看到的情景，杨元焜至今还是记忆犹新。那时候在高黎贡山，一场战斗过后部队就退回到那里，当时士兵们都睡在地上，头顶经常能看到敌人的子弹飞过。由于山区海拔 4000 多米，不光饭烧不熟、连水也烧不开，每场仗都打得惊心动魄。

部队打胜仗时，也会有伤亡的情况发生。在怒江高黎贡山一带，杨元焜还碰上了狡猾的日本鬼子在部队周边安放土地雷的情况。第二营营长是一位西南大学的毕业生，一次由于疏忽，刚走出部队驻地的他就被地雷炸伤了左膝盖。“那威力大得很啊，不光他，还有好几位士兵都碰到了地雷，我就跟他们说小心点就行了，不要害怕。”杨元焜表示。

部队打到畹町后就与中国驻印军顺利完成会师。

之后，杨元焜所在的部队被调回昆明负责城防，在那里待了两年多。1948 年，杨元焜所在师的师长是杨宝毅，他任师野战医院院长，中校军衔，在江苏南京、句容，安徽芜湖一带驻扎。

解放初期，杨元焜回到家乡金华。1950 年，杨元焜与王云英结婚，一直在山口村居住，并在那里参加土改。1951 年，县卫生院负责人知道杨元焜当过军医，就到村里来动员他去组建“芙塘区联合诊所”，一年后改称为“卫生所”，先是民办的，后来变成公办。

1952 年 9 月，上级见杨元焜多才多艺，会治病，还会打篮球、吹口琴，就把杨元焜调到鞋塘中学（艾青中学的前身）当校医，一直到 1980 年退休回家。

（记者　章一平　苏晓婕）

方炳章：我目睹了日本鬼子的暴行

方炳章住在城区汪家店汪中巷，如今退休在家。今年 89 岁的他曾经是一名老师，他的一生都奉献给了教育事业。方炳章的生活过得还算滋润，儿女孝顺，不愁吃穿。对于现在的生活，方炳章分外珍惜，他说："没有经历过痛苦的人，不知道什么是幸福。"

方炳章小时候就经历过抗日战争，因为日本鬼子的细菌战，身边的 5 个亲人一个个都离开了。谈起日本鬼子对自己以及中国人民的暴行，方炳章曾几度落泪。

就读的小学校舍被日本飞机炸毁

方炳章告诉记者，他的老家在金东区塘雅镇含香村，因为村里抓壮丁，爷爷奶奶就逃到后城里当了长工，后来一家人就待在了后城里。在后城里，奶奶生下了大伯、父亲，还有姑姑。当时，后城里的房子并不大，只有两三个房间，一家 5 口人，很是拥挤。于是，方炳章的父亲便到城南的汪家店租了三间房，方炳章就出生在汪家店。

方炳章一家有 7 口人，父亲、母亲、两个哥哥、一个弟弟、一个妹妹和他自己。在方炳章的记忆里，小时候的生活是贫苦的。他说：“我们一家 7 口人靠租种地主的 8 亩薄田度日，根本没钱读书，家中无一人识字，常常被别人欺负。”

因此，父母决心节衣缩食，培养出一个读书人来。1937 年，11 岁的方炳章才有机会到通济桥北的吕王殿读小学一年级，那时候的他一边读书，一边帮着家里干农活，很是辛苦。

1937年8月13日，淞沪会战爆发，日军打到了上海。上海沦陷后，日军的飞机时常会在金华老火车站一带轰炸，“当时我们上课都没有办法上，一听到有人敲钢轨，发日军飞机来的防空警报，我们就赶紧四处逃窜，生怕被日本鬼子的炮弹炸死。”最终，马门头市场被炸，小学所在的门口也没能幸免，被日军炸了。当时，在老百姓中流唱着这样一首歌谣：“八月十三，八月十三，日本鬼子开到上海来，开大炮，投炸弹，杀死同胞千千万……”这首歌谣就一直深深印在方炳章的脑海里，不能忘怀。

第二年，方炳章便到了通济桥边的关王庙小学读二年级，可恨的是，刚上学没多久，关王庙小学也被日军炸毁了。没有地方读书了，方炳章又在董宅的短期小学读了一年。后来，中村的一个庙里又办了一个小学，好不容易，方炳章才在这里读到了初小毕业。

杭州沦陷后，1942 年，浙赣战役爆发，日军向金华一带发动了进攻。此时的方炳章已经在城南水镜寺小学读高小六年级，而他对于当时的时局也有了一定的认识。接到当时县政府的通知后，村里的保甲长就组织村民去破坏交通要道。方炳章和同学王德禧便跟着父亲来到东关、十二里、十八里等地将交通要道毁坏，并挖成人字形，以此来阻挡日本鬼子的通行。

当他们在挖路的时候，忽然听到城中传来一阵爆炸声，父亲告诉他们："这是中国军队正在炸断通济桥。"原来驻在金华的中国军队七十九师，想炸断通济桥来阻止日军进城。

年幼的方炳章明白，此时的局势已经越来越紧张，金华也越来越危险了。

家里的财物被抢光，房屋被烧光

知道日军就要来了，方炳章的父亲便想办法把家里的粮食和财物都藏起来。"父亲在牛栏底下挖了个洞，把稻谷放进去，再用木板盖好，木板上再放上稻草、牛粪。同时，把家里种的甘蔗、毛芋换来的铜板埋在灶台的灰膛下面。又把带不走的冬衣、棉被藏在了门口的稻草垛里。"安排好这一切之后，方炳章的父亲便带着一家人跟着外公逃到了雅畈镇汉灶村的姨婆家避难。

但谁也没有想到，日军从另一方向迂回过来。方炳章说，1942年的五月初五，正逢端午节，那天，当全家人正准备过端午吃粽子的时候，一个消息传来，说日军从武义经过南山向雅畈打过来了。

来不及多想，一大家子人便拼了命地往上岭殿方向逃。在上岭殿躲了两天，好不容易等到日军走了，大家才战战兢兢地从山上下来。回到姨婆家一看，眼前的一切大家都惊呆了：墙壁被砸穿了，箱子被撬了，里面的一些贵重物品也都被日本鬼子抢走了，更恶毒的是，锅里、水缸里、米瓮里全是日本鬼子拉的大便。同时，他们还抢走了村里的鸡鸭牛羊。

1942 年 5 月 28 日，金华沦陷，日军侵占了金华。不久，方炳章的父亲带着一家人回到了城里租住的地方。可回家一看，这哪里还像是家啊？“三间平房、两间茅房和门口的稻草垛都被烧光了，就连藏在地下的粮食和铜板也被抢走了。”方炳章回忆说，“我们一家人没地方住，也没东西吃，只能住在邻居家，靠着向别人借粮食、挖野菜为生。日子过得苦不堪言。”

两次被日本鬼子抓去当苦工

“那一年的六七月里，日本鬼子时常会到城南来扫荡，老百姓的鸡鸭牛羊等都被日本人抢走，他们还到处抓人当苦力，我就亲眼看到过三个日本鬼子轮奸邻居大嫂，而我自己也被两次抓去当苦工。”1942 年，对于方炳章来说是痛苦的一年。

16 岁时，方炳章和同村的黄增香、应顺玉一起被抓到了高畈村，被关在一间小房子里。鬼子把大砍刀架在他们的脖子上，然后说了一通日语，汉奸翻译说："如果你们敢逃跑，就要杀头。"三人吓得动也不敢动，在忐忑中，方炳章熬过了一夜。第二天，日本鬼子要方炳章三人去挑行李和子弹，跟着他们到安地镇上扫荡。"一路上，鬼子看到老百姓逃跑就开枪打死，到处都能看到被打死的老百姓，横七竖八地躺在路边。"方炳章回忆说，"那画面惨不忍睹。"到了安地之后，日本鬼子又是烧毁房子又是抢走财物，无恶不作。第三天，鬼子逼着方炳章三人挑行李到江北罗店镇的一个村子里去，那里是鬼子的驻地。半夜里，方炳章和黄增香、应顺玉商量着要逃跑。趁着鬼子熟睡的时候，他们悄悄地逃走了。"我们不敢走大路，只能走小路，从小路涉过婺江，好不容易才逃回了家。"第一次，方炳章有惊无险地逃出了虎穴。

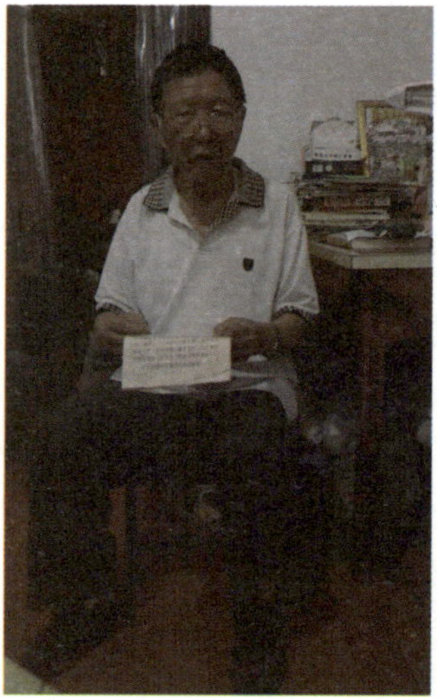

方炳章控诉日军暴行

那一年的秋天，方炳章又被日本鬼子抓去了，这一次他被日本人带到了他们正在造的飞机场挑土。"日本鬼子不给吃不给喝，还不让休息。我亲眼看到，有些人饿得实在没力气挑土，病得很严重，坐下来稍微休息了一会儿，就被日本鬼子拉到江边打死了。那时候的婺江水都被老百姓的鲜血染成了红色！"有一天晚上，趁着天黑的时候，方炳章从飞机场逃了出来。就此又逃过了一劫，活了下来。

可日军对中国老百姓的暴行，却深深地印在了方炳章的心里，永不磨灭。

5位亲人在细菌战中死去

1942年秋天，日军在金华发动细菌战。受细菌战的影响，方炳章的5位亲人相继离开了人世。

“我的大伯父方景瑶死于烂脚，父亲方景有于1942年7月死于伤寒，5天后，我的二哥方炳贤也死于霍乱，之后便是外公徐基德和外婆也相继死于伤寒和霍乱。”说起这段悲痛的历史，这位年近九旬的老人一度哽咽，他说，“我对日本人真的是充满了仇恨，细菌战一下子夺走了我5位亲人的生命！”方炳章告诉记者，自己也曾是细菌战的受害者，曾经患过疟疾和烂脚病。“患了疟疾之后，有时候冷起来要在身上盖好几床被子。烂脚病发作的时候，真是痛不欲生。”几经周折，一二年后，方炳章才把烂脚病治好，但他的左脚却因为烂脚病而留下永久的疤痕。

说起家中5位亲人的离世，
方炳章不禁痛哭起来

在家中5位亲人连遭不幸后，方炳章怀着对日军的刻骨仇恨，决心加入抗日队伍中去。那一年，他和表姐徐宝芬，以及一位远房亲戚徐小莲共同参加了由表哥倪玉书领导的金兰浦抗日游击大队，倪玉书原来是中国军队第五军的工兵营营长，后来回到家乡结婚，因为战乱，交通不便，部队回不去了，他就在金华一带拉起了抗日队伍。

游击大队的工作是专门捉汉奸，打鬼子。方炳章成为了一个小哨兵。不久，游击大队并入中国军队独立第三十三旅，当时双方在一个庙里开了一个动员会，三十三旅的旅长和游击队大队长倪玉书都上台讲话，鼓励士兵们英勇抗日，这下子，方炳章对于抗日的劲头更足了。

之后，部队奉命调防，经过江山、江西上饶，一路徒行，最后才辗转到了福建沙县镇头镇。在这期间，徐小莲因路途奔波以及病毒发作而死于江西河口。

到了沙县镇头镇以后，部队到前线去打日军，而表哥倪玉书则留在茅坪村当了留守处主任。1943年春天，倪玉书把方炳章和表姐徐宝芬带到沙县镇头镇小学读六年级下册。小学毕业以后，方炳章考取了当地的一所“难民学校”——福建沙县师范学校。表哥倪玉书也调到南平当军用仓库的库长。在学校里，方炳章始终没有忘记宣传抗日，他经常和同学一起到街头宣传抗日，张贴抗日标语——“抗战必胜，日本必败”。

在福建沙县师范学校学习两年多以后，终于，在1945年8月15日，中国迎来了抗日战争的胜利！“那一天，全校的师生都高兴万分，大家激动得手舞足蹈，敲锣打鼓，鞭炮声一阵又一阵，庆祝抗日战争的胜利。”那一天，对于方炳章来说是具有纪念意义的一天。

如今的幸福生活来之不易

“贫寒出身路坎坷，数度受难命几何？家破人亡恨日寇，妻离子散冤人祸。幸亏跟党干革命，直指前程路广阔。从教终身南北转，回金教研忙中乐。”这首小诗《路》是方炳章一生的真实写照，他的一生可以说是先苦后甜，他说：“没有经历过痛苦的人，不知道什么是幸福。”

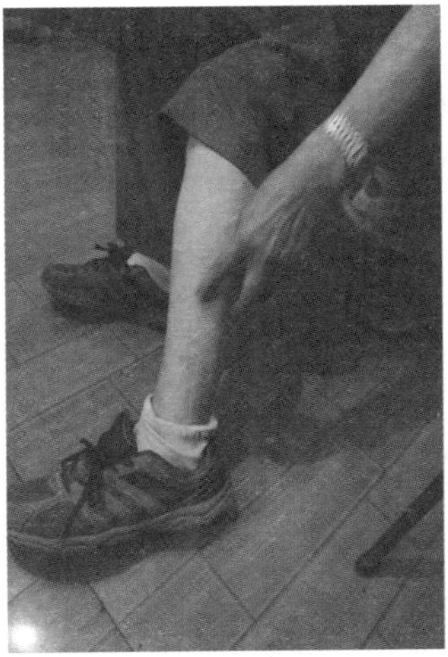
这是医治后留下的伤痕

“抗日战争时期，福建沙县师范学校是在农村，我们吃饭时用的都是毛竹筒，菜也都是自己种的芥菜、橄榄，把橄榄腌制起来可以让我们吃很久。早上喝稀饭，就着几颗腌橄榄下饭，一天只有8两米，那时候吃的东西哪有现在这么多，生活也远没有现在幸福。”方炳章说，“因为长期营养不良，一到晚上我就看不见东西了，得了夜盲症。还好我的班主任知道情况后，马上给我两块钱，让我去镇上买了二两猪肝。猪肝买回来以后，老师说让我把生的猪肝切成片，就着锅灰吃下去就会好了。果然，第二天晚上，眼睛就看得见了。”

抗日战争给方炳章带来了失去亲人的痛苦，饱尝了生活的艰辛。对于方炳章来说，如今的幸福生活来之不易，应该好好珍惜。

日本首相安倍晋三4月29日在美国国会发表演讲，通篇回避了前首相村三富士谈话中提及的“殖民统治和侵略”“道歉”的措辞，有意掩盖侵略历史，这让方炳章感到非常愤怒。他说：“在抗日战争中，中国军民伤亡3500多万人，我家就有5位亲人去世。我们要牢记这段历史，绝不能让这段历史重演！”

（记者　章一平　胡敏霞）

60 年漫漫寻亲之路

——著名战地记者雷烨的身世之谜

在华北军区烈士陵园的烈士墓群中，有一位抗日战争时期牺牲的著名战地摄影记者——雷烨（原名项俊文，乳名项金土，曾名雷雨）。他以照相机为武器，在枪林弹雨中拍摄下《行进在祖国的边城》《战斗在喜峰口》《塞外宿营》《日寇烧杀潘家峪》（组照），《驰骋滦河挺进热南》（组照）等上百幅极其珍贵的战地照片。而在很长一段时间里，没有人知道他的身世、籍贯等情况，甚至连他的真实姓名也鲜为人知。在其档案中，“籍贯”一栏中只填写了“浙江省”，其家庭情况却没有记载。那么，“雷烨”是否为烈士的真实姓名？他的家乡在哪里？他的亲人又在哪里？

直到 2001 年 9 月，原杭州市政协副主席项秀文（注：项俊文的弟弟，已于 2006 年去世）携带珍藏了 60 多年的信件和照片以及原石家庄市地方志办公室主任高永桢提供的线索资料专程赶赴北京，请那些与雷烨共同战斗过的战友辨认，才揭开雷烨烈士身世之谜，确认雷烨为 60 多年前从金华县孝顺镇后项村奔赴延安、后来失去联系的哥哥项俊文。

2003 年 4 月 9 日，金华市金东区人民政府作出了《关于确定雷烨烈士即是项俊文同志的决定》。4 月 19 日，中华人民共和国民政部颁发了《项俊文同志革命烈士证明书》。

前天，记者来到金东区孝顺镇后项村项俊文的故居，采访了项俊文的外甥严平平（注：严平平为项俊文二妹项秀华的儿子，已 63 岁，在家务农）。在项俊文的故居中，严平平向记者讲述了大舅舅项俊文的传奇经历和二舅舅项秀文 60 年的漫漫寻亲之路。

在抗日最前线从事新闻报道

项俊文 1914 年出生于金华县孝顺镇后项村。祖上世代以务农为生。由于父母很早去世，留下 5 个孩子，长兄为父，在金华省立七中读书的项俊文不得不辍学回家，挑起养家的重担。那时他只有 19 岁，为了生计，项俊文曾去义乌埠头等地教书，又在金华当“土地测绘员”，以其微薄的工资养活弟弟妹妹。项俊文思想进步，他很早在地下党的引导下，参加了“抗日民族解放先锋队”（简称“民先”）。

为了奔赴延安，项俊文对弟妹一一做了安排：大妹项秀英嫁到浦江完婚；二妹项秀华未及婚龄，他也力促其与七中同学、好友严

雷烨与田华的合影

金明及早成婚；12岁的秀娟妹妹送人当童养媳。又把9岁的小弟弟托严金明带到杭州，进浙江省立贫儿院念书。1938年春，项俊文把家中仅有的祖居典卖100元银洋，作为路费去延安。临行前，托付好友严金明照顾弟弟妹妹。随后又悄悄来到贫儿院，向弟弟项秀文及好友许为通告别。踏上旅途后，项俊文在途经武汉时，曾写信给许为通，署名“雷雨”。

1938年12月，雷烨（左一）率总政记者团第一组到达晋察冀，受到聂荣臻（右三）的接见

项俊文到达延安后，改名雷烨，参加了抗日军政大学第四期学习，因擅长文学创作和摄影，兼任各报刊特约记者和通讯员，并加入了中国共产党。

1938年8月1日，项俊文从延安“抗大”第四期结业。八路军总政治部为加强敌后新闻报道，特从“抗大”学员中选拔了一批政治素质和写作水平兼优的共产党员，组成八路军总政治部前线记者团。项俊文入选并被任命为记者团第一组（晋察冀组）组长。11 月 20 日，总政治部命令第一组在项俊文带领下从延安出发，跋山涉水，穿越敌占区，于 12 月下旬抵达晋察冀边区，受到晋察冀军区司令员聂荣臻接见并合影。

1939 年 5 月前后，项俊文主动要求随军挺进冀东抗日最前线，在极其困难和险恶的环境中，从事新闻采访报道工作。

1941 年，项俊文先后任冀东军分区政治部宣传科长、组织科长。在完成繁忙的日常工作的同时，他积极进行新闻采访，成为冀东从事摄影采访最早、报道成绩最突出的前线记者。项俊文先后发表了《滦河曲》（诗）、《我们怎样收复了塞外的乡村》（报告文学）和通讯《冀东潘家峪大惨案》等作品。他拍摄的照片真实地记录下侵华日军的暴行以及冀东子弟兵转战长城内外、收复祖国河山的动人画面。这些照片引起当时晋察冀画报社全体同志的极大兴趣，画报社社长、著名摄影家沙飞更是爱不释手，他决定在《晋察冀画报》上出版项俊文的摄影专辑。

1943 年 4 月 20 日晨，项俊文带领两名警卫员到平山县曹家庄（原晋察冀画报社驻地）去取秘密文件。回来途中，在曹家庄北面的南段峪村与前来“扫荡”的日军遭遇。项俊文与警卫员一同与敌人展开周旋，后因孤立无援，在南段峪村一条狭长的山谷中被敌人包围。危急时刻，项俊文掩护警卫员突出重围。在迅速撕毁身上携带的文件、砸碎了心爱的相机和望远镜后，年仅 29 岁的项俊文用最后一颗子弹结束了自己年轻的生命。

项俊文牺牲的消息传来，晋察冀画报社的全体同志无比沉痛。在整理烈士遗物时，他们发现了一本血染的相册，里面夹着项俊文尚未整理完成的摄影专辑照片。晋察冀画报社全体同志和南段峪村群众为项俊文举行了隆重的追悼大会，并将他的遗体掩埋在平山县南段峪村。

60 多年的寻亲之路

原杭州市政协副主席项秀文心中有个最大的愿望：找到 1938 年奔赴延安、投身革命的哥哥项俊文。60 多年来，他四处打听哥哥的下落，但却一直杳无音信。

项俊文在 1938 年途经武汉时、1939 年到达延安后，曾往家里寄回两封信。后又于 1941 年和 1942 年寄回两封信，希望弟弟项秀文能够“多看课外书，追求真理，不断进步”。为避免牵连家人，他在家信上署名“雷雨”。在 1942 年最后的一封信中，寄信的地点为河北省行唐县陈庄，一个叫“一心堂”的药店，项秀文一直牢牢地记着这个地名。从此之后，项俊文与家人失去了联系。

年幼的项秀文始终相信，哥哥一定会回家。在全面抗战中，他一直跟着省贫儿院、保育院流亡于浙南，始终把哥哥的照片贴身珍藏。

后来，项秀文沿着哥哥的足迹参加了革命，到了上世纪50年代，周围参军的人纷纷回来了，但项秀文依然不见哥哥的身影。1953年后，项秀文托人在《人民日报》刊登了寻人启事，希望能有人记得名为“雷雨”的八路军，但依旧杳无音信。

严平平指着老屋，这就是大舅舅的故居

60多年来，项秀文身边一直珍藏着哥哥留给他们姐弟的照片和信件，全家人始终在千方百计地查询哥哥的下落，但却没有任何进展。虽然预感到哥哥可能已不在人世，但项秀文和姐姐们还是通过各种方式努力寻找。

1986年，项秀文去辽宁省参加全国地方志工作会议期间，认识了石家庄市地方志办公室主任高永桢。项秀文把哥哥项俊文的情况向高永桢作了详细介绍，并委托他代为寻找哥哥的下落。

回到石家庄后，高永桢立即着手进行调查。调查的切入点是项俊文的发信地址——河北省行唐县陈庄。令高永桢失望的是行唐县根本没有陈庄。通过走访行唐县及石家庄周围的县，从一些老同志的口中得知，灵寿县有一个叫陈庄的地方，且那里驻扎过中共的党政军机关，也曾是抗大二分校的临时校址。据一些老同志回忆，由于当时行唐的邮路比灵寿快捷，因此，人们往外发信，大都写“行唐陈庄”。在确定项俊文的发信地址是灵寿县陈庄后，高永桢多次走访灵寿县陈庄健在的老人，但都没有找到和项俊文有关的线索。

高永桢退休后，仍然牵挂着这件事。2001 年夏天的一个傍晚，他看到一篇回忆原晋察冀画报社社长沙飞的文章，文中有一句话引起了他的注意：“这些人如今在世的已经不多了，和沙飞曾经一起战斗过的雷烨，现在安葬在华北军区烈士陵园，浙江人。”雷烨，雷雨，同姓“雷”，同是浙江人。那么，“雷雨”和“雷烨”是否有联系？高永桢立即赶到华北军区烈士陵园，在雷烨烈士墓前看到了如下碑文：“雷烨同志，八路军总政治部前线记者，青年诗人，浙江省人，1938 年秋到晋察冀边区，任前线记者团记者，1943 年反‘扫荡’战斗中牺牲于平山，年仅 29 岁。”

在烈士陵园史料室工作人员的协助下，高永桢经过查阅雷烨烈士的档案，发现雷烨的年龄、籍贯和到延安前的大致经历与项秀文的哥哥项俊文极为相似，但是档案中雷烨的籍贯只写明浙江省，因此还没有足够的证据表明雷烨即是雷雨，更无法证明雷烨和项俊文同属一人。

在随后的一个月内，高永桢先后走访了河北省档案馆等单位，又通过河北省军区查问到原冀东军分区司令员李运昌、政治部主任李中权在北京的电话。经电话联系，他们表示都还记得雷烨，并为雷烨的牺牲感到惋惜。高永桢将这些珍贵的线索资料和在华北军区烈士陵园找到的一张雷烨的照片寄给了杭州的项秀文。项秀文在看到资料和照片后，经过甄别，初步认定雷烨就是哥哥项俊文。

烈士身世真相大白

2001 年 9 月，项秀文携带珍藏了 60 多年的信件和照片以及高永桢提供的线索资料专程赶赴北京，请那些与雷烨共同战斗过的战友辨认。

项秀文找到了已 90 多岁的原晋察冀画报社副社长、后任文化部副部长的张致祥及其夫人伊之女士。多年来，张致祥一直致力于《晋察冀日报》历史的研究工作。张致祥通过多种方式，联系到了健在的 20 余位原晋察冀画报社、日报社的老记者。张致祥及众位老记者通过对项秀文随身携带的项俊文赴延安前留下的照片仔细辨认，一致认定，雷烨即为曾经化名雷雨的项俊文。张致祥、伊之及晋察冀日报史研究会秘书长秦永川联合署名，出具了雷烨即是雷雨（项俊文）的证明，并加盖了“晋察冀日报史研究会”的印章。

著名电影演员田华至今还保留着一张她与雷烨的合影，照片中的雷烨拥着身穿厚厚棉衣的小田华。据田华回忆，照这张合影时，她才 12 岁，那时雷烨很照顾她。照相前，雷烨风趣地对田华说：“你叫田华，我叫‘雷华’（当时许多老百姓都把雷烨叫作雷华），咱们‘二华’合个影吧。”于是，由当时的晋察冀画报社社长沙飞拍下了这张照片。项秀文在京期间前去拜望田华时，田华特地将这张照片翻拍给项秀文。

60 多年了，项秀文终于找到了哥哥的下落。那天，项秀文风尘仆仆地来到华北军区烈士陵园。在雷烨烈士墓前，项秀文代表家人举行了一场迟到的祭奠，为哥哥扫墓并敬献了花篮。古稀之年的项秀文在哥哥的墓前百感交集，在哽咽着说出“哥哥，我终于找到你了”后，泣不成声。

（记者　章一平）

叶有元：百岁抗战老兵的烽火岁月

叶有元是一位有着6年抗战经历的百岁老兵，1916年出生在沙畈乡李兰村，24岁时参军，成为抗日军队中的一员，期间跟着部队奔赴江西、湖南长沙、四川、重庆等地，30岁时回家，从此在家乡过着男耕女织的安稳生活。

为了采访这位抗战老兵，记者和叶有元的儿子联系后，得知叶有元目前在沙畈乡梧桐村的女婿家中。于是，记者日前来到沙畈乡，在该乡梧桐村见到了这位经历过战争洗礼的百岁老兵。

下雪天穿着草鞋、戴着斗笠行军

1916年12月10日，叶有元出生在沙畈乡李兰村，因为家庭贫困，叶有元只读了两年书便在家里帮忙干农活。抗日战争爆发后，1939年，在他24岁时，由于战事激烈，国民党部队伤亡较多，叶有元被抽到壮丁后，就作为预备兵员，补充到二十一军（川军），随着部队远离了家乡。“当时我们部队的番号是二十一军一四五师四三四团，我在四三四团的一营三连，当过一等兵、二等兵，军长叫刘雨卿，师长叫凌谏衔，营长叫朱香重（音），连长叫黄建宣（音），团长倒是记不清了。”叶有元回忆道。正当大家都诧异于百岁老人的记忆力时，叶有元自豪地说道：“那段烽火岁月是我这一辈子都会记得的。”

回忆起当时到部队的情景，叶有元说，那时候由于条件差，行军途中根本没有汽车和火车，部队换防调动只能靠走路。那年，部队从兰溪、龙游一直走到了江西，一路上也看不见有两层的楼房。行军途中，士兵们都穿着自己编的草鞋，扛着“汉阳造”步枪，戴着斗笠，身上的衣服也是旧军衣。无论刮风下雨还是下雪，士兵们都只能穿着草鞋、戴着斗笠行军。在那个战争年代，部队吃的都是糙米、鱼腥草，晚上睡的是茅草房。整个部队士兵衣衫褴褛，像讨饭一样，生活过得十分艰苦。

和日本鬼子打仗数都数不清了

当记者问起和日本军队打仗的细节时，叶有元回忆说："已经70来年了，和日本鬼子打的仗数都数不清了，我们只知道排长跟着连长打，我们跟着排长打，有一次部队在江西鹰潭，正好跟日本鬼子碰上了，日本鬼子天上有飞机掩护，地上有大炮轰击，一个炮弹飞过来后，一眨眼很多人就被炸死了。"回忆起那段抗战经历，叶有元至今还记忆犹新，"炮弹一打过来，一间房子就被炸成了像一口池塘一样。在鹰潭，炮弹炸不到的地方日本鬼子就用火烧，没过多长时间，房子就被烧光了。"

那时候，像叶有元这样的中国士兵用的都是"汉阳造"步枪（比日式的三八步枪落后一代），到了战场，叶有元因为没有打过仗，便跟着排长、班长打鬼子。"日本鬼子的枪法都很准，那时候部队里因为粮食短缺，士兵们一天只能吃两餐饭，有一次伙夫从后方给他们送饭，在途中就被日本鬼子一枪打死了，士兵们就没饭吃了。那一仗打死了许多日本鬼子，我们去打扫战场，去捡日本鬼子武器的时候，有些士兵饿得连枪都背不动了。"叶有元说，"战场上子弹不长眼，有时候人被打死了都会倒在你的身上。"当问起打死多少日本鬼子时，老人说："当日本鬼子冲上来时，我们忙着射击，扔手榴弹，谁知道打死了多少日本鬼子，也不会去数。"

一四五师四三四团参加了龙衢战役

据有关史料记载，二十一军一四五师是标准的川军，到 1944 年时生存下来的川军都已成为战斗骨干，而士兵中川籍人并不多。原新华社浙江分社衢州记者站的姚肇鸿在他编著的《血战衢州——龙衢战役七 70 十周年专辑》中就有龙衢战役（又名衢州第二次保卫战）的记载。二十一军一四五师四三四团就参加了当年的龙衢战役。值得一提的是，在该书中，还有原一四五师四三四团上校团长罗心量等人的回忆录。这也是叶有元在 6 年抗战中所在的部队。

1944 年 6 月初，盘踞在浙江的日军共 5 万余兵力，开始向汤溪、龙游、衢县等地发起进攻，中国军队与之激战。6 月 25 日，日军调动大批兵力，在飞机、大炮的火力掩护下，对衢州城区发起攻击。守城的中国军队四十九军第二十六师七十八团，二十一军一四五师四三四、四三五团官兵英勇抵抗，与日军全面展开了巷战和肉搏战。6 月 26 日，衢州沦陷。之后，中国军队展开反击，6 月 30 日，日军退出衢州。7 月 1 日，日军退出龙游。同日，衢州光复。

在整个战役中，中国军队牺牲团长 2 名，副团长 1 名，阵亡营、连长以下军官 133 名，阵亡士兵 4664 名。日军也付出了惨重的代价，据姚肇鸿分析，日寇死伤亦有 3800 余人，第六十二旅团旅团长横山武彦少将被中国军队击毙。

据姚肇鸿记载，6 月 25 日，固守衢州机场的二十一军一四五师四三五团在上校团长刘一的指挥下，奋力反击，先后共击退敌人5次进攻，杀敌甚多。当敌人第二次进攻时，刘一已身中两弹，但他仍坚持战斗，决心死守阵地。弹药用尽后，刘一团长同士兵一起与敌人拼死搏斗，奋勇厮杀。敌人认出他是指挥官，便将他包围起来。在刀劈剑刺的围攻中，他毫无惧色，奋力格斗。在连续刺倒几个敌兵后，他也身负重伤、遍体洞穿，最后被一日军大佐刀劈要害，气竭力尽倒入血泊中，大呼“杀敌”数声而气绝。刘团长的警卫员柴云、团部军械官刘剑鸣一同牺牲。战后开会追悼，国民政府军事委员会追赠“少将团长”职衔于刘一。

去年，老人还能上山捡柴、背毛竹

1945年，抗日战争胜利后，叶有元正好30岁，当了6年兵后，他不愿打内战，就离开部队，逃回了家中。叶有元说，在回家的途中，他一路担惊受怕，有时候为了躲藏，晚上就睡在牛栏里。“那时候部队军纪很严，当逃兵第一次抓到要打屁股，第二次抓到要枪毙。当时一起当兵的七八个同乡，回来的只有二三人。”叶有元说。

回到老家后，叶有元结婚成家，育有3个儿子、4个女儿。因为上过战场、打过日本鬼子，老人的心态和身体直到现在都很好。从饮食方面来讲，老人最大的优点是不挑食，粗菜淡饭，有什么吃什么。就在去年，老人还能上山捡柴，到山上背毛竹，自己烧饭吃，还能自己洗澡洗衣、干家务。平日里，老人的生活基本都能自理，听力、视力、记忆力也都不错。唯一不足的地方就是，老人有心脏病，吃药已经 10 多年了。但一说起那段烽火岁月，叶有元仍精神矍铄，并表示这永远是他自己难忘的经历。

新闻链接

据史料记载，1937 年 9 月，二十一军整编完毕后，军长唐式遵奉命率第一四五师、第一四六师和独立第十三旅、独立第十四旅出川抗战，第一六二师留驻成都。10 月，该军进至上海参加了淞沪会战。

1939 年初，二十一军隶属于第二十三集团军，军长唐式遵升任第三战区副司令长官兼第二十三集团军总司令，陈万仞继任该军军长，刘熙鉴任副军长。同时，将原第二十三军编入该军。该军原辖第一四五师改隶第五十军；第二十三军原辖第一四七师、第一四八师改隶该军。此次整编后，该军先后参加了当年的冬季攻势作战和第 2 次长沙会战。1942 年 1 月，陈万仞升任第二十三集团军副司令后，该集团军副司令刘雨卿兼任军长，周绍轩任副军长。下辖部队编制调整为第一四五师、第一四六师、第一四七师。同年 5 月，该军参加了浙赣会战后驻守江西贵溪整训。1945 年，该军奉命进行整编时，第一四七师被裁减，另将第五十军新编第七师拨归第二十一军建制。此时，该军下辖：第一四五师，师长凌谏衔；第一四六师，师长戴传薪；新编第七师，师长黄伯光。

（记者　章一平　苏晓婕）

申图：我们在流亡求学中抗日救国

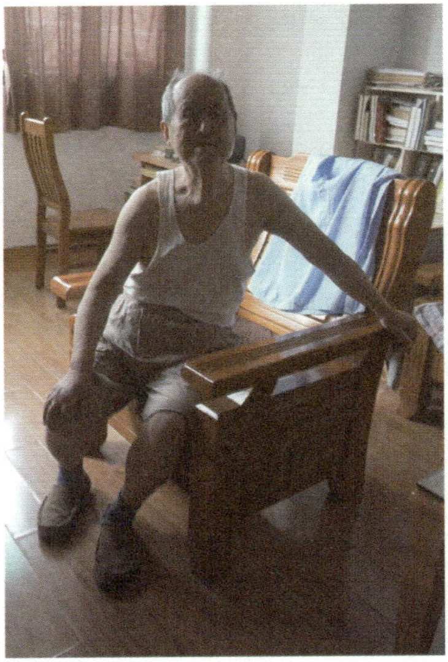

1937年，全面抗战爆发后，为了避开日军飞机的轰炸，不当亡国奴，当年考入金华中学（现为金华一中）初中部的申图跟随学校，从金华城区先后流亡到澧浦、武义的俞源。在俞源初中毕业后，考入高中的申图又从丽水的碧湖流亡到青田。6年的中学生涯就搬迁了5个地方。

1943年，申图考上浙江大学土木系后，来到已经内迁于贵州省永兴、遵义一带的浙江大学就读。1944年，为了报效祖国，申图凭着一腔热血，响应当时提出的“一寸河山一寸血，十万青年十万军”的号召，和许多同学一起，报名参加了青年远征军，成为当时青年军中的一员。

日前，在金华市社会福利中心，记者采访了这位当年走上流亡求学之路的九旬老人。

国耻教育是那个时代学校教育的一大特色

申图出生于1925年1月，原名申屠琛。说起自己的流亡求学之路，申图表示，跟小时候的国耻教育有很大的关系。申图对记者说，最难忘的是几任校长张印通、方豪，包括浙大校长竺可桢的人格魅力给他的影响。他说这些校长都是非常爱国的，他们影响了一大批学生的人生选择。

在小学时，申图还记得校园外墙上都画有中国地图，有助于学生国家观念的形成，老师告诉学生们，中国地图就像秋海棠叶一样，被列强蚕食，千疮百孔。

由于日军飞机对金华城区的轰炸，方豪校长带领金华中学全校师生，搬迁到澧浦、蒲塘、长庚一带，后又搬迁到武义俞源。1942年5月，金华沦陷，金华中学不得不临时停课。1943年2月，转移到缙云金竹、棠慈重新开学。

当时金华中学的初中上历史课，就在校长方豪所在村的方家祠堂里。教师李韦平曾讲述1841年发生的鸦片战争，不但林则徐的形象深入人心，至今申图还记得广东有个不战不和的叶名琛。除此之外，在老师的国耻教育中，申图还记得三元里人民的抗英故事。

在丽水碧湖，从各地流亡到那里的中学，在当时省教育厅的组织下，成立了浙江省立联合临时中学，简称联高。在碧湖，还有个战时儿童保育院，那些难童们在一次唱《松花江上》时，随着“九一八，九一八”的歌声，全场都号啕大哭；来自沦陷的杭嘉湖地区的同学们，有些年纪只有12岁上下，校长张印通带着他们夜睡稻草，徒步千里到碧湖安身。申图有一个同学叫郦伯瑾，是诸暨人，其父亲是宁波中学颇有名声的数学老师，他初中进入宁波中学，高中考上绍兴中学，后又转入宁波中学，都是当时流亡中的学校。中学时期，郦伯瑾一共转移了6个地方，才完成了学业，比申图还多了一个。在读书时，晚上同学们倚着小池塘边上的栏杆，唱着“我的家在东北松花江上”。而一放学，往往一个教室响起抗战歌声，临近教室就会互相应和，形成雄壮的大合唱。郦伯瑾在他的遗作《郦伯瑾文集》中写道：“国耻教育是那个时代学校教育的一大特色。”

1932年一二·八淞沪抗战后，在爱国老师的指导下，一群爱国青年便去发传单、传送消息、参加救亡活动。联高的同学大部分是从敌占区或半沦陷区过来的，感受过亡国奴的生活是什么滋味，有些虽未曾碰到过敌人的刺刀，但也受过炮弹的威胁。

申图就是其中受过炮弹威胁的一员。“一次是日军飞机轰炸金华，硬生生地把学校赶到了乡下；一次是逃难上山后，眼睁睁地看着炸弹在自己村子方向落下；另一次在迁校逃难中，日军飞机投下的炸弹就在头顶前面落下，我幸运地躲过一劫。”申图回忆道，“每一位同学来到这里的经历虽然不尽相同，但相同的是都尝尽了日军侵略的苦头。”

回忆起自己6年的中学生涯，从明窗净几的玻璃房画室，转向臭虫蚊子乱飞的祠堂庙宇，申图不禁感慨万千。1940年，他考取联高后，去丽水碧湖入学。白天带一蒲包饭，去林间躲避日军飞机的轰炸，晚上才能回到学校上课。由于逃难，学校曾有一段时间还被迫停课。 1942年秋，学校在青田的刘伯温庙复课，1943年，申图高中毕业。在申图的记忆里，学校的爱国主义教育、对学生的人文主义关怀，至今令人难忘。

热血青年应投笔从戎，抗日救国

1943年，申图考入浙江大学土木系，那时学校已经迁到贵州的湄潭、永兴一带。申图只身从丽水出发，到福建建阳时，得了冷热病近半个月，后来在录取到暨大联高的同学吴兆契的帮助下，找到了堂兄和表哥，才养好了病。再坐黄鱼车到赣州，到流亡学生的招待所休息了一晚，再南下韶关，转火车北上衡阳。在衡阳，申图遇到了骗子，到了柳州后，在茶店老板的指点下，终于摆脱。在金城江摆地摊时，申图得到联高同班同学梅天锁的帮助，一同到达贵州。经历7省的艰险路程，申图终于到达浙大永兴分校一年级报到就读。在学校，他和梅天锁是上下铺，因为抗战时期条件艰苦，他们晚上只能在三根灯草（注：灯草乃多年生草本植物。其茎细长，茎的中心部分用做菜油灯的灯芯，俗称灯草）下就读，从此两人成为知交。

在大学一年级，他们就住在楚馆和江馆等处。学校为学生们找到了一处可以安心读书的好地方。

1944 年，学校迁往遵义。在遵义，正逢国民政府号召青年参军，街上挂出了“一寸山河一寸血，十万青年十万军”的标语，“一寸山河一寸血”这几个大字特别激动人心。同学陈贵耕在壁报上贴出了“热血青年应投笔从戎，抗日救国，不可如一池死水”的标语。在动员会的 10 天后，浙大来自上海的学生张直均第一个报名，申图也和其余 6 个同学先后报名。“当时浙大报名的一共有 136 人，后来浙大入伍的有 99 人，武汉大学有 32 人，贵阳师范学院则有 3 人。”申图说，“有些人是真正入伍，没有变卦的，有些人则是看看就走了。”

说起报名从军的信念，申图说，当时一个同学叫胡仰馨，也是目睹了日军的暴行才决定参军的。1937 年，胡仰馨 11 岁，在苏州乡下的一次避难中，眼见日军三天三夜的血腥屠杀。他跟大伙儿分散躲在密林中，目睹了男子为保护妇女而被杀害，大批妇女被掳，关押受辱。三天过去了，被蹂躏的妻女呼天抢地在寻找丈夫和亲人的尸体，这时候胡仰馨才意识到自己也是死里逃生的一个。这段回忆在他心里种下了仇恨的种子，在 1944 年敌寇压境时，胡仰馨多年的情绪转变成了一股求战力量，让他在第一时间加入了青年军。

入伍之初，申图被编入青年远征军二〇二师六〇四团的战炮连。

1945年3月，申图和浙大的30名校友，及其他学校的学生一共50人去重庆干训团电信大队学习无线电。5月回到青年远征军二〇二师通信营，分散在各电台实习，随即准备奔赴战场。这时抗日战争已是胜利在望，申图和其余同学们最后都未能奔赴战场。“当时报名参军是抱着一腔热血去的，虽然青年军没有上过战场，也没有打过日本鬼子，但是抗日的念头一直在我和同学们的心中。”申图说。

1945年8月15日，日本宣布投降，青年军中的学生们回校的回校，遣散的遣散，而申图则是回到了浙大准备完成自己的学业。1948年，申图从浙大毕业。1949年在金华加入了金萧支队，一直在部队待了10年。1958年，申图到北大荒一个县里的学校当校长，期间经历过“文化大革命”，也曾受过批斗。一直到1971年平反，后在金华的教育学院任总务主任直到离休。

新闻链接

1937年，抗日战争爆发后，时任浙大校长竺可桢率师生西迁，途经浙、赣、湘、粤、桂、黔6省，行程2500多公里。1940年初，浙大西迁至贵州，校区安排在遵义、湄潭、永兴三地，历时7年，湄潭文庙是浙大校址之一。浙大在遵义、湄潭7年的办学时期，是浙大办学史上最独特而又极其重要的发展阶段。在这里，浙大找到了相对安宁的办学场所，开启了一段辉煌的办学历程。遵义、湄潭成为浙大文脉不可分割的重要组成部分，留下了不可磨灭的求是精神烙印。时任浙大校长竺可桢在举校西迁途中，将“求是”确立为校训。当时浙大集聚了竺可桢、苏步青、陈建功、王淦昌、卢鹤绂、谈家桢、贝时璋等一批在国内外颇具盛名的科学巨人；同一时期，浙大还培养出后来的诺贝尔奖获得者李政道和国家最高科学技术奖获得者叶笃正、谷超豪及程开甲。

（记者　章一平　苏晓婕）

张明礼：九旬抗战老兵的戎马岁月

今年93岁高龄的张明礼，来自山东。抗日战争爆发后，张明礼的老家受到日本侵略者的涂炭，使得年少的他对日军深恶痛绝。1941年，十几岁的他毅然加入八路军，保家卫国，顽强抵抗日军的侵略。他参加过大大小小的战役，历经了烽火岁月的洗礼，最终迎来抗日战争的胜利。二十几岁时，张明礼退伍到浙江学习，后又调入金华工作，直至退休。日前，记者找到了他，在他的回忆下，走进了这段难忘的岁月。

日军的恶行，让他走上了抗日的道路

张明礼出生于山东省的长坐村（音），家中兄妹6人，他排行老二。当时的农村，生活水平极差，一家 8 口人，连吃饭都成问题，更别提念书了，张明礼和 5 个兄弟姐妹都没读过一天书。9 岁那年，为了生计，张明礼开始给别人做雇工，每天在山上放牛、割草。

1937 年，全面抗日战争爆发，战火很快蔓延到了山东。当时张明礼不过 15 岁左右，原本清贫的生活因为日军的侵略而变得更加苦不堪言。张明礼说，那时日本鬼子带着汉奸经常来村子里扫荡，看到吃的喝的，一律带走，带不走的，就搞破坏，或者一把火烧掉。为了避难，村民们只好在野外用石头垒成房子，或是找山洞、丛林睡觉，等日本鬼子走了才敢回家。“下雪天睡在石头房子里，风从石缝里呼呼灌进来，连条被子都没有，那叫一个冷啊！”张明礼回忆道。

一次，日军又带着汉奸来扫荡。汉奸独自一人走进了张明礼家中，翻箱倒柜，发现床头有一块土布。贪婪的汉奸把土布绑在身上打算带走，这一幕恰巧被躲在窗外的张明礼看到。见汉奸背对着他，边上还放着一把红缨枪，气愤的张明礼偷偷把红缨枪拿过来，趁其不备一下刺死了他。汉奸死后，张明礼和兄弟一同把他丢到了井里。等日本鬼子走后，再将尸体打捞上来丢到了野外，这是张明礼第一次杀汉奸，心里别提有多痛快了。

1941 年，八路军到山东后，建立了党的组织，成立了游击队。一听这事，对日军深恶痛绝的张明礼二话不说报了名，加入了抗日的阵营。与他一同参军的，还有他叔叔的儿子，名叫张原谊。当时村里还建立了农会，张明礼担任了农会主任。“他们看到我经常去八路军那边开会，觉得我对革命有认识。”后来，四五个村联合开了一次会议，决定成立民兵组织，让张明礼任联防的民兵队长。

职位在身，张明礼抗日的劲头更足了。他说，当时革命的组织很多，名号也都不一样，有专门扒铁路的“抗险队”，还有其他的青年组织，但大家的目的都是一样，就是抗日。“我们的任务就是，负责破坏汽车路、火车路，在这些交通要道上挖沟、挖洞，阻碍日军的通行。”

他的一封“鸡毛火信”，救了县政府

参加民兵组织后，张明礼帮助过不少革命干部渡过难关。当时，张明礼家有一块菜地，离村子有一里多路。为了避难，家人在菜地里挖了一个十几平方米的地洞，上面用泥土和树枝掩盖起来。战事吃紧的时候，张明礼就主动将地洞空出来，给干部避难，“那时，区长、区委书记、区干部都在我们家的地洞里睡觉，每天都是摸黑过来，凌晨四五点钟天没亮就走，就怕被鬼子发现。”

日军的侵略步步逼近，战争不可避免，但长坐村（音）地处偏僻，武器落后，村里只有几杆破枪，拿什么和鬼子打？这时，张明礼忽然想起叔叔的姐夫在大城市做生意，而且认识卖武器的人。后来，在他的帮助下，张明礼买到了8箱子弹、4箱手榴弹，用牛车盖上土做掩护，偷偷运回了长坐村（音）。张明礼说，当时县政府就在他们村上，武器一运回来，就放在了县政府里面。谁知，这武器还没拆包，消息就走漏了。不多时，就有日本鬼子带着许多人包围了县政府，并在外面高声喊着："杀""杀""杀"……见此情景，大家都有些慌了神，躲在县政府里面的张明礼，搬了一张板凳偷偷往围墙外看了一眼，发现来的只有几个日本人，其余的绝大多数是被胁迫来的老百姓。这下，张明礼胆子大了起来，他对大家说："同志们，别怕，外面不全是日本人，现在我们有武器，大不了冲出去跟他们干一架！"说罢，就打开一箱手榴弹，一人分了两个，带头冲了出去。

随着手榴弹在外"砰砰"爆炸，先前聚集在县政府外的人果然吓得四散而逃。张明礼把村里唯一的两支破枪也拿了出来，对着汉奸就是一阵扫射。敌军被这阵仗吓得连连后退，但张明礼深知，这只是他们的缓兵之计，如果日军主力来了，县政府的人马肯定抵挡不了多久。他找来队伍里唯一识字的一位青年，写了一封"鸡毛火信"，让人赶紧送到 3 里外的八路军处，请求支援。张明礼说："这'鸡毛火信'啊，就是把一封信，叠成三角形，里面放上一根火柴和一根鸡毛，八路军见信就知道是紧急情况，会马上调派部队过来。"果不其然，收到"鸡毛火信"后，八路军马上派出了 2 个连的兵力，绕到敌军的前面包抄，并抓了 7 个带头的。

原来，这次的行动，并不是真的日本鬼子搞的，而是几个冒充鬼子的汉奸组织的，目的就是想占领县政府，独吞这批武器。晚上，长坐村（音）召开群众大会，在大家的呼声下，镇压了这批可恶的汉奸。从此，长坐村（音）一战成名。

九死一生的侦察兵经历

1944年，张明礼带了两个人到县里开会，并自愿参加了八路军的“老三团”。当时“老三团”驻守在深山中，需要挑选50个人去敌营侦察，负责侦察日军的行动，张明礼也在这50人当中。

听到被选上的消息，张明礼不解，问领导：“我从来没当过侦察兵，为什么选我去？”领导回答：“你们平日里都与鬼子周旋，了解情况，有经验。”张明礼二话没说，又做起了危险的侦察工作。一日，张明礼同80多名队友一起去山东临沂的一处日军据点侦察，80多人在外守了一夜，天快亮时，不幸被日军发现，便被重重包围起来。眼看着情况危险，张明礼决定放手一搏，杀出一条血路。“我们队里有个人叫老王，是我的同乡，个子大，力气大，我马上喊他：‘老王，枪对着桥，把桥上的人打掉！’”张明礼一声令下，老王马上对着桥扫射开来，当时桥上正好架着日军的两挺重机枪，老王这一打，日军主要的火力有了缺口，趁着他们还没反应过来，张明礼让大家赶紧往桥上跑，自己则在最后做掩护。

谁知，一番追逐下来，队员们都成功逃脱，张明礼却在一条小巷子里迷了路。听着身后日军的脚步声越来越近，情急之下，张明礼一推门跑进了一个老奶奶家中。老奶奶好像卧床不起，张明礼来不及解释，一骨碌滚到了老奶奶的床下，把枪放在胸口，手扒着床板下的横杠，脚撑在床板上，把身子悬空贴着床板，憋着嘴大气也不敢出。不一会儿，日军果然追来了，他们在老奶奶家一顿乱翻，没找到张明礼，又不死心，拿着刺刀在老奶奶的床下来回刺了三次，幸好张明礼牢牢地“吸”在床板上，才没有被刺刀刺中。一番搜寻无果，日军这才怏怏离开。

过了一会儿，老奶奶从床上坐了起来，小声对张明礼说：“同志，出来吧，鬼子已经走了。”张明礼这才从床下爬了出来，可他一看老奶奶的脸，才发现为了救他，老奶奶被日本鬼子打得鼻子都出血了！“看到这一幕，我的心里可难受了，也没什么东西能回报她的，就把身上所有的钱都掏出来给了她。”回到部队后，张明礼的战友们都惊诧不已，大家都以为张明礼已经被日军杀害了，没想到他大难不死，逃过一劫。

之后，张明礼还参加过不少大大小小的战斗，都是惊险无比。他还曾寄过第二封“鸡毛火信”。那时他们得到消息，知道日军要去扫荡一个村庄，为了避免群众损失，村民们都提前疏散了，留下张明礼一行迎战。第二天早上 6 点，日军果然来犯，张明礼和队员们一直从早上 6 点打到了晚上 6 点，眼看大家的火力和体力都开始不支，张明礼马上写了一封“鸡毛火信”向 2 里外的八路军求助。

接到信后，八路军火速派了 2 个连，带着机枪过来支援，让张明礼一行从战场上撤退休息，他们顶上。在八路军的机枪扫射下，日军最终溃败逃走。第二天，八路军扫除了日军在村外不远处的据点，在那场战斗中，张明礼的二姐夫不幸牺牲。从此，他更加痛恨日本鬼子，并发誓要和鬼子打到底！

退伍后，他辗转来到了金华

1945 年，日本宣布无条件投降。彼时，张明礼驻守的部队附近还有几个据点的日军没有撤退，张明礼和战友们又再接再厉，清除了日军的据点。

之后，退伍的张明礼来到浙江学习了一两个月，被调入金华地区中级法院担任审判工作。后来，张明礼又分别在县法院、公安局、检察院、婺城区任职，直至 60 岁才从岗位上退休。

如今，回忆起曾经经历过的烽火岁月，93 岁的他依然激动不已，他说，自己参加过抗日战争，体会最深的就是两点：一是不怕死，二是不怕苦。“只要日军一天不走，我们就要把革命进行到底。”说这句话时，张明礼仿佛又回到了自己的记忆中，走进了那段不曾忘却的抗日时光。

（记者　郦　莎）

杨忠正：参加联防队和战友一起打鬼子

今年91岁的杨忠正住在市区新华街，这是一套重新装修过的二手房，两室一厅，环境很是不错。杨忠正告诉记者："现在的生活可比以前幸福许多了，不愁吃不愁穿。"杨忠正经历过抗日战争和解放战争，参加过大大小小的战斗有11次，曾在战斗中受过伤，立过5次三等功。对于杨忠正来说，难忘的是烽火岁月里的浴血奋战，更难忘的是那一段参加联防队、打击日本鬼子的日子。近日，记者来到他的家中，听他讲述那段"抗战史"。

成为地下组织的一员，搜集日军情报

1925年6月，杨忠正出生于河北省南皮县孙屯村。因为家庭条件贫苦，从小杨忠正就没有上过一天学。杨忠正从8岁起就在村里当帮工，挣点小钱帮着父母减轻负担。

1937年7月7日，抗日战争全面爆发。1938年1月，日军占领了杨忠正所在的南皮县孙屯村。这个位于四县交界处的孙屯村成为

日军的据点。

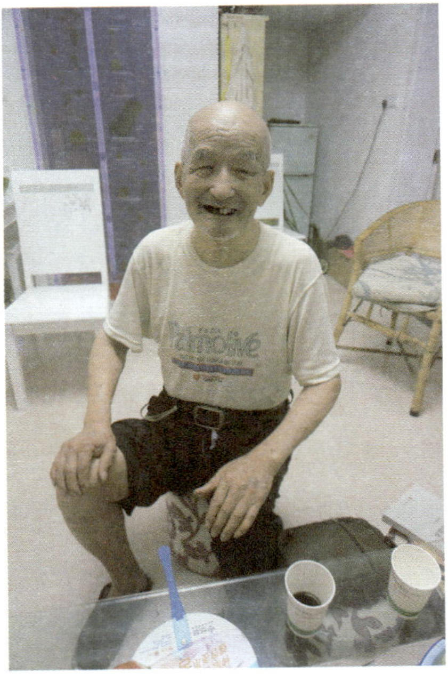

孙屯村四周都是城墙，有六个城门。那时，正是农民下地播种的季节，日军占领孙屯村后，便紧闭城门，不让老百姓进出种庄稼。日军还强迫全村的老百姓给他们建炮楼，作为长期的据点。“他们不给吃的也不给喝的，稍微休息一下就来打。”杨忠正说。炮楼建好后，日军又把城门外的民房给拆掉，还修了护城河。“老百姓们的日子过得提心吊胆的，不知道日本鬼子什么时候会上门烧杀抢劫。”杨忠正回忆说，“那时候，村里的人见到日本鬼子就得喊一声‘太君’，不然就会被打。有一次，我和父亲走在村子里，碰到一个日本鬼子，我们和他擦肩而过，没有喊‘太君’。日本鬼子便把我们叫住，什么也没说便打了我父亲两个耳光。”

日本鬼子在村里无恶不作，伤害老百姓。1940 年的冬天，正是抗日战争艰苦的相持阶段。16 岁的杨忠正想去参加八路军打鬼子。正巧，村里来了一位地下工作者，叫孙莲江，他也是孙屯村人，是八路军派到村里组织发动群众进行抗日，搜集日军情报的。那年，孙莲江便组织村里的 6 名青年召开秘密会议，宣誓加入地下组织，当年 16 岁的杨忠正就是其中的一位。

地下组织刚成立不久，便发生了一件大事。王大是地下组织 6 个成员之一。一天上午，一个全副武装的日本鬼子闯进王大的家里，看到王大 17 岁的妹妹长得漂亮，想要强奸她。作为哥哥的王大为保护妹妹，便把鬼子打死了。打死鬼子之后，王大和妹妹两个人合力将鬼子扔进院子里一个 2 米多深的地窖里，然后用土埋好。下午，日本鬼子发现少了一名士兵，便下令关闭所有城门，只准老百姓进来不准出去。鬼子在村子里一连搜查了三天，他们拿着刺刀在老百姓家里乱搜，把整个村子都查了个底朝天，最后还是没有找到。虽然全村的老百姓都吃尽了苦头，可没有一个人说那个鬼子在哪里，因为他们觉得鬼子死了是罪有应得。

根据杨忠正提供的情报，八路军打了一个漂亮的伏击仗

1941 年的 9 月 25 日，杨忠正被保长派到伪军大队驻扎的院子里打扫卫生，无意中，他听到了伪军大队长正给日本鬼子打电话，“通话的内容说是明天早上 7 点， 6 个日本顾问和 6 大车的武器、弹药由一个中队护送，从孙屯村据点出发前往会民据点，需要会民据点

派出部队来接应。”杨忠正回忆说。于是，当天晚上，杨忠正便火速跑到距离孙屯村8里路远的鲍屯村南门里赖青生的家里，那里是八路军的联络站。杨忠正把自己听到的情报一五一十地告诉了八路军的联络员。当晚，杨忠正没有回家，眼看着八路军连夜调动部队，秘密地隐藏在从孙屯到会民的必经之路上，挖好战壕，等待敌人的到来。

第二天一大早，敌人从孙屯村南门出发。走在前面的是30多个伪军，随后是6辆装满武器的大车，6个日本鬼子坐在大车上，后面又是70多个伪军。八路军放过前面的伪军，当6辆装满武器的大车进入伏击圈后，八路军指挥员一声令下：打！“枪声一响，走在前面和后面的伪军立马逃回了孙屯据点。6个鬼子有4个被击毙，2个被俘。八路军缴获了6大车的武器和弹药。”杨忠正说，“这场战斗用了不到20分钟，大灭了鬼子们的威风。”

战斗结束后，八路军带着俘虏和武器弹药离开了战场，杨忠正也马上回到了村里，看到逃回据点的一个伪军中队长也受了伤。

1942年9月12日，杨忠正和另外两名村民被日本鬼子抓去背六零炮班的炮弹，被迫跟着鬼子到距离孙屯村7里路外的小集镇上去扫荡。到了镇里后，200多个鬼子和汉奸便挨家挨户地进行搜查。镇上的人几乎都逃走了，只有几个年纪大的老人没能逃跑。日本鬼子把老人带到村中央，一名鬼子军官问他们：“八路军和村子里的老百姓都跑到哪里去了？”老人们没有一个回答，鬼子便把军刀架在老人的脖子上说："不说统统杀死！"一位老人指着北方说："听说你们要来，他们都逃到北面去了。"鬼子一听，便立马朝北追去。但搜索了一个下午，鬼子什么也没有搜到。日本鬼子折腾累了，就停下来休息。六零炮班的 10 个鬼子把从村里抢来的鸡褪毛扒皮，点燃玉米秆后烤着吃。结果一个鬼子在拿玉米秆时，发现了藏在玉米秆堆里的一名 40 来岁的中年妇女，9 个鬼子马上围了上去，兽性地轮奸了这名妇女。

1942 年 12 月的一天，孙屯据点的日本鬼子和伪军出去扫荡，下午 3 时许，在离孙屯据点东面 16 里的地方，被八路军打了伏击。八路军当场打死了 20 多个日本鬼子，还打伤了 2 个日本鬼子。因为部队紧急转移，一个受伤的日本鬼子被八路军割了一只耳朵放了。第二天上午，这个受伤的日本鬼子爬回了孙屯据点。当天，日本鬼子在孙屯村的东北角架起一大堆干柴，点火后就把这 20 多个日本鬼子的尸体和那个伤兵火化了。杨忠正和孙屯村的村民老远就能听到那个日本鬼子伤兵的惨叫声。

参加地方便衣武装联防队，打击敌人

1943 年中秋刚过，村里的地下组织接到上级指示：八路军要攻打鬼子在孙屯的据点，需要地下组织配合。安排好后，八路军从孙屯村东北角打通围墙攻进孙屯村里，杨忠正和其他地下组织成员都聚集在打通的围墙后接应八路军。在地下组织成员的带领下，八路军很快便打下了日本鬼子的炮楼，消灭了一个大队的伪军，打死了7个日本鬼子，俘虏了14个日本鬼子。就这样，孙屯村的日本鬼子据点被打掉了，孙屯村的老百姓欢天喜地，积极配合八路军，清理战场，拆掉了日本鬼子的炮楼。

当时，整个形势处于农村包围城市的局面。农村的日本鬼子据点已经基本上被打掉了，但是各个城市、铁路沿线仍有日本鬼子驻扎着，鬼子们会经常到农村抢夺老百姓的粮食，杀人、放火，使老百姓不得安宁。

为了保护老百姓，杨忠正所在的王寺区动员各村的部分民兵自带武器，参加区联防队。当时报名参加的人很多，但经批准，孙屯村最后加入联防队的也只有杨忠正和另外一名民兵。杨忠正想：“这下好了，我可以真正打鬼子了。”1944年10月9日，杨忠正被正式批准参加地方武装区联防队，在一班当战士，队长姓姜，是本区三包村人，区长兼联防队长。这支便衣武装活动在日寇的据点周围、铁路沿线。破坏铁路、公路，找敌人的薄弱环节来打击敌人。为了切断敌人的运输线，联防队和敌人多次作战。

1944 年 11 月，王寺区联防队正驻扎在九包村里。一天，一群修复铁路的日本鬼子、汉奸和修路工，开着轨道车，顺着铁路向九包村方向而来，中午的时候修到九包村西停下。轨道车一停下来，鬼子和汉奸便拿着枪向九包村走来。刚走进村里，鬼子和汉奸便被杨忠正所在的联防队和九包村的民兵给打了个伏击，当场打倒了两个敌人，剩下的敌人四散逃跑了。

有一次，联防队打探到会民城北一日军据点内，住着伪军一个中队 100 多人，据点周围还有护城河，当时，王寺区联防队驻扎在大庄子村，距离伪军据点 90 里路。天黑以后，联防队一路急行军，在离据点几百米的地方停下来，派出几名队员悄悄翻过护城河，干掉了放哨的伪军，放下了吊桥。联防队马上攻进了据点。那时候，敌人都还在睡梦中，联防队一枪都没放，便俘虏了伪军 100 多人，并缴获了大量的战利品。老百姓们得知联防队打了胜仗，都非常高兴，纷纷包饺子、烙大饼、煮鸡蛋，慰劳联防队的战士们。

1945 年 1 月，联防队驻扎在白镇东的一个小村里。得知铁路西面距离这里十四五里路的村庄有敌人在抢粮。联防队马上集合队员过铁路顺着交通壕，跑步到达敌人抢粮所在村的西南角，在距离村庄 3 里路的敌人必经之路上埋伏。联防队到达还不到 20 分钟，便看到从村里出来一大队日本鬼子和伪军，中间还有被逼着运粮食的老百姓。等人群走到离联防队300米处的地方，队长一声令下，一排密集的子弹便射向了鬼子。听到枪声，老百姓一齐跑回村里，鬼子惊惶失措，也连忙跑回了据点。等到鬼子跑远后，联防队才停止射击，把鬼子抢来的粮食和猪、牛、羊，送还给老百姓。村里的老百姓兴高采烈，当场杀了一头猪慰劳联防队。

参加联防队，让杨忠正颇感自豪，他说："我们这支地方便衣武装联防队，都是农民出身，什么农活都会干，联防队走到哪里就帮着农民干农活到哪里，哪里有鬼子就到哪里打鬼子。"村里的老百姓都非常喜欢这支联防队，把他们当成家人一样看待。

1945年8月15日，日本鬼子投降了，全区人民都非常高兴，敲锣打鼓庆祝抗日战争的胜利。从此，王寺区政府有了固定的驻地——王寺北头村。这支地方便衣联防队也改名为王寺区小队。随后，杨忠正所在的一班被派到了小集镇上看管粮库。

1946年7月，杨忠正报名参军，经过40天的训练，新兵团开往前线。此后，杨忠正参加了淮海战役、渡江战役、解放上海等各大战役。1957年7月，杨忠正转业到金华工作，担任过粮管所的所长、支部书记，一直到1985年6月离休。

（记者　章一平　胡敏霞）

杨勇：从儿童团到游击队，血与火的记忆

今年 86 岁的老兵杨勇，亲历了日军进村烧杀抢掠的罪行。一家人深受日军的迫害。抗日杀敌，把日本鬼子赶出中国，抱着这样的心愿，当年 12 岁的杨勇走进了革命队伍。从儿童团、民兵到游击队，成长为一名抗日勇士。为了纪念曾经的抗日历史，日前，记者采访了杨勇，与他一同回忆这段血与火的岁月。

小小年纪就参加了儿童团

1930 年 11 月 7 日，杨勇出生在山西省离石县梁家会村的一个革命家庭。他原名杨月钰，后来参军入党改为杨荣，又因为在战场上表现勇敢，首长为他改名为杨勇。杨勇家境贫寒，家中有兄弟姐妹 6 人，他排行老四。

1937 年 7 月 7 日， 卢沟桥事变爆发，标志着日本帝国主义全面侵华战争的开始。当时，国民党退下来的部队正好在杨勇所在的村子休整。面对日军的迫害，许多爱国之士都恨得咬牙切齿，战士

们时常在村子里唱义勇军进行曲，歌中“起来，不愿做奴隶的人们……”这句歌词，唱出了革命战士的热血，也给当时年仅7岁的杨勇留下了深刻的印象。就此，在杨勇心中埋下了革命的种子。

很快，杨勇的老家也沦陷了。最初，村子里没有抵抗日军的组织，只有由村中青壮年自发组织的民兵队伍，民兵没有枪、没有子弹，打鬼子全靠自制的土地雷。虽然结果往往是以卵击石，但为了捍卫家园，大家都愿意舍弃性命，顽强抵抗。“可以说，在幼年时，我就吃尽了日本鬼子的苦头，后来，为了打鬼子，我家中除了母亲，兄弟姐妹和父亲都相继加入了革命队伍。”杨勇说。

12岁时，杨勇参加了村民兵连领导下的儿童团，当时村里参加儿童团的还有李德荣、梁成生几个人。杨勇回忆，那时日本鬼子已经驻扎在蒋家会村对面的李家湾，并在李家湾建了4个碉堡。当年日军在中国实行杀光、抢光、烧光的“三光政策”，害得老百姓天无宁日，东躲西藏。驻守在李家湾的鬼子们，经常来他们的村子烧杀抢掠，强奸妇女。

梁家会村地势较高，在坚硬的黄土高坡上，家家户户都是窑洞，层层叠叠，十分壮观。为了防备鬼子进村扫荡，很多人家里都挖了地道。杨勇家的地道就设在锅灶旁的煤炭洞后面，一有紧急情况就搬开煤炭进入地道躲避。

因为小时候目睹了日本鬼子的暴行，杨勇幼小的心灵播下了仇恨的种子。儿童团成员人小志气大，加入儿童团后，杨勇和小伙伴们天天在村子的最高处站岗放哨，一看见有鬼子进村，就马上通知游击队、八路军。每次杨勇出去给游击队送信，信都缝在裤裆里或放在鞋子里，左手拎个柳筐，右手拿个铁铲，伪装成拾粪的样子。日本鬼子对小孩子的警惕性比较低，杨勇就靠小孩子的身份蒙混过关，给游击队送过不少可靠的情报。

当时，梁家会村还出过一个汉奸，叫蔡世杰，他弟弟是日本人的翻译，兄弟俩投靠日本人，残害过不少同胞。一次，杨勇还和其他儿童团员一起抓住了蔡世杰，蒙着他的头狠狠地揍了他一顿，为乡亲们出了口恶气。

“我的家人均被日本人迫害，二哥战死，大哥和父亲受尽折磨”

杨勇告诉记者，随着战事吃紧，日军的气焰越发嚣张，有时三五个鬼子就敢来村里扫荡，异常猖狂。

记得1943年的一个冬天，3个日本鬼子摸进他们村里来找“花姑娘”，他们把三把枪放在维持会的门口，正巧被杨勇和儿童团的几个小伙伴看见，趁着日本人不注意，他们悄悄地把枪偷走了，上交给民兵。见枪不见了，日本鬼子只能空着手跑回李家湾炮楼，但他们怀恨在心，伺机报复。几天后的一个晚上，日本鬼子以找枪的名义包围了梁家会村，将所有人都赶到了一个大院里，把男女老少分开，男人被剥掉上衣，跪在地上，日本鬼子强迫每个人伸出手进行检查，看看是否有用过枪的老茧，企图找到八路军和民兵。妇女和儿童则跪在另一边，当时杨勇和几个儿童团成员都分在妇女这边，所以没有被发现。

“我们偷枪的事，只有几个民兵知道。其他村民其实并不清楚，但日本鬼子要大家交出民兵和枪支时，老百姓都很坚强，不愿意开口，日本鬼子恼羞成怒，当场抓了杨成吉，逼迫他说出谁是民兵和他们丢失枪支的下落。”杨勇说，杨成吉是他的一位远房哥哥，他藐视日本鬼子拒不开口，还试图将一个日本兵推到照明用的火堆里面。见此情景，日本鬼子恼了，气势汹汹地用刺刀当场将杨成吉捅死了。

而后，日本鬼子又抓了几个老百姓，其中就有杨勇的父亲杨立恭和大哥杨月清，日本鬼子把他们绑在枣树上，灌辣椒水，用皮鞭抽打，但为了保护八路军和民兵，没有一个人肯开口说话。气急败坏的日本鬼子不肯放人，绑在树上的年轻人最后在寒冷的冬夜被活活冻死，尸体被喂了狼狗。

后来，汉奸蔡世杰供出了杨勇的父亲和大哥与八路军有联系的事，他们俩双双被日本鬼子抓去坐牢，灌辣椒水，用烧红的铁棍往身上烫，严刑拷打逼问，受尽种种折磨。杨勇的大哥鼻子被打坏了，流血不止。但父亲和大哥宁死不屈，拒不开口，最终病倒在监狱里，奄奄一息。

为了救出父亲和大哥，家里卖掉了牛和土地，花了几十块银元，才将他们保了出来。因为怎么打都拒不承认自己是共产党，日本鬼子还给杨勇的父亲和哥哥起了难听的外号，叫“狗骨头”。说他们骨头很硬，跟狗的骨头一样。

当时，杨勇的二哥杨月银参加了抗日决死队，在太原一带为抗击日本鬼子身负重伤，在随部队在撤回梁家会村的路途上，因过河涉水导致伤口感染，最后不治而亡。看着战士们抬回二哥冰冷的尸体，全家人悲痛欲绝，号啕大哭，唯有14岁的杨勇恍惚地站在一旁。父亲见状，拿起家中的长棍打他，问他为什么不哭，但父亲哪里知道，杨勇的心中，是悲伤到连哭都哭不出来了。

“可以说，我们一家都受尽了日本鬼子的迫害，大哥两次被日本鬼子抓去坐牢，头发都不会长了。父亲被抓去一次，落下了一身的病根，二哥战死沙场，当年日本鬼子犯下的罪行真的是罄竹难书啊！”杨勇感叹道。

14岁时，杨勇就参加了当地的离石游击队

家人接连遭受日本鬼子的迫害，不但没有让杨勇胆怯，反而更坚定了他参加革命的决心。14岁时，他参加了当地的离石游击队，因为年纪小不发枪，只发给他几枚手榴弹。

加入游击队后，杨勇积极参加了交口镇、离石县等多次战斗，冲锋陷阵，不怕苦不怕死，表现很是英勇。当时，离石游击队不是

正规的八路军，队员大多都是由附近村子的村民组成，游击队的队长正是杨勇的表哥。一次，游击队在离县城二十几里路的一个小村子驻扎，结果不幸被汉奸发现，悄悄报告了日军。闻讯后日军第二天就带领大批人马包围了村子，对游击队进行突袭。“当时大家刚刚早起洗脸，鬼子就打来了，根本来不及准备。结果，游击队的 110 余人，大部分都壮烈牺牲，最后只剩下 27 人活了下来。”那次，表哥和杨勇都幸运地逃过一劫。

杨勇说，那天表哥见情况紧急，马上把他藏在了村中的茅坑里，自己则上阵杀敌。杨勇在茅坑躲了一整天，直到天擦黑了，确定日本鬼子走了，表哥才将他从茅坑里“捞”了出来。“上来的时候，一身都是大便，臭不可闻，但我们不敢多待，怕日本鬼子再回来。只好拼命往山里跑，直到跑了 5 公里，进了深山，才在农户的帮助下换了衣服，吃上饭。那时，我冻得连饭都吃不下。”杨勇说。

1944 年 3 月，杨勇离开老家随游击队在各个县市继续同日军作战，拔掉他们的据点。日军也在游击队的攻势下，节节败退，气焰消退了不少。“以前两三个日本鬼子就敢进村扫荡，后来被我们打怕了，一听我们在那，都夹着尾巴灰溜溜地逃。”说起这事，杨勇的脸上写满了骄傲。

1945年8月15日，日本宣布无条件投降，梁家会村的汉奸蔡世杰和他的弟弟也一同被镇压，大快人心。收到胜利的喜讯后，全国一片欢腾，山西省的大街小巷上，随处可见穿着漂亮服饰的百姓欢快地扭着秧歌。抗战胜利后，组织上肯定杨勇在战场上的表现，说他年纪虽小，却机智灵活，将他保送到贺龙中学读书，学习文化知识和炮兵技术。

之后，杨勇又奔赴前线，参加了解放战争。抗美援朝战争爆发后，杨勇被调入北京航空兵司令部，奔赴朝鲜战场，立下了不少功劳，被授予“人民功臣”等勋章。

1963年，转业后的杨勇带着家人定居金华。杨勇先后参加了抗日战争、解放战争、抗美援朝，战争中枪林弹雨的洗礼，铸就了他的铮铮铁骨和坚强意志，血与火的锤炼使他敢于直面“文化大革命”的种种苦难。55岁时，杨勇从供销社离休，在家养老。如今已经86岁的他，与爱人幸福地生活在一起。杨勇总说，自己的一生是不平凡的一生，虽然现在过上了好日子，但还是会常常回忆历史，因为历史是不容忘记的。铭记历史，教育子女是他努力要做的事。

（记者　郦　莎）

金厚邦：为了抗战，我16岁就走上了战场

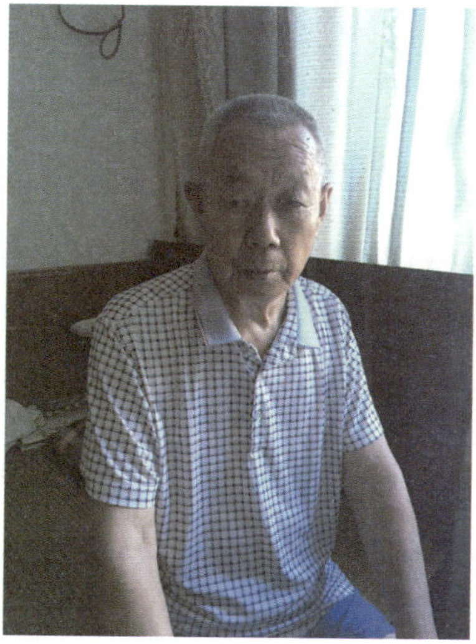

在市区将军路住着一位89岁的抗战老兵——金厚邦。1937年，全面抗日战争爆发，年仅十几岁的他被迫四处逃亡，亲眼目睹了日本人的罪行，后来，在新四军的抗日宣传中，十六七岁的金厚邦逐渐觉醒，并积极加入到革命的队伍中去。他先后亲历过抗日战争、解放战争、抗美援朝。如今，几十年过去了，回忆起往昔，金厚邦感慨万千，他向我们讲述了当年的抗战经历。

抗日宣传，让他觉醒走上了革命之路

金厚邦出生于江苏省金湖县的一个贫农之家。家中兄弟姐妹6

人，他排行老二。因为家境贫寒，小小年纪的金厚邦就出来帮地主家放牛，做童工赚钱，生活很是艰苦。

1937 年，全面抗日战争爆发，全国陷入一片战乱之中。1941 年，无情的战火烧到了金厚邦的老家。一夜之间，村庄被日本鬼子扫荡。日本鬼子抢的抢，砸的砸，带不走的东西就付之一炬。那一夜，金厚邦的老家哀鸿遍野，在燃起的熊熊大火中，村民们四散而逃，家园也毁于一旦。

金厚邦说，当时日本鬼子在中国实施了“烧光、抢光、杀光”的“三光政策”，且在 1942 年最为厉害。日本鬼子三天两头就会来村子里扫荡，打砸抢烧、奸淫掳掠、无恶不作。金厚邦就曾亲眼目睹过，日本人将几个老百姓抓起来，剥光衣服，男女两个背靠背绑在一起，在大冬天用冷水泼了一身，随后让他们站在西北风里活活冻死。当时村民们想反抗，但没有武器，只好忍气吞声，四处躲藏。

幸好，这样的情况因为一群人的到来，很快有了改变。1942 年的某一天，金湖县来了一群神秘的访客，他们个个衣衫褴褛，饿得面黄肌瘦。淳朴的村民以为这些人是因战争而流亡的乞丐，好心将为数不多的食物拿出来给他们吃。可等这群人填饱肚子之后，大家才从他们口中得知，他们竟然是与日军战斗的新四军部队。

“新四军到了我们村子后，一直在宣传抗日思想，说他们是穷人的部队。如今国难当头，只有中国人团结起来，联合抵抗侵略者，才能翻身取得胜利。”在新四军的抗日宣传下，原本惧怕日本人的村民们逐渐觉醒，一部分人参加了民兵组织、农村自卫队和儿童团；另一部分人则加入了新四军的队伍，打击日本侵略者。当年16岁的金厚邦就是其中之一。金厚邦说，自己听了新四军的宣传后，热血沸腾。想到之前自己给地主放牛，吃不饱穿不暖，加上对日本人的仇恨，他当下就和周围村庄的十几个青少年一起报名参加了新四军。

“逗留在我们村的是新四军的地方部队，报名参加新四军后，我们与江苏其他县市的200余人一起被集中到了江苏的一个区大队，进行统一的学习和训练。”金厚邦解释，区大队相当于现在的人武部，主要负责将农村吸收进来的新兵进行统一的培训，之后再送往正规军。在区大队练习了三四个月的出操和枪法后，金厚邦最后被分配到当时驻守在淮南的独立四团。

战场上的生死瞬间

金厚邦告诉记者，虽说自己被编入正规的部队，但就当时的情况而言，新四军部队的编制也并不完整，而且武器相较日军落后不少。所以他们主要还是以游击的形式对日军进行阻击，“敌人来之前，我们就去破坏交通要道，或者入夜了，对他们进行突袭”。

金厚邦刚进入部队时，分到过一把土枪，因为年纪小，个子矮，土枪立起来比他的身子还高。“那种土枪都是从农户手中弄来的，打一枪，要扳一下扳机，有时候扳机还会不灵，扳都扳不动。”别人的军装穿起来是合身的，金厚邦穿上，就像唱戏的戏服，袖管和裤管都长出一大截，后来，组织上安排他去做通信工作。“那时，战场上没电话，也很少有电报，很多消息就要靠我们送信传递。”之后，在日军的封锁线下，金厚邦干起了极其危险的送情报工作。

“送信不是一件容易的事情，一旦被日本鬼子抓了，那可是要丢性命的。”为了顺利完成任务，金厚邦每次都会想尽办法把信藏好，“有时是藏在帽子里，有时是缝在衣服的肩膀处，偶尔也会绑在裤腿里，不过这样的话，走路涉水时很容易把信沾湿。”一次，金厚邦接到任务要去送信，快走到目的地的时候，遇上两个陌生的男人，这两个男人好像是那一带投靠日本人的地痞流氓，见金厚邦一个人出现在这荒山野地里，觉得这小孩有猫腻，就拦下来想要搜身。所幸，金厚邦后面还跟着两个新四军的侦察员。见金厚邦有难，两个侦察员迅速上前将坏人赶跑，这才保住了金厚邦一命。

战场无情，很多时候，生死都是一瞬间的事。金厚邦回忆，当时新四军的部队人数不如日本人多，力量小，武器少，为了防备日本人的偷袭，每到一个村庄他们都会选择三个落脚点睡觉。新四军自己有侦察员，当地的老百姓也会通风报信，见到日本人来了，新四军就会从一个落脚点迅速转移到另一个落脚点。“我记得有一天晚上，我们刚接到线报，从一处转移到另一处，还没过几分钟，日本鬼子又追来了，那次，我们一共跑了三个地方，整晚都没睡上觉。”金厚邦说。

奔走在抗战一线，受伤在所难免。一次，在敌人扫荡过程中，金厚邦所在的部队因寡不敌众决定暂时撤退，结果在撤退过程中，金厚邦不幸被日军的子弹射中。子弹贯穿他的左大腿而出，幸好没有伤到骨头。在卫生队里休息了十几天以后，金厚邦又带伤重新走上了战场。他说，那时候的人单纯，加上年轻，根本没有什么顾虑，“现在自己有什么事，还会想想家里有父母，有老婆，有孩子，但那时国难当头，根本来不及考虑家庭。只想着上阵杀敌，不做亡国奴。”后来，由于被一颗流弹擦伤，金厚邦留下了病根，考虑到战场上缺少医护人员，组织就将行动不便的金厚邦调入随军的卫生队，专门负责从战场上把伤员背回来，进行简单的伤口处理。

抗战胜利后，他几经辗转来到金华

1945 年，抗战终于取得了胜利。听到这个消息，曾经在战场上流血不流泪的战士们都激动得热泪盈眶。金厚邦说，胜利后，很多战士们都无心留在部队，萌发了回老家的想法，想过三亩地一头牛、老婆孩子热炕头的普通生活。那时，他也有过一刻犹豫，“自从加入新四军以来，我几乎都没怎么回过老家，后来回去过几次，但家人因日本鬼子的侵略逃亡各地，整个家已经散了，所以，我决定继续留在部队为国家效力。”

之后，金厚邦继续留在部队，并于 1948 年被分配到淮海的第一野战医院，随部队在山东、江苏一带活动。一年后，金厚邦随百万雄师过了大江，又被送入华东军事政治学校学习了 2 年，当时，学校的校长是陈毅。在华东军事政治学校，金厚邦一边学习一边操练。后来，金厚邦从南京来到了上海空军二师。在空军二师服役了 2 年之后，金厚邦转业来到了安徽芜湖，之后又被分配到浙江，来到金华市防疫站任职，直到58岁时，因身体原因从金华市防疫站提前离休。

如今，金厚邦一家定居金华，今年 89 岁的他除了腿脚和听力有些问题外，身体还算硬朗，平时最大的爱好就是炒股，晚年生活十分安逸。

（记者　郦　莎）

高佑：在战火纷飞的年代边学习边宣传抗日

今年88岁的高佑住在市区青年路，这是一所不大的房子，可对于经历过抗战时期艰苦生活的高佑来说，现在的生活已经很幸福了。高佑是江苏洪泽人。1945年6月参加革命工作。历任安徽省嘉山县涧溪、白沙王等小学教师（组织派遣）、解放军十二军宣传员、解放军十二军炮训团八连军械员、志愿军十二军三十五师野榴炮团山炮营军械员、山炮营通讯排副排长、金华肠衣厂行政管理干部、金华第二土特产公司干部。近日，记者来到了高佑的家中，听他谈谈那段峥嵘岁月里的故事。

日本鬼子在家乡烧杀抢掠，让百姓饱受磨难

高佑出生在江苏省洪泽县老子山镇。那是一个美丽的小镇，它坐落在烟波瀚渺的洪泽湖畔，三面环水，每当春夏之交，广阔无垠的青翠芦苇便会形成一道天然屏障。小镇上住着800多户人家，约3000人。镇上有座古老的码头，这里曾经一派繁荣：店铺林立，京广百货、茶馆、酒店应有尽有。

但是，这派繁荣的景象却因为日本鬼子的侵略而发生了改变。1938年4月，日本鬼子侵占了高佑的家乡。那时的他才10岁，虽然年纪小，但是日本鬼子的罪行却深深刻在了高佑的心里。

“那时候，日本鬼子的飞机整天都在天上飞，经常会对镇上一通乱炸。日本鬼子还经常到老百姓的家中抢夺财物，看到老百姓的家中有粮食，他们便抢走或者往粮食里拉大便，让老百姓们没有东西吃。”他回忆说，“日本鬼子无恶不作，弄得老百姓家破人亡，妻离子散，颠沛流离，老百姓们整天不得安宁。我亲眼看到老百姓的房子被烧毁，看到日本鬼子屠杀老百姓，那场面惨不忍睹。再加上当时伪政权的苛捐杂税，夜里还常有土匪来抢劫，百姓们可以说是生活在水深火热之中，过着牛马不如的生活。”

为了逃出日本鬼子的魔爪，老百姓们纷纷逃往其他地方。这也给高佑幼小的心里埋下了打日本鬼子，抗日复仇的强烈愿望。

抗日政府办学，获得就学机会

在当时那种情况下，各地的教育机构都已经解散或流亡，没有学校，适龄孩子想要读书也没有地方可以去。同时，盘踞在盱眙城内的日本鬼子离高佑的家乡只有40多华里，日本鬼子会经常出来扫荡，老百姓们东躲西藏，孩子们根本没有一个可以读书的安静环境。

1939年5月，一支新四军部队来到了高佑的家乡，他们潜伏在洪泽湖内，与日本鬼子开展游击战。那时，日本鬼子因战线越拉越长，兵力有限，加上新四军部队经常不断打击日军，使得日本鬼子外出骚扰百姓的次数减少，尤其是小股的日本鬼子更不敢轻易外出，这就使老百姓的生产生活发生了一些改变，老百姓的生活相对安定了许多。

这支新四军部队来了以后，在高佑的家乡一带宣传抗日救国、办识字班，对老百姓进行文化扫盲。正是在那个时候，高佑才有机会接受以前从未接触过的新事物，萌生了更为强烈的抗日想法。

1941年秋天，党领导下的抗日政府根据实际情况，在高佑所在镇上的一座简陋的庙里筹建了一所小学，并且明确宣布教育的目的是服务于抵抗日本的侵略。因此，高佑便报名参加了抗日小学的学习。入学前，高佑已经是个13岁的青少年了。要知道在那个战火纷飞的年代，青少年很少有机会读书，高佑也是，在此之前他没有读过一天书。

高佑和镇上的所有孩子们一样，分外珍惜这样的学习机会。当时的学习条件特别艰苦，教室里的课桌都是用芦苇泥巴石灰做成的，凳子是同学们自己从家里带过去的。有时上课的时候，日本鬼子会来扫荡，高佑说："大多数的时候，我们都不能安宁地上课。一有敌人来，我们就得找地方藏起来。"平时除了上课外，高佑和同学们都会被组织起来，积极进行抗日宣传。他们会上街贴标语、喊口号，宣传抗日。不仅如此，他们还会上街表演话剧，让老百姓们都意识到抗日的重要性。

在宣传抗日的过程中，高佑更加坚定了自己抗日的决心。

投奔抗日公学学习，从事群众宣传工作

1943年，抗日政府在镇上成立了儿童团，高佑有幸成为了其中的一员。

儿童团的主要任务就是站岗放哨。"我们在学校门前山上的制高点上，竖起旗杆挂上白布大旗，老百姓们看到大旗倒下，就知道敌人来扫荡了，他们便会找地方躲起来。"高佑说。那段时间，高佑和同学们在老师和游击队员的组织带领下，动员群众实行坚壁清野，抢收地里的庄稼，不给敌人留下一粮一物，配合抗日政府成功地开展了反扫荡活动。

小学毕业后，想继续学习知识的高佑决定离开家乡，连夜通过

敌军封锁线绕道步行一百多里路，到盱眙镇报名参加新四军办的一所公学读书。“敌人的碉堡每天都有人看守，我只能趁着天黑绕路去，万一被敌人抓到了，那就不得了了。”高佑说。学校就在新四军2师游击根据地，当时的校长是张劲夫，副校长是王昭铨。那时学校条件很差，没有像样的教学楼，有的只是低矮简陋的破旧房屋。“这些房屋既当教室又当宿舍，床铺是用石头砌成的，再放上竹竿和芦苇席子就睡觉了。”高佑说，“上课时，没有桌子，我们就把讲义放在膝盖上听老师讲课。有时候，我们会到野外的林子里上课，万一敌人来了，我们就在附近隐蔽起来。”

那个年代，不光是学习环境差，就连吃的也很差。据高佑回忆，那时候学校基本上都是半供给半自足的，一半由抗日政府提供，一半是自己种的菜。“那时候，我们洗个脸都要走到一里地以外的小溪里去。平时我们会利用课余时间，在屋前屋后开荒种菜，收获后上交给食堂。”

除了上课，高佑和同学们还担起了抗日宣传工作。晚上，他们会下农村帮助征粮、动员老百姓为抗日做贡献，让他们做些慰问鞋、慰问袜去支援前线。为了树立战备思想，提高警惕，那时候学校还会组织同学们进行军事训练，有时候会在夜间进行演练。“当时几乎没有什么教学设备，常用的只有一台油印机。在我的印象里，那台油印机是学校里最好的教学设备了。”

在那个艰苦的岁月里，高佑和同学们仍然坚持学习，坚持用革命思想去动员广大的群众进行抗日。

从事扫盲教育，配合游击作战

1945 年 6 月，高佑被组织分配到敌占区开展扫盲教育工作。他先后到嘉山县涧溪、白沙王等处办学任教。那里距离敌占区津浦铁路明光火车站敌据点很近，约十几里路，经常会有敌人来扫荡，当地的老百姓饱尝日本鬼子的侵略，条件非常艰苦。教学设备更是一无所有，学生们只能自己带凳子来上课，没有课桌，学生们便把讲义放在膝盖上。在那个动荡的年代，教学地点从来都是变换不定。一有紧急情况，高佑便和学生们一起转移，有时候一个晚上要转移两三个地方才能安定下来。

那段时间里，高佑和其他老师会经常与党领导的抗日游击队一起打游击，在路上伏击明光等敌军据点来犯的敌军，使其不敢经常外出骚扰老百姓。同时，这些游击战、伏击战也在一定程度上配合了八路军、新四军主力部队的战略大反攻。

1945 年 8 月 15 日，日本宣告无条件投降。这是一个值得全国人民纪念的日子。高佑说：“当时举国欢庆，到处都是欢呼声，人们流着泪含着笑奔走相告着。到处都是锣鼓声、鞭炮声，到处都飘扬着彩旗……”如今回想起当时的情景，高佑仍是激动得落泪。他说：“全面抗战八年，中国人民终于迎来了属于自己的胜利。回忆抗战往事，我的故事并不长，经历也很平凡，但是我想以自己的亲身经历，来告诉我们的子孙后人：铭记历史，警钟长鸣。忘记过去就意味着背叛！国耻永不忘，吾辈当自强。”

（记者　胡敏霞）

抗战老兵徐景思：日本鬼子不把人命当回事

年幼时，家园被日本侵略者所占，为了活下去，他奋起反抗，加入革命队伍；参军后，他峥嵘半生，为抗日、为解放抛头颅，洒热血。老人名叫徐景思，现年90岁，但身体硬朗，记性很好，说起往事，仍记忆犹新，他向记者详细讲述了当年的抗战经历。

日本鬼子根本不把人命当回事，只有反抗才能活下来

徐景思出生于山东省招远县的一个山区，家中兄妹4人，他是老大。因为家境贫穷，念了三年半小学后，徐景思就辍学回家种田，有时吃不饱，还要去附近的村子乞讨。

1937年，全面抗日战争爆发，遭逢时代不幸的他又失去了父母的依靠。“十二三岁时，我的父母双双得了肺痨，因为没钱看病，不久后他们都相继去世了。”沦落为孤儿后，徐景思和3个弟妹无奈分开，被不同的亲戚收养，他也寄居到了大姨妈家。可在徐景思眼中，“金窝银窝都不如自己的狗窝”，虽然大姨妈对他不薄，但他最后还是决定自己留在家中生活，此后，小小年纪的徐景思就靠邻居接济过活，生活十分孤苦。

1940年前后，日军的战火烧到了山东省的各县市，徐景思地处偏僻的老家也未能幸免。为了寻找八路军的踪迹，日本鬼子一次次进村扫荡，见人就抓，见妇女就蹂躏，找不到八路军就烧房子，可谓烧杀抢掠、无恶不作。迫于日本鬼子的“淫威”，受尽折磨的村民敢怒不敢言，只好每日派人在山头放哨，一旦见到日本鬼子要来，大家就拼命往深山里跑。日本鬼子走了，才敢回到村里。“那时候日子苦啊，逃到野外，晚上大家只能找山洞或者直接席地而睡。吃的也都是自带的干粮，有时跑得太急，来不及带食物，只能到邻村去讨吃的。”徐景思感叹，虽然那时候大家的粮食都不充足，但战火流亡的岁月，所有中国同胞都团结一致，互帮互助，“我们去讨吃的，他们都会拿出仅有的粮食送给我们。同样，如果他们的村子遭日本鬼子扫荡，我们也会尽己所能帮助他们。”

当时，来到徐景思老家的，还有八路军的部分部队。他们武器不如日军精良，人数也不及日军多。八路军日常作战以破坏敌人的交通线和突袭敌军的游击方式为主，八路军来到山区后，一边打击日军，一边暗地里发展队伍、建立政权，但一开始老百姓并不了解八路军，报名的人寥寥无几。

后来，因为无法忍受日军的暴行，徐景思萌发了报名参军的想法。1940 年的一天，村子里有一对新人刚刚完婚，按农村旧习俗，新郎、新娘结婚三天后要回门。这天，这对小夫妻穿着结婚时的衣服高高兴兴地准备回娘家叩拜父母，谁知半路上不幸遇到了日军。日军一个队长模样的人问一旁的汉奸："他们穿成这样是干什么的？"汉奸回答："这是刚结婚的新人准备回娘家。"那个队长一听，感觉颇为有趣，"哈哈哈"大笑了几声，给边上另外一个日本兵使了个眼色，两个人随后举起枪一人一枪，一个把新郎打死了，另一个把新娘打死了。末了，这几个日本鬼子嬉笑着扬长而去。

这残忍的一幕，被躲在暗处的徐景思尽收眼底，气得他怒火中烧。"日本鬼子根本不把人命当回事，杀害我们中国人，就像开玩笑一样，实在是太可恶了！"这让徐景思第一次意识到枪杆子的重要性，"如果我手上有枪，日本鬼子打我，我也可以打他。既然普通老百姓会被日本鬼子打死，不如去当兵，当兵还不一定会死，反抗才能活下来！"当时，八路军的抗日宣传教育也在各村庄如火如荼地展开，在爱国精神的指引下，一些思想进步的年轻人开始主动加入革命队伍，并成立了民兵、武装委员会、妇女救国会、青年救国会、农民救国会、儿童团等抗日组织。

1940年11月，十几岁的徐景思正式报名参军，与他一同参军的，还有同村的四十几名青年。“一听要去当兵，大家都热血沸腾，有些人连书都不念了”。徐景思回忆道。

我“呯”的一枪打中了鬼子

当时，报名参军的新兵都要统一进行培训，学习军纪、站岗、放哨，但并不发军装，来时穿什么衣服就穿什么衣服。经过几个月的简单训练后，新兵会被分配到不同的部队，徐景思被分配到了胶东军区西海军分区。

据徐景思回忆，当时胶东军区西海军分区共有两个营，700人左右，基本都是青壮年。部队驻守在平度县大泽山区一带，采用“敌退我进，敌进我退，敌据我扰”的策略，长期与日军进行游击战。

刚来这里报到时，徐景思分到过一把土枪，但因为个子还没土枪高，没法背起来作战，只好作罢。后来，领导就给他换了一把专门给骑兵用的小马枪，这把马枪短而小，徐景思用起来就顺手多了。

战场无情，这是徐景思真的走上战场后才深刻理解到的。“当时，我们一个连有100多人，很多战友连名字都不知道就牺牲了。”八路军的火力不及日军，武器也十分落后，日军扫荡的时候，八路军只能打两枪就转移一个地方，战场上如果有人负伤，背回卫生队最多也只能做到包扎止血，要是伤情重一点，几乎就是宣判了死刑。

看着身边的战友一个个倒下，徐景思心里难过，却从不怯懦，他说：“怕也死，不怕也死，不如痛痛快快打一场。”

勇者无畏，在徐景思的印象中，自己还曾亲手打伤过一个日本鬼子。那天，作为副班长的徐景思带着2名战士，正在深山的一个山洞中休息，忽然见到不远处的山下，一队日军正要上山。一旦日军上来，必然会有一番恶战，徐景思灵机一动，想到山洞口有繁茂的树木和乱石作掩护，就大着胆子瞄准了正在爬山的一个鬼子，待鬼子离自己有四五百米时，徐景思“呼”的一枪打中了鬼子。“后来，我看到那个受伤的鬼子被同伴拖走了，死没死我就不知道了。”徐景思的这一颗子弹不仅打伤了鬼子，还震慑了他的同伴，鬼子以为山中有八路军的埋伏，纷纷吓得落荒而逃。

徐景思身边的小战士见状，都露出了崇拜的目光，夸徐景思枪法准，智退敌人。但其实只有徐景思自己知道，那一刻，他的心里有多慌，“那时候八路军的武器少，虽然每人胸前都挂着一串子弹，但很多都是空的，真正能打的只有8发。这8发子弹，弥足珍贵，每一颗都不能浪费。我能打中，也是凑巧而已。”

其实，抗战的艰苦还不止在武器上。因为粮食短缺，很多时候，战士们连饭都吃不上。徐景思说，那时候，因为要打游击，部队在各村来回游走，吃饭就靠村子里的老百姓接济，富的人家就多去，穷的人家就少去，老百姓吃什么他们就吃什么，吃完饭，村干部会给老百姓打欠条，等到条件好了，再把粮食还给他们。“最困难的时候，我们连地瓜都没的吃，只能吃地瓜头、地瓜叶。”徐景思说。

后来，抗战的形势一年比一年好，八路军的部队日渐发展壮大，供应条件也好多了。1945 年，日本宣布无条件投降。消息传到山东时，当地的老百姓敲锣打鼓争相庆祝。抗战胜利后，有不少战士都有回乡过平淡生活的想法，但徐景思早已没有了家，就跟着部队继续奔走。

峥嵘半生，如今生活很幸福

抗战胜利后，徐景思又参加了解放战争，随部队从山东一路打到了福建，并解放了东山岛（如今是福建省的一个县）。之后，徐景思又马不停蹄地投入到抗美援朝的战斗中，并不幸在战斗中负伤，左臂被子弹打了一个大洞，在医院休养了 4 个多月，才捡回一条命。

1953 年，走下战场的徐景思转

业来到了上海铁路分局，担任人事科长，终于过上了安定的生活。1958 年，大跃进时期，徐景思又被调入当时在衢州的浙江化学工业公司工作。期间，他经历了“文化大革命”，吃了不少苦头。1972 年，金华地委到衢州要人，希望有人能将在“文化大革命”中停产的衢州煤机厂的生产搞上去。徐景思临危受命，担任了煤机厂的书记。后因工作出色，被调到金华，担任金华地区轻工业局局长。直到 1983 年，他才从岗位上离休。

徐景思说，年轻的时候，自己理解的生活是生下来，活下去，但离休了以后，他才发现，生活可以是多姿多彩的。“离休以后，我和爱人结伴去上老年大学，唱歌、跳舞，一直跳到了 80 岁。我们还去省里比赛过，得了一等奖。”对于如今的生活，徐景思表示很幸福，也很满意。

“唯一遗憾的，就是我们兄弟姐妹的感情。”徐景思说，父母早逝，他们兄妹几个被迫分开，后来又因为抗日战争四处流亡。他也没有机会再回家乡看看。等到他带着通信员回乡寻亲时，已经是十几年后的事了。“那天相见，妹妹误把通信员认作我，抱着他的腿哭着喊哥哥，我十分难过，心中凄凉，日本鬼子害得我们家破人亡，兄妹分离，很多遗憾是再也追不回来了。”徐景思叹息道。

（记者　郦　莎）

九旬老人王风：抗战时，我担任了地下党的联络员

说起王风，很多人都认识这位潜心于传播剪纸艺术的爷爷。他的剪纸和书法作品在参赛中多次获全国、省、市级的金、银、铜等奖项，以及国家级的“德艺双馨”奖和“终身荣誉”奖项。93 岁的他经历了半个多世纪的时代变迁，参加过抗日战争、解放战争，饱尝生活的困苦，过往的种种在王风的心里刻下了深深的烙印，尤其是那段被日本鬼子侵略的历史。谈起那段历史，老人的话匣子一下子就打开了。

敢于抗争的他，开始接触党组织

王风，原名王初章，1922 年出生于义乌县田心村。1944 年 10 月加入中国共产党。

问到王风是怎么接触到中国共产党的，他说：“那是一个意外。”

1942 年的农历五月的一天，当时形势非常紧张，再加上国民党政府的腐败，王风所在村子里的老百姓都生活在水深火热之中。王风说：

“那时候家里已经穷得都揭不开锅了，为了维持生计，父母到处借钱，久而久之家里已经是债台高筑。”没有办法，为了养活一家 4 口，作为家里长子的王风只好把刚从地里收起来的 100 斤油菜籽挑到赤岸镇上去卖，以换取粮食。

那天刚好是镇上赶集的日子，来赶集的人很多。刚到镇上没多久，王风的 100 斤油菜籽便被桥亭村的恶霸冯耀奎买了去。王风按照冯耀奎的要求，将油菜籽送到了他关系户的家里，关系户便给了王风一张百元伪币（是由南京汪伪政府发行的），在当时，一张一百元伪币作二百元使用。由于面值过大，普通老百姓一般都难以兑换。王风便低声下气地向关系户要求说：“你能不能给我一张小面额的伪币？”关系户不但不给王风换，反而破口大骂。见状，王风便说：“你不给我换，我就不卖给你了。”说完，他便挑起箩筐准备离开。这时，恶霸冲了上来，狠狠地打了王风一巴掌。这下子，王风已经到了忍无可忍的地步，拿起扁担就冲上去要和恶霸拼命。一下子吸引了不少赶集的人，他们都在门口骂恶霸不讲道理。迫于众人的压力，恶霸才把十元面额的伪币丢在地上。想着要拿这钱养家糊口，王风忍辱把纸币捡了起来，说了句：“以后会有人来收拾你的。”然后愤愤地离开了。

王风和恶霸斗争的场面，正好被义乌南区地下党的负责人朱恒卿看到，他立即让义乌赤岸镇上的地下党员朱西行（原名朱景新）去接近王风，而朱西行正好是王风的小学同学。在朱西行的帮助下，王风开始接触一些进步书籍，学习新的理论知识，思想上有了很大的进步。自那之后，王风真正开始接触共产党。

把鞭炮放在煤油箱里点燃，以此来震慑日本鬼子

1941 年，日本鬼子的魔爪开始伸向金华一带。20 出头的王风亲眼看到日本鬼子的飞机炸弹轰炸当地的老百姓。“白天，常常会看到日军的飞机在村子上空盘旋，还时不时会投下炸弹。有一次，日本鬼子投下的炸弹炸死了正在赶集的 100 多人。”王风回忆说。

1942 年 4 月 8 日，日本鬼子入侵了王风所在的以佛堂为中心的义乌南区。看着自己的家被日本鬼子侵略，当地的老百姓在地下党的动员下，纷纷起来抗日。

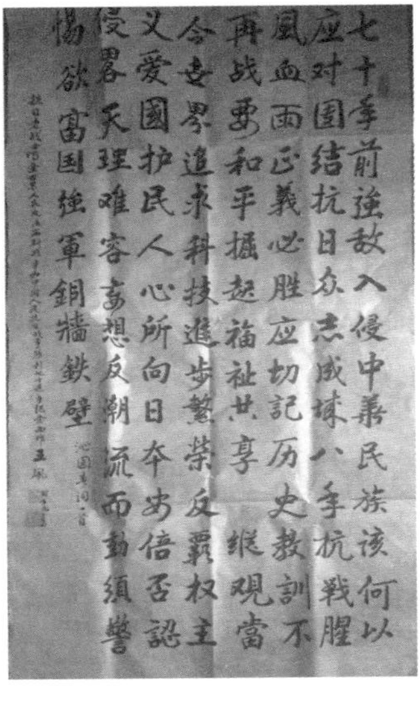

6 月，义乌佛堂发大水，沿江村坊均被淹，只有少数日军据守在道院山。水退后，义乌江北区的上万名群众便以竹枪、大刀、锄头等作为武器，与据守在佛堂的敌人对峙。晚上，他们还把鞭炮放在煤油箱里点燃，像机关枪一样响起来，以此来震慑敌人。

义乌南区的几位爱国人士在群众的迫切要求下开始组建抗日队伍，由

大地主傅亦僧出面召集何芸生（当过泰顺县长，黄埔二期）、朱升铨（当过江山县长，黄埔一期）、王刚、冯廉等人，在朱升铨家里开会，决定组建义乌南区游击武装。此时，日本鬼子想笼络傅亦僧去支持伪政府，叫汉奸伪县长傅屏侯出面写信给傅亦僧，却被傅亦僧拒绝了。于是，为了报复，日本鬼子从佛堂、赤岸两个地方的驻军调了二百多人包围了傅亦僧所在的雅西村。傅亦僧被救了下来，藏在地下暗室里逃过了一劫。为了找到傅亦僧，日本鬼子把他家里洗劫一空，还抓了上百名群众，对他们严刑逼供，要求他们说出傅亦僧的下落。可就算如此，老百姓们还是没有出卖傅亦僧，因为老百姓们知道，他是爱国人士，支持抗日斗争。

在这之后，义乌西区联防主任吴山民知道后，专门把傅亦僧接到了游击根据地进行疗伤，并同他合作，共同抗日。

加入革命队伍，从事地下联络站工作

1943 年春，共产党领导的游击队——金萧支队第八大队，由于打击日寇不断取胜而声名远扬。当时，王风的几个朋友已经参加了金萧支队第八大队。有几次，王风去看望他们，看他们身穿新四军的灰军装，气宇轩昂地行走在路上，心里既羡慕又激动。回到义乌南区以后，他便立刻和朱西行商量参加八大队的事。可朱西行劝王风说：“你的父母年纪都大了，你是家里的老大，是顶梁柱，你参加八大队可以，但得为你的父母考虑一下。”不久之后，在他的建议下，王风担任了地下党联络员的工作。

王风的家住在很偏僻的坟庄，便于隐蔽，因此，王风家就成为了地下党联络站。王风说：“当时，地下党要组织什么活动，或者开会啥的都在我家里。”在党组织的领导下，王风开始了在抗战时期的地下工作，传达党组织的信息，联络地下党成员……

1944—1945 年间，八大队和坚勇大队多次打击日寇，开展根据地的建设和抗日活动。王风作为地下党成员，也参与其中。

1944 年 2 月的一天，八大队趁义亭镇集市，集中了短枪队，化装成赶集的农民，潜入集市打死了一批敌伪人员，夺得了一批物资。安全撤出之后，八大队把夺得的物资送给了群众，老百姓深受鼓舞，到处谈论说：“八大队大闹义亭，真是好样的！”

1944 年 11 月，日本鬼子向金、义、浦地区根据地进行了第二次大扫荡。鬼子从金华、义乌和浦江协同行动，对根据地进行大包围。在扫荡中，日本鬼子的行动很隐密，都是走小路、走山路，不经过村庄，以至于八大队在许多地方都得不到情报，幸亏被哨兵发现，鸣枪报警才不至于造成人员伤亡。有时候因为天黑，日本鬼子与伪军发生误会而打起来，八大队听到枪炮声便立即转到制高点，对敌人进行反包围。天亮以后，日本鬼子还见不到八大队的队员，便开始在村子里放火，一连烧毁了9个村庄。八大队一见火势，知道敌人已经退去，一面通知群众回村救火，一面兵分左右两翼，转入平原追击敌人。各地潜伏的民兵自卫队也一齐行动起来。快到天亮的时候，日本鬼子觉得前后左右各路都有截击，就一溜烟逃回了据点。“这一次，我们八大队取得了反扫荡的胜利。”王风说。

吴店是共产党和抗日武装的活动点，距离义亭敌据点只有4公里。敌人经常偷偷出入沿线村落进行抢掠骚扰，但不敢轻易侵犯吴店。八大队大闹义亭之后，日军想来报复。“当时，新调来的一支日军，他们对义乌西区的情况不了解，便到吴店来抢粮。”王风说，“正巧，我们的大部队在吴店附近，便立即调集部队准备出击。”八大队在敌人返回的路上设了一个个埋伏，又派一个中队冲到吴店村内进行袭击，其他通道都由各村自卫队和群众死死堵住，放冷枪助战。“吴店村的村民见自己的部队来了，一个个都振奋起来，几乎每所房子，每个巷角都成了打击敌寇的碉堡。”王风回忆说，“敌人的人数本来就不多，并且毫无防备，只得仓皇逃窜。可谁想到出了塘西桥就中了我们的埋伏，去义亭的8里路变得寸步难行。”说起这一场胜仗，王风显得有些激动，“这场战役，我们击毙了10多名敌人，打伤近20人。”

在日本鬼子占领义乌三年多的时间里，金萧支队第八大队打了许多胜仗，很受百姓们的拥戴。

心里始终担负着一名党员的责任

因为在抗战中表现优秀，1944 年 10 月，王风正式加入了中国共产党，成为一名光荣的中国共产党党员。

对于王风来说，党员从来都不是形式上的，无论是在战争年代还是在和平年代。1982 年离休以后，王风致力于传播剪纸艺术，使金华地区这门古老的文化艺术在濒临绝迹时又恢复了生机，并得以普及繁荣。在王风的努力下，金华在全省首先成立了地区级剪纸艺术协会和出版刊物《金华剪纸》，并与全国各地交流。同时，他还积极参与关心下一代工作，积极参与老年人的文化活动，担任过老年大学的书画班主任、辅导老师、离休干部书协秘书长等，曾被评为省离休干部先进个人和省离休干部优秀党员。2013 年他被评为浙江省“最美老干部”；2014 年又被评为金华市“最美老干部”。

（记者　胡敏霞）

阮尚光：我参加了民兵自卫队，配合主力部队打日寇

金华市第二汽运公司原书记、离休干部阮尚光今年91岁，1943年11月加入中国共产党，抗战时期一直战斗在“红色桥头堡”傅村镇溪口村。他见证了烽火岁月家乡的巨变，在动荡不安的年代成长为一名光荣的革命战士。日前，记者采访了阮尚光，听他回忆抗日战争时期那些难忘的故事。

日军的暴行，让溪口村哀鸿遍野

1925年7月，阮尚光出生在金东区傅村镇溪口村。阮尚光是家

中长子，下面还有三个弟弟，一个妹妹，加上80来岁的祖母，一家8口人都靠当杂货店店员的父亲养活。父亲工资微薄，在阮尚光的记忆中，别说生活安乐，甚至连一口饱饭都没吃上过。

妹妹出生时，家中的经济情况更加困难，无力抚养妹妹的父亲最后在亲戚朋友的劝说下将妹妹送给了离溪口村十来里路的一户人家当童养媳，之后，二弟又因病去世，家里少了两张嘴吃饭，日子才得以艰难度过。

阮尚光10岁时，恰逢大旱之年，农民们辛苦耕耘的田地颗粒无收，为了换些应急的口粮，父亲把家中唯一的一点田地也拿去典当。自此，阮家成了没有土地的农民，生活也越发困难。“那时候，真的连一本课本都买不起。”阮尚光只读过三年小学就辍学了，为了给家里减轻负担，他后来去地主家做了放牛娃。

阮尚光居住的溪口村位于金东区东北角与义乌交界处，由于地处要隘，四面环山，毗邻金华、义乌、浦江三地，是当时交通的枢纽。日本鬼子入侵金华后，金义县委、金义浦兰办事处和金萧八大队就经常驻在这里。作为金义浦红色根据地重地，溪口村在抗日战争时期有着“红色桥头堡”的美称。

1942年春，在日本鬼子入侵义乌前，溪口村便开始建立党组织，同年11月，溪口村成立了党支部。

1942年5月，日军开始侵犯金华，溪口村是进入金华的必经之所，必然会第一个遭殃。其实日军要来溪口村扫荡的消息前一天村民们就听说了，但那时民风淳朴，乡亲们也从来没有经历过战争，都没有意识到日军的残暴。大家觉得日本鬼子不太可能来迫害无辜的百姓，所以大家都没有逃跑的意思，反而如平常一样各自生活。“第二天，我还和几个同村的青壮年一起到村外的田里劳作呢！”阮尚光说。

谁知，第二天，日军的大部队就闯进了溪口村。面对手无寸铁的村民，鬼子们奸淫掳掠，无恶不作。他们将村中男女全都抓了起来，各自关进了大屋，派人看管，并在溪口村住了下来，杀猪宰羊，补充部队需要。

据阮尚光回忆，当时溪口村一共有300多户人家，逃出来的村民还不到一半。“我们几个原本在村外干活，并不清楚村里的情况，后来是看到有逃难出来的村民，边跑边喊快去逃命，这才知道村里出了事。”当时，阮尚光的父亲正在别的村庄做生意，他的叔伯也在外打工，家中唯有女眷和弟弟留守，虽然很担心家人的安危，但阮尚光势单力薄，实在无力抵抗日军，只好忍痛跟着村民一起逃到了山中。

“在山中饿了两三天，听说鬼子走了，我们才敢回村找家人，所幸，他们都没有受伤。”虽然人还在，但彼时被扫荡过后的溪口村已是满目疮痍。“各户人家养的鸡羊猪都被宰杀干净，听家人说，鬼子杀鸡，都是拿刺刀直接一划拉，把一只鸡的两只脚都砍断了，再烤着吃，吃不完的就剥皮带走。”阮尚光后怕道。

溪口村党支部曾立下累累功绩

1942年的农历四月初八，金华沦陷。在日军残暴恐怖的控制下，人民群众的生命、财产朝不保夕。同年农历五月初二，来到金华金东义西还不到一个月的日军，就出动200余人，突然来到义西区的吴店村、横大路村、派溪头村和金东区的上姜村、上柳家村、下柳家村、田塘背村、西周村、畈田蒋村、石四塘村等十几个村庄杀人放火。

上姜村地势比较高，村民闻讯后纷纷逃往村后的小山沟中躲避。结果不幸被日军发现，日军把13个年轻力壮的村民赶到一个山洞边，全部杀害。后来听说畈田蒋村也有人被杀。10多个村庄中被烧掉多少房子更是数不清楚，听说光傅村一个村被烧掉的房屋就有300多幢。被杀被烧的百姓呼天抢地，未被害的人家也很悲痛，陪着掉眼泪。当时金东义西区地下党当即开始有组织的活动，串联鼓励人们要化悲痛为力量，团结起来，抗日保家乡。同年7月7日，在义西下宅村祠堂内成立了金东义西人民爱国抗日保家乡的自卫大队（简称八大队），从此这支武装部队就日夜活动在金东义西这片土地上。

当时为了抗击日本鬼子的侵略，在党组织的领导下，溪口村也成立了农民抗日救国会、民兵自卫队、妇女会和儿童团。面对动荡的时局，眼见老百姓四处奔逃，有家不能回，年仅18岁的阮尚光内心燃起了复仇的火焰。后来，他便报名参加了农会和民兵自卫队。

在农会和民兵自卫队里，阮尚光的组织意识很强，服从领导，工作积极，很快引起了党组织的关注。1943 年 11 月，在党员傅得元和阮为贵的介绍下，阮尚光光荣地加入了中国共产党。据阮尚光介绍，当时溪口村首任党支书是该村最早入党的傅延武，上过几年小学，是村里锣鼓班成员，他说话机灵，且富有正义感。党支部成员还有傅延株、楼景山、阮为镜、徐为金、阮兴宝等 10 人，个个都是年轻力壮、虎头虎脑、朝气蓬勃的小伙子。

党支部任务很多，除发动群众组织开展活动外，还要传递重要情报，配合主力部队袭击日寇的战斗，其中几次，阮尚光亲临其境，难以忘怀。

1943 年 7 月，在长塘徐、两头塘一带，八大队进行了一次袭击日寇的战斗。溪口村党支部的任务是后勤供应，送茶送饭和救护伤员。当时战斗异常激烈，敌我双方均有伤亡。我方击毙日军七八名，但八大队一个班长朱天佑（四川人）和战士周杰（兖州人）也受了重伤，倒在稻田里，是支书傅延武等五六个人冒着生命危险在枪林弹雨中把他们从水田中抢救出来。可惜周杰因伤势严重，在归途中死去，朱天佑也因失血过多光荣牺牲。事后，溪口村党支部将二人安葬在西沿山山脚下。现在傅村镇革命烈士陵园的石碑上仍刻有朱天佑、周杰两名烈士的英名。

难忘1944年的那场文艺晚会

1944年5月中旬的一天，在金东溪口村阮小宗祠祠堂内，由新四军浙东纵队金萧支队第八大队政工室主办了一场文艺晚会，参加人员除了金萧支队第八大队政工室部分成员外，大多是溪口村及邻近村庄的村民。

文艺晚会的节目只有两个：第一个节目是道情《新闻吴店记》；第二个节目是歌舞剧《走马灯延安颂》。

《新闻吴店记》唱的是一个真实的事件。前几天部队在吴店打了一场漂亮的仗，消灭了来吴店抢掠的二十几个日本兵，还打死了一个骑马的日本兵队长。他骑的马也被八大队缴获，他们还缴获了一些枪支弹药和部分粮食等物品。此战胜利，部队上下都很高兴，群众得知这个好消息也都很高兴和振奋，并要为此次胜仗庆功，为了不辜负群众的心愿和要求，政工室赶写出《新闻吴店记》，于当晚的晚会上用群众喜闻乐见的“道情”形式来表演。

演出开始了。只听到“嘭、嘭、嘭”……几声响，戏台后转出一个双手捧着一把打酒用的铁皮壶的演员。他用这个铁皮壶瓶代替“渔鼓”，用口技表现信号枪、步枪、机关枪、小钢炮的声音。用手脚的舞动、眼球的活动，把新四军战士演活了，把日本兵的丑恶形象演绝了，获得了大家的一致好评。

第二个节目是歌舞剧《走马灯延安颂》。马灯是用纸糊的，通过红、绿、黑等色彩经过艺术加工，使马灯的形象逼真。4 个演员集体行动，手舞足蹈带动马灯点头、动脚。他们口唱《走马灯延安颂》，歌声十分动听，也十分感人。有几句歌词至今阮尚光还记在心中，不仅记得，他还能按照当时他们唱的曲调哼出声："兄弟姐妹一条心，门前烂泥变黄金，先前延安是苦地，如今延安满地金……"

退休后，他仍不忘历史

1945 年，抗日战争胜利。阮尚光仍留在溪口村党支部继续效力，后因工作表现出色，于 1950 年 1 月 1 日，被党组织保送到浙江第 8 地委干校学习。学有所成后，阮尚光留校工作，成为金华县学员队队长，负责带领 66 名新兵到金华县委组织部报到。来到金华县后，阮尚光又被组织相中，成为金华县纪律检查委员会的检查员，后担任金华县罗店区委代书记、金华县人民政府民政科副科长、金华县农业银行行长等职位。

1981 年，阮尚光从金华市第二汽运公司离休。为了不忘历史，离休后的他开始执笔将那段经历过的烽火岁月写成回忆录。回首往昔，阮尚光感叹，自己无时无刻不在怀念曾经的溪口村党支部成员，虽然他们个个都已是耄耋之人，离休的离休，退休的退休，而且不少同志已经辞世。但健在的几个老同志，仍衷心感谢党的指引，使他们走上了革命的道路。他们说，是革命现实造就了他们，培养了他们，使他们没有虚度人生，为祖国为人民做了一些事，尽了一个党员应尽的义务。

（记者 郦 莎 见习记者 包蔚倩）

李孝元：国难当头，加入八大队打击日本鬼子

1927年出生的李孝元在1944年4月加入中国共产党，1945年9月入伍。历任新四军金萧支队第八大队联络员、金华县源东乡自卫大队副大队长、中共金华县鞋塘区委组织干事、区公所公安员、金华县公安局审讯股长、农业局副局长等职。活了大半辈子，经历过很多事情，对于李孝元来说，最让他刻骨铭心的还是抗日战争，日本鬼子对家乡老百姓的侵害以及自己为了救国而投身到抗战中的烽火岁月。近日，记者来到了李孝元的家中，听他讲述起那段难忘的岁月。

日寇入侵家乡让老百姓苦不堪言

1942 年 5 月 22 日，日寇侵入源东乡，他们一到就四处抓人，见屋就烧，见人就打，抓到妇女便实施强奸，无恶不作。当天，日寇就枪杀了源东乡两头塘村民刘和尚，强奸了一名山下施村的老年妇女，烧掉邢村、山下施村房屋数十间，又在源东乡的太阳岭、大封门、白白山、沈店等地建立四处据点，强拆民房，建造碉堡 4 座，外围用铁丝捆绑。每日强拉村民做苦力，稍有不顺，就遭恐吓、毒打。仅长塘徐村受过日寇肉体摧残的就有 20 多人，很多人落下终身残疾，至今受苦。

李孝元回忆说，1942 年，暂住李孝元所在的村庄后西山上据点的一名日本兵，来村里找“花姑娘”。“当时，正好我的嫂子在自家楼里靠窗位置做针线活，被鬼子看到，他们便径直到楼上企图强奸嫂子。我父亲当时在家，发现情况立即去阻止，最后嫂子才逃过了一劫。可父亲却惨遭毒打，遍体鳞伤，病倒在床。”李孝元说。正因为那次毒打，再加上当时条件艰苦，缺医少药，最终他的父亲于 1944 年的正月十五离开了人世。李孝元说：“我记得父亲临终前，眼里充满了对日本鬼子的痛恨，他的眼神我这辈子都不会忘记。父亲还嘱咐我要为他报仇，一定不能忘记国耻家恨。”

毅然投身八大队

1941年初，中共义乌县委派吴店塘西村的吴五弟，在丁阳岭发展两名党员，开展抗日宣传工作，后来又有其他党员同志陆续来李孝元所在村庄开展工作，通过和这些同志的不断接触，让他了解了中国共产党，他觉得中国共产党才是真正打日寇的组织。

由于省委遭到破坏，1942年5月19日，在失去省委领导的情况下，金义特派员陈雨笠在义乌城北柳村党员杨文清家召开紧急会议，分析当时的形势。经过一夜的商讨，决定以金东义西地区为中心，发动人民群众，建立抗日武装，开展游击战争，开辟敌后抗日根据地。与会人员举手发誓：与日寇抗战到底，与金义人民共存亡。

5月21日，日军侵占义乌城，中共义乌特派员萧江赶到义西吴店，召开党员骨干会议，传达贯彻柳村会议精神，并宣布经过研究决定，将特派员制改为党委制，恢复义乌县委，发动党员骨干，带头组织游击小组。萧江等领导还先后拜访了因接近中共，被国民党撤去义乌县长职务的民主人士吴山民，以及其他开明士绅，得到他们的支持拥护。他们分别送枪、献粮、出钱，支持建立抗日自卫武装。在战斗中，萧江等县委领导，共产党员叶后溪、金启和，长塘徐共产党员徐正仓，止方村共产党员孙宗富，下田村共产党员胡家正被捕入狱。被捕之后，他们坚持与敌人作顽强斗争，坚守信念，坚贞不屈，宁死不透露党组织秘密。

1942 年 7 月 7 日，即七七事变五周年那天，以吴店、傅村 10 多个游击小组和党员为基础，金东义西抗日自卫大队在义乌吴店村下宅村祠堂成立，杨德鉴任大队长，杨文清任副大队长。为利于隐蔽，使用国民党 88 军别动第一支队第八大队的番号，简称八大队，并聘吴山民为高级咨议。金华傅村、塘雅、曹宅一带称八大队为“吴山民部队”或“吴部”，后来加入共产党抗日武装。

那一年，李孝元加入了游击小组、自卫大队等抗日武装力量。在抗日的过程中，李孝元对于中国共产党的认识越发深刻，1944 年 4 月，在徐至双和吴琅寿的介绍下，李孝元加入了中国共产党。

八大队首战萧皇塘，旗开得胜鼓人心

八大队从 1942 年夏创建到 1945 年 9 月奉命北撤的 3 年零 4 个月的过程中，经历了大小战斗 40 余次。由于“吴部”纪律严明，军民团结，英勇善战，所以每战皆捷，战果累累。在战争中打出一个总面积 1000 平方公里，拥有 30 万人口的金义浦兰抗日根据地，并为党培养和输送了 1400 多名干部和战士，八大队是金萧地区抗日部队中的一支劲旅。

在吴山民的领导下，八大队每次作战都精心策划、周密部署，还有地下党的大力配合。八大队建立后，首战萧皇塘便旗开得胜。

李孝元告诉记者，萧皇塘位于义西，1942 年 10 月 14 日，八大队派出一个分队，击毙来犯的日军军官吉田少尉等 8 人，只有一人逃脱，缴获了一批枪支弹药，在溪华公开展出，打破了日军不可战胜的神话，鼓舞了大家抗日的决心和信心。“这一仗是八大队第一次同日军作战，被称为 ‘首战萧皇塘’。”回忆起那一场战役，李孝元的脸上满是自豪。

1943 年 12 月，按照浙东区党委指示，会稽地委与金义特派员合并，成立中共金萧地委。金萧地委决定，从八大队、坚勇大队抽调力量和诸北小三八部队一起，成立以蔡群帆为支队长、杨思一为政委的新四军浙东游击纵队金萧支队，八大队从此成为金萧支队第八大队。

1944 年 11 月 23 日，李孝元所在的第八大队主力外出作战，邢小显部队（盘踞金华北山一带的土匪，匪首叫邢小显，曹宅午塘头村人）乘虚入侵源东乡尖岭脚、下田、前宅等村。大队领导决定，集结八大队金东区队骨干 60 余人进行反击。“当时我的哥哥李孝森肩背土枪，在尖岭脚村附近放暗哨，却不幸被邢匪抓了去，邢匪把他杀害了，他当时才 24 岁。”李孝元说。

日本投降后，国共两党开始在重庆谈判，达成了《双十协定》。1945 年 9 月 21 日，八大队随金萧支队北撤到苏北，最终编入中国人民解放军。

抗击国民党顽固派涌现诸多英勇事迹

八大队北撤后，源东乡的党组织经受了一场严峻的考验。国民党二十一师、浙江保安团2个团、邢小显匪部等，联合清剿了源东乡八大队根据地，他们建立联合指挥部，村村驻防，到处搜查。利用保长制度，实现户户人人联保具结（即互相保证的意思），并发动自首登记，对共产党员进行残酷镇压迫害。

李孝元说："在这场考验中，源东乡共产党员中涌现出许多可歌可泣的英勇事迹：前宅村共产党员、游击小队长胡庭性自发成立自卫队顽强抵抗；指导员张良田被邢匪在鞋塘杀害，英勇牺牲。"

（记者　胡敏霞　实习生　叶宋楠）

阎兴荣：家乡沦陷后，只有抵抗，才能死里逃生

现年90虚岁的阎兴荣出生于山东淄博高青县。1937年，全面抗日战争爆发，不到两个月，阎兴荣的老家就成了沦陷区。在沦陷区，小小年纪的阎兴荣曾亲眼目睹日军的滔天罪行，5年的亡国奴生活，也使他逐渐觉醒，加入了抗日队伍，与众多的中华儿女共同谱写了一曲保家卫国的壮丽篇章。日前，记者拜访了阎兴荣老人，听他追忆往昔岁月。

在沦陷区，他最常听到的一句话就是“死啦死啦地”

1926年1月，阎兴荣出生在山东淄博高青县的一个小农家庭。

阎兴荣曾听父母提起过，在他之前，母亲还生过一个哥哥，可惜不到一周就不幸夭折了。母亲生下阎兴荣后，由于身体问题，无法再生育。所以，阎兴荣是当时那个年代为数不多的独生子。对于这个唯一的儿子，全家人甚是宝贝，平时粗重活都不舍得让他干。

“我的家乡，是一个美丽富饶的小县城。全县2万多人口，生活自给自足，村与村之间的距离很近。村庄的外边，都是广袤的平原，开垦出来的土地里，种着高粱、大豆、玉米等作物，一人平均有三大亩（一大亩相当于现在两亩半）田地。如果丰收的话，粮食三年都吃不完。”回忆起自己的老家高青县，阎兴荣的眼里闪着激动的光芒。

可惜1937年7月，全面抗日战争爆发后不到两个月，地处黄河南部的高青县就成为沦陷区。阎兴荣的生活也发生了翻天覆地的变化。“鬼子来的那天，我们还睡在床上。等到早上8点起床一出门，就看到了鬼子拿着白底红心的‘膏药旗’，占领了我们的县城。”回忆起日军第一次进村时的模样，阎兴荣现在还记忆犹新，“他们把我们都赶到了村头，让我们摆桌子、点香，列队欢迎他们的到来。如果有谁抵抗，直接一枪打死。”

鬼子进村后，就开始一系列的暴力统治。他们在村里四处抓壮丁，一部分送去挖战壕、造炮楼，在每个乡政府所在地建立炮楼；一部分随军当苦力，给他们挑弹药、挑粮食；另一部分就送到矿山挖煤，炼钢，很多壮丁都是有去无回。除了不断榨取劳动力，日军还在沦陷区推行“保家制度”，规定每村每户都要登记人数，出入行踪也要报告，不然就“死啦死啦地”。

阎兴荣说，在沦陷区，他最常听到的一句话就是“死啦死啦地”。12岁时，因为个头比较高，阎兴荣也被抓去挖战壕，“每天从早上天亮干到天黑看不见了为止，日本鬼子也不给你吃的，都是我们自己带的干粮，吃饭也就几分钟时间。要是干活慢了或是偷懒，鬼子就在耳边叫嚣‘死啦死啦地’，听着都害怕。”阎兴荣说，也有村民扛不住逃跑的，每逃跑一个，鬼子就会让汉奸去村里追查，一旦抓到直接杀死。

在沦陷区，过的是亡国奴的生活

除了抓壮丁，在沦陷区，日军还要求每家每户“摊派”，将家中所有存粮一一上交，不交就抢，抢光了，就惦记起地里还没成熟的麦子。麦子快黄了，日军就连夜收割。为了能吃上粮食，村民们只好发动“护粮运动”，一旦快到丰收季节，就和日军比谁收割得快。

可年头长了，青壮年都被拉去当壮丁，田地无人耕作，逐渐荒芜。到了后来，原本富饶的高青县已经彻底没有了往昔的模样，村民们食不果腹，只能靠吃桑叶、树皮为生。“当时我十几岁，又是家中独子，父母亲只好去外面找口感相对比较好的榆树皮给我吃。”阎兴荣说。

一方面生活困顿，另一方面，高青县还不断受到日军的滋扰。特别是村中的妇女，经常会被日军强暴，有时甚至是在光天化日之下、人来人去的广场上实施强暴。阎兴荣就曾亲眼见过，一个日军在马路边强暴了一个少女，还让少女的父亲在一旁牵着他的马，打着伞，亲眼目睹女儿被强暴的整个过程。后来，村中妇女都怕自己遭鬼子的"毒手"，只好在家做准备，一旦鬼子来了，就往自己脸上抹锅底灰、弄乱头发、穿上家里最破烂的衣服，甚至将屎尿也涂在身上。日本鬼子来了，嫌脏嫌臭，这才让她们逃过一劫。"那时的社会太乱了，我们的处境你们这一代是无法想象的。"阎兴荣感叹道，"在沦陷区，过的是一种亡国奴的生活啊！"

阎兴荣说，当时日本人命令当地老百姓，凡是见到"皇军"，一定要弯腰行礼。有一次，阎兴荣在路上碰到一个日本兵，装作没看见，就从他身边走过。鬼子很不高兴，叫住他，让他行礼。阎兴荣就装聋哑人，连连摆手表示自己听不懂。气急败坏的日本兵对他一阵拳打脚踢，直到阎兴荣装哭，日本兵才骑马离开。"对一个12岁的孩子尚且如此，更别提成人了。"日寇残酷的压迫和无情的统治，让年少的阎兴荣意识到：这样的生活已经没办法过了，只有抵抗，才能死里逃生。

后来，阎兴荣的老家来了两个中共地下党员，一个姓董，一个姓李，大伙儿都叫他们老董、老李。村民们一听说他们是来打鬼子的，纷纷要求加入，并逐步建立了民兵组织。

一次，一个鬼子军官骑着马到村里巡视，见一处宅院里有个妇女，就把枪栓在马匹上，独自进门欲施奸淫暴行。附近民兵候个正着，偷了他的枪，还把他打了一顿。丢枪的鬼子军官恼羞成怒，第二天带着大部队上门，把附近村庄的上千名群众召集起来，要他们跪在地上，轮个质问："谁偷的枪，站出来！"连问了好几遍，都没人答应，眼看鬼子要下狠手，老董从队伍里站出来说："我见过我见过，偷枪的人跑得快，早就逃走了。"

鬼子不相信，抓了人群中的一个村民，把他绑在祠堂的柱子上。问他："说不说？不说死啦死啦地！"他没有说。其实大家都知道，地下党就在队伍里。见大家都不肯开口，鬼子想了一招阴毒的法子，他在人群中随便又扯了一个村民出来，让他拿刺刀杀害绑在柱子上的同胞，如果不愿意杀，就认为他也是土八路，要一起绑在柱子上受死！"就这样，当天一共有十几个村民被绑在柱子上刺死。血腥的一幕吓得我连魂都没有了，几天几夜睡不着觉。"阎兴荣说，鬼子杀了人后，还抢走了牛和猪，临走时放火烧了村里三分之一的房子。"放火的时候，村民们也不敢去救，就这样眼睁睁看着自家的房子付之一炬。"

逃出老家，参加抗日队伍

就这样，在沦陷区过了5年的亡国奴生活后，阎兴荣艰难地长成了16岁的少年。一天，阎兴荣正在家吃饭，不幸被国民党抓住，要他当壮丁参军打仗。后来，是亲戚偷偷将阎兴荣放了回来。

回家之后，父母不想唯一的儿子再出什么意外，就谎称阎兴荣要去离家60多公里的一所教会学校读书，随后，借了50来斤玉米面，把他送到了学校。在教会学校，阎兴荣不只学到了知识，成为进步青年，更在爱国主义的教育下，参加了学校的青年抗日先锋队，宣传抗日思想。后来，学校因战争解散，阎兴荣又响应党的号召，走出学校，深入农村进行抗日宣传。

在农村宣传队，阎兴荣加入了中国共产党，并被推荐进入山东渤海公学念书。这是一所培养党和军队骨干的学校，在抗战时期，它没有固定的教学地点，学校都是随军流动，学员们则一边学习一边打仗。

学习了一年后，阎兴荣被调入县武工队，在山东惠民、阳信一带活动。主要负责打击“土顽”、汉奸。在武工队，阎兴荣分到过两颗手榴弹，一把土枪，五发子弹。虽然战场无情，但阎兴荣很幸运，没有在作战中受过伤。

“当时，日军在中国已经开始走下坡路，根据地则逐步扩大。”1945年，抗战迎来了最后的胜利。日军投降时，晋冀鲁豫军区司令员发布命令，各地抗日武装接受日军投降。阎兴荣参加了那一次受降，共有300多个日本人在一个日军军官的带领下来到阎兴荣所在的区党委。“组织安排我们给这300多个战俘上课，后来还派遣了一位名叫‘冈野进’的反战同盟主席给他们上课。”在烟台，这批投降的日军，最后被从日本派来的船接回国。

后来，等到战俘回国，阎兴荣才知道，当时的那位冈野进，原名叫野坂参三，曾与周恩来一起从莫斯科来到延安。在延安，他化名为“林哲”，并将自己的日本名字改为“冈野进”。战后，他还当上了日本共产党主席。

如今老年生活丰富多彩

1946年，阎兴荣从渤海公学毕业，分配到山东青城县武装部工作，并参加了解放战争。1948年底，他又被派去青河地委党校学习，随后成为南下干部，接管上海。

解放后，阎兴荣受组织指派，到浙江龙游当过区委书记、宣传部长、县委组织干事等职，并在此结识了他的爱人，组建了家庭。上世纪50年代，阎兴荣有幸获得了一次去中央团校学习的机会，赴北京学习了一年的政治经济学、哲学、共产主义运动史等课程。学成毕业时，他在中南海受到毛主席接见。1956年的大阅兵中，阎兴荣出现在分列式打头阵的红旗方队里，这也是他最骄傲的人生回忆。

1958年，阎兴荣来到金华，担任团地委副书记，期间，也曾转战过多个岗位。直到 60 岁时，他才从金华师范（现人文学院）退休，安度晚年。

如今，退休在家的阎兴荣年近 90 岁，却依旧身体硬朗，思维清晰。他直言自己的老年生活丰富多彩，除了每天坚持看新闻、读报纸，他还自学了电脑上网，并是多年的老股民，现在居住的房子就是他炒股赚回来的。“对比以前，现在生活真的很幸福，很快乐。”阎兴荣笑道。

（记者　郦　莎　见习记者　包蔚倩）

抗战老兵徐维经：我和哥哥一起打鬼子

近日，记者来到了婺城区安平里的一座旧楼房里，这里住着烈士徐维邦的弟弟——徐维经。这个曾亲眼目睹日本鬼子的种种恶行，年少时受哥哥徐维邦（徐文佩）的影响参加抗日队伍的老人，谈起那些曾经的过往，一个劲地说："勿忘国耻，铭记历史。"

日军冲进龙蟠村杀人放火、奸淫掳掠

谈起过往，徐维经有满肚子的话要说，他心中装着一部脉络清晰、细节翔实的回忆录。

1932年12月，徐维经出生于白龙桥乡龙蟠村，徐维经告诉记者，在日本鬼子进村之前，老家曾经也是一派繁荣景象，人来人往，还有一两家商铺。

可在1942年的农历四月十三，一切都改变了。那一年徐维经10岁，那一天，对于徐维经来说是噩梦的开始。

那天早上，一位在让长村喝茶的村民跑回村里说，日本鬼子已经从兰溪打到白龙桥了。村民们一听，便立刻收拾好东西四处逃难。徐维经在家里排行老三，为了保护家中的母亲、姐姐和年幼的弟弟，徐维经和二哥维国没有同他们一起逃，而是听从父亲的安排准备躲到防空洞内。

一路狂奔，徐维经和二哥来到了防空洞前。可谁料，因为前几日的大雨，洞内已积满水，无处躲藏。

眼看着举着"膏药旗"的日本鬼子向龙蟠村逼近，无路可走的哥俩便想到了爬树。"长在农村，很小的时候就练就了上树下水的本领。"徐维经说。村口的那棵大樟树长满了密密麻麻的树叶，这也为哥俩提供了一个很好的藏身之处。待他们藏好，日本鬼子已经冲到了村口。"躲在树上，我们大气也不敢出一声，说实话，心里真的很害怕。"徐维经说。哥俩一动不动地趴在树上，静静地看着村中发生的一切。"在队伍最前面骑着马的是日本军官，他鼻子上架着眼镜，腰间佩着长长的指挥刀。在这个头目的指挥下，此行的日军分成东、南两路，正杀气腾腾地冲进村。"南面这一路正好从哥俩的树下经过，他们看到一位来不及逃跑的大爷，被日本鬼子用刺刀刺死。没过多久，村南郑兆权家一排五间房子被日本鬼子点着了，紧接着村北徐炳乾家的房子也烧着了，村里徐氏宗祠的四间廊房、村东南角徐锡富家的房子也都相继被烧着了。

日军进村，打破了村庄的宁静。他们奸淫掳掠、无恶不作。徐维经回忆说："日本鬼子第一个杀害的是未能逃跑的倪金海一家，三个日本鬼子还对倪金海老婆及 11 岁的女儿进行强奸。"随后另外一队日本鬼子进入从五百滩逃难到龙蟠村的杨二娃一家，当时杨二娃外出抓鱼，其老婆和两个女儿在家，不料日军一脚踹门而入，同样残忍地糟蹋了她们母女 3 人，年仅 12 岁的大女儿在被凌辱之后当场死去。

与此同时，在离徐维经哥俩隐蔽处不足 29 米的本保庙里，突然响起一阵枪声，传出一阵阵撕心裂肺的惨叫声，过了一段时间，惨叫声戛然而止，有几个日军从庙里出来，村民们去庙内一看，住这里的一家 5 口全部丧生。"这一家人是'九一八事变'后从东北流亡来居住在本保庙的，夫妻二人养育了 3 个子女，大女儿是我的同班同学，二女儿才 10 岁。"徐维经说，"当时庙内天井里的水全都被血染成了红色，惨不忍睹。"

后来，据保长徐炳生说，龙蟠村当天被日军枪杀的有 12 人，年纪最大的是 69 岁的徐赐环；被烧房屋 19 间，全村 143 户人家，无一不被洗劫一空。

第二天，日本鬼子便占领了整个金华城。

受大哥影响，积极投身于抗日救国热潮之中

1937 年“卢沟桥事变”爆发后，时局骤紧，当时任浙江省立第七中学（现金华一中）学生会主席的徐维邦，给父母留了一份血书：“日本法西斯对我国已全面开战，妄图吞并中国，欲置我们四万万五千万同胞为亡国奴。为了救亡图存，我和滕景铭、卢荣刚等离开学校，直奔陕北抗日前线了。”

等徐维经再次见到哥哥，已经是 5 年之后。1942 年 7 月的一个晚上，8 个衣衫褴褛、浑身伤病的男人倒在了自己家中，“他们呕吐不止，身上全是虱子。”当时 10 岁的徐维经仍然记得那个场景，“全家人都躲起来了，直到听有人喊‘爸妈’，才知道是维邦回来了。”

原来，1938 年从抗大结业后，徐维邦和战友进入新组建的新四军。1941 年初，在“皖南事变”中不幸被捕，关押在上饶集中营。1942 年 6 月，集中营转移到福建建阳，途中，徐维邦与狱友们发动了“赤石暴动”，脱险后一路走走爬爬，靠野菜杂草果腹，整整熬过了 25 个日日夜夜，才终于回到龙蟠村。

为了保护这 8 位新四军，全家转移到了离天姆山村只有 2 里路的九头经堂，一个无人居住的尼姑庵。白天，他们就躲在庵堂中，晚上徐维经的父亲便用独轮车载着8位新四军到村中去找赤脚医生看病。

有一次，运送受伤的新四军进村看病，正好碰到了来村中找“花姑娘”的两个日本鬼子。无处藏身，徐维经的父亲便将伤员藏在田中的厕所里。日本鬼子在村中找到一名女子后强行将她拖到离厕所十步之遥的麻地里欲进行强奸。看到日本鬼子的兽行，原本因发烧而身体虚弱的徐维邦不知是哪里来的力气，一跃而起，一把抓起身旁的青栗棍，镇定地用眼神示意大家行动。徐维邦冲出厕所，一棍打向扑在妇女身上的日本鬼子，这一棍正中要害，当场打得日本鬼子下半身瘫痪无法动弹只能抽搐双手。接着大家合力制伏了这 2 个日本鬼子。

这一幕，在一旁的徐维经看得一清二楚，他从心底里敬佩自己的大哥，觉得自己也应该像大哥一样勇敢，站起来和日本鬼子作斗争。当时的龙蟠村正处于日军与国民党部队对峙的前沿地带，情况非常复杂。鬼子的气焰嚣张，奸淫掳掠，无恶不作。徐维邦看在眼里、恨在心里，他和战友们商量后，成立了一支以龙蟠、让长、吕塘下、大圩、天姆山 5 个村为中心的抗日队伍——“南山抗日救国自卫队”（简称“抗救队”），徐维邦任队长，徐维经也加入了这支队伍。

斗智斗勇成功炸毁日军炮楼

抗救队初建时，人数不足 30，多数队员连刀枪都不曾摸过，为了唤起大家的信心，徐维邦刻意孤身徒手同窜村作恶的日本鬼子搏斗，2 次打死了 2 个日本兵，并把抓来的鬼子押到村中公审。

当时，日军宏部的头目石桥中佐率领 500 多个日本鬼子聚集在长石乡（1958 年以后改为长山乡）石门村，驻扎在该村的七太祠堂，并筑造了西殿岗炮楼。日本鬼子驻扎下来以后，附近的几个小学都归日本鬼子管理，其中在村子里的 4 个新四军就以学校老师的身份为掩护，及时侦察日军动向。不久，抗救队得到情报，当时日本鬼子联合西殿岗炮楼和桐溪石人山炮楼的鬼子，夜以继日地攻打琅琊，因为琅琊驻扎着国民党第三战区的部队二十六师。

日军在山上，国民党军队在山下，地形的劣势使得国民党军队无法用炮弹还击日本鬼子。为了保护村民，徐维邦集合了抗救队队员滕汝霖、季瑞恒，提出炸日军石人山炮楼的计划。他们利用日军在各个村庄拉村民做苦力修炮楼的机会，乔装成修炮楼的村民给日军干活，徐维经也跟着大哥一块儿参与这次炸炮楼行动。

炸炮楼必须要有炸药才行，可是如何躲避日军搜查顺利地将炸药运到山上的炮楼里呢？徐维邦想了一个办法：将炸药放入装饭菜的竹筒底层，“当时生活条件差，粮食供应困难，一天只能吃两顿，做工的村民们都用竹筒自备饭菜，带到山上。”徐维经说。中间一层把要吃的饭菜用荷叶包好，外层又包裹油纸，最上面放上馊掉的饭菜。当日军搜查时，打开竹筒闻到这一阵阵恶臭，避之唯恐不及，哪里会仔细搜查。

用这个方法，徐维经一行人顺利地将炸药运送到山上的炮楼里。等到吃午饭时，大家偷偷地将炸药放在炮楼里最佳的位置，然后在上面用厚厚的松毛掩盖住，他们就坐在松毛上掩护。日军一般用点香计时法计工时，当村民做工做到第6炷香时便可收工下山。徐维邦一行人就趁日军不注意，偷偷换下最后一炷香接在铺满松毛草的炸药上，随后一行人赶紧下山。这样就彻底地把日军炮楼给炸毁了。

抗救队也赢得了村民们的爱戴，村民亲切地称这支队伍为“飞邦部队”。

里应外合、声东击西成功救出慰安妇

1942年，为了掠夺武义萤石这一重要自然资源，日本鬼子在东关一带造金武铁路。为了保护沙溪据点，日本鬼子在叶店村建了一个据点，驻扎了200多个日本鬼子。为满足残暴日军的需要，他们在叶店村抓捕了20名妇女给日本鬼子充当慰安妇。这些慰安妇中年纪最大的20岁，年纪最小的仅15岁。

看着自家女儿被抓走，村民们伤心欲绝，无法凭一己之力救回自己的孩子，只能求助于徐维邦的“飞邦部队”，“飞邦部队”在成立之初只有不足30人，这点力量无法与盘踞在据点的200多个日本鬼子抗衡。为了稳定村民的心，徐维邦只能安慰村民们说：“凡是有机会，我们一定会尽力营救。”

在看似无望的营救行动中，“飞邦部队”抓到了一个千载难逢的机会。

“当时，雅村有一个叫陈洪炽的情报员，以前是浙江大学的教授。他不仅具有渊博的知识，还有进步的思想，更难能可贵的是有一颗强烈的爱国之心。”徐维经回忆说，“一天，陈洪炽向徐维邦报告说日军明后天要准备抓劳工运送铁轨的消息。”为了阻止日本鬼子运送铁轨，“飞邦部队”便通知各个乡的乡长在当天晚上采取行动。当天晚上，大伙儿在铁路沿线破坏敌人的要道，敲打铁轨的声音惊动了附近几个据点的敌人。敌人倾巢出动，但此时，徐维邦觉得时机还不够成熟。

第二天一大早，叶店村据点的情报员叶凤清跑来告诉徐维邦说：“我们村里的敌人全部出动了。”听到这一消息，徐维邦一行人觉得时机已经成熟，于是在九头经堂研究制定了营救慰安妇的计划。他们决定将铁轨打到水渠中的泥土下面，不让鬼子顺利运送萤石资源，接着声东击西，通过敲击铁轨发出“哐噹哐噹”的声响来引起日军注意，分散日军的力量，并在沙溪据点东面放置爆炸装置，与国民党部队里应外合救出慰安妇。9月份，叶店村情报员叶凤清组织五六个人，事先同驻守在白沙溪的国民党前沿部队商量好，当听到声响时不要打枪出击。就这样，在国民党部队的配合下，“飞邦部队”顺利营救出了被困的 21 名慰安妇。

日本鬼子无恶不作，烧杀抢掠，还发动细菌战，徐维经说：“我的二哥和弟弟就是死于细菌战下。”谈起那些过往，徐维经几度哽咽。徐维经说：“历史不能忘记，只有铭记历史才能让国家更加强大。”

（记者　胡敏霞　实习生　叶宋楠）

吴林森：在沦陷区，我目睹了日军的滔天罪行

金华市五中离休干部吴林森，现年 94 岁，是江苏宜兴人。在他幼年时期，曾经历过抗日战争，受到日寇迫害。他 15 岁背井离乡，逃亡流浪，沦为难民两年，吃尽了苦头。在沦陷区，他目睹了日军烧杀抢掠的滔天罪行，是历史的见证者也是亲历者。日前， 吴林森给记者打来电话，希望在抗战胜利 70 周年之际，将自己的故事撰写成文，提醒后人铭记历史，不忘国耻。

宜兴沦陷，他成了流亡的难民

吴林森的老家在江苏宜兴的南新圩村，他出生于小农家庭，家中有兄弟姐妹 5 人，他是老幺。因为家贫，吴林森小学毕业后就开

始务农。

1937年7月，全面抗日战争爆发时，吴林森只有15岁。当时，日寇凭借强大的海陆空优势，长驱直入，一路攻占多个省市。“8月9日，日军在上海制造‘虹桥机场事件’，又借名目进攻上海。”据吴林森回忆，当年日军攻打上海费了不少时日，虽然中国军队顽强抵抗，但仍不敌日军的攻势，节节败退。“日军从上海开始打，一路打到了昆山、苏州、芜湖，最后来到了我的家乡宜兴。”随日军出现的，还有大批流离失所的难民，吴林森知道，自己的家乡已经不安全了。

1937年11月，收拾了简单的行李，吴林森和大哥、二哥、姐姐、姐夫以及姐姐的孩子，一行6人离开了家乡，成为流亡难民的一分子。他的父母年事已高，吃不消路上的折腾，三哥也不愿意离开家乡，一家人抱头痛哭之后，依依惜别。

逃难的日子是艰苦的，一边要躲避日军飞机的轰炸，一边又要跋山涉水地赶路，加上条件有限，路上的吃喝拉撒都成了难题。吴林森说，当时每个难民身上只背了最简单的铺盖，逃到一个地方，有人烟的话就上门讨吃的。有时逃到无人村，家中还留有粮食的，就借住下来自己生火做饭。但更多的时候，路上是见不着人家的，“隆冬腊月，在野外，晚上大家只能把被子铺在地上，饿着肚子抱团取暖、休息”。

虽说是难民大逃亡，但并不是无组织无纪律。当时，上百个难民被细分为一个个小组，每个小组有难民 20 ～ 30 人，由其中一个文化程度比较高的人负责领导。这个领头人可能对逃亡路线比较了解，也知道如何躲避日军的袭击，吴林森所在的那个难民小组的领头人就是他姐夫村里的人，名叫曹步青。

40 天后，吃尽苦头的吴林森一家终于来到了南昌难民收容所，过上了相对安稳的生活。吴林森介绍，南昌难民收容所当时是由国家主办的，专供难民避难的场所。在这里，集结了上千名从全国各地逃难过来的百姓，大家睡的是通铺，吃的是大锅饭，虽然生活条件简陋，但在抗战年代来说，这里已经是弥足珍贵的一方净土。可惜，这样的安宁并没有持续多久，半年过后，日军还是打过来了，南昌也沦陷了。

之后，吴林森又被迫逃离南昌，与家人辗转来到了湖南长沙。长沙没有难民收容所，他们只好住到了当地的贫民区，靠去酒店等场所卖香烟来维持生计。“酒店里的客人知道我们三兄弟是难民，都会主动来买我们的香烟。有时香烟的进价是 4 角钱，他们就付 1 元钱，还说不要找了。遇上好心人，还会邀请我们一起同桌吃饭。”战争年代，来自陌生人的关心，让流离在外的吴林森一次次感受到温暖。

在长沙一直待到 17 岁，吴林森才接到家里的消息，说老家相对安全一点了，可以回去。之后，他们终于回到了宜兴，与父母团聚。

亲眼目睹日军的3次罪行

1941—1943年，宜兴仍是日军的沦陷区。日军的据点就建在吴林森老家的附近，村子里隔三差五就会有日军部队来扫荡，百姓的生活苦不堪言。回到家乡的吴林森，就曾目睹了日军的3次罪行。

第一件事，是关于一个名叫关子伢的苏北男人。这个关子伢，是寄居在地主家的长工。当时，吴林森的老家一共有18个地主，受国民党部队之托，每个地主家里都偷偷地保管着国民党的几支枪。这个地主就将枪交给关子伢，让他藏好。思前想后，关子伢将枪锁在了一个木头柜子里。但地主对关子伢怀有戒心，怕他告密，就又偷偷地将枪藏到了其他地方。后来，不知是谁走漏了风声，日军听说了关子伢藏枪的事，几个日本兵把他抓了起来，逼他说出枪的下落，忍不住酷刑的折磨，关子伢最后将事情和盘托出，几个日本兵便闯进地主家搜枪，可枪早已换了藏身之所，日军扑了个空，盛怒之下，他们便一口咬定关子伢是中国兵，把他吊在了一棵杨树上，用火活活烧死。那天，关子伢凄厉的叫声响彻了整个天空。“这些都是我亲眼所见，关子伢最后被烧得面目全非，死状凄惨。那时我就在想，如果我有本事，一定要给他报仇！”吴林森怒道。

第二件事，是发生在隔壁的隼头村。吴林森的老家叫南新圩村，隼头村和南新圩村就隔着一条河。一次，日军要来扫荡隼头村，因村庄附近都是平原，能躲的地方不多，无奈之下，隼头村的部分村民躲进了村子旁边的坟地里。坟地里有树和茅草，又有墓碑，白天看着都阴森恐怖，大家以为日军会有所惧怕，谁曾想还是没逃过日军的搜捕。当天，日军一共在坟地里抓到了 11 个青年。更不幸的是，日军在其中一人身上发现了国民党部队的符号，便一口咬定其余 10 人也是同党。随后，丧心病狂的鬼子们找来一根手指般粗细的钢筋，从 11 个青年的手心依次穿过去，将他们串在一起，拉着走了七八公里。拉到公路旁后，就在他们的据点附近，用刺刀一个挨一个地砍青年的脖子，砍到最后，那个杀人的日本兵都没力气了，随意砍了两刀就将 11 个青年丢弃在路边。结果，除了最后那个青年因伤势较轻逃过一劫，其余 10 个人都死了。

第三件事，是姐姐家的房子被烧。吴林森的姐姐，早年嫁给了一个地主。姐夫家的房子有三进，生活条件在当地算是不错的。一天，2 个日本兵在村里抓了一个男人，这个男人曾是国民党，还是抗日英雄，但后来不知什么原因退伍回乡务农。日本兵抓了他后，一路押解回据点。路过姐姐、姐夫家的时候，日本兵觉得肚子饿，就带着这个人去姐姐家杀猪吃。进了门，两个鬼子把枪竖在了墙边，拿着两把刺刀，又找了一把菜刀递给那个男人，让他帮忙一起杀猪。杀猪的时候，刺刀上沾了油，鬼子就嬉笑着拿那个男人的头发当抹布擦，那男人虽然嘴上没说，但眼里早已冒出了火。

过了一会，一个鬼子背着割下来的一条猪腿去河边洗干净，另一个鬼子和这个男人留在屋里继续杀猪，看着正在专心致志割肉的鬼子，男人灵机一动，装作伸懒腰的样子退到了鬼子身后，高高地举起手中的菜刀一下子砍在了鬼子的脑袋上，鬼子都来不及哼一声，就当场毙命了。随后，男人马上抱起竖在墙边的两支枪夺路而逃，洗完猪腿回来的另一个鬼子见状，大声呼唤，当时马路边正好还有其他鬼子在，这些鬼子闻讯追捕该男子，还用枪扫射，但男人身强力壮，跑得也快，一下子就没了踪影。追不到逃犯，又丢了两支枪，气急败坏的日本人把气撒在了姐姐、姐夫身上，一把火将他们的房子烧了个精光。“后来，姐姐、姐夫只能回家和我们同住，经济条件也不复从前了。”吴林森说。

在烽火岁月中求学、成长

17 岁后，回到老家的吴林森在烽火岁月中不忘继续求学。当时城里的中学因战乱迁到了乡下，吴林森就去了那里读书。到高中时，日本人隔三差五就来扫荡，苏州中学也办不成了。由苏南中学代替，这是一所经日本人同意开办的学校，在学校里，不仅要学习文化知识，还要学习日语，接受日本人的殖民思想，对此，很多学生嗤之以鼻。

一次，4 个学生在学校里抗议，惊动了日方，日方派兵来抓抗议者。学生闻讯后纷纷逃走，吴林森也逃到了江苏省五临中学继续读高三。也就是在这里，吴林森加入了抗日的队伍。

1944 年，恰逢国民党政府号召知识青年参军，在“一寸山河一寸血，十万青年十万军”口号的感召下，吴林森义不容辞，投笔从戎，参加了青年军。他在江西莲河军事学校受训三个月，学习轻机枪、重机枪等武器的装卸、修理、使用后，编入青年军 31 军 208 师 623 团迫击炮连一排一班当下士班长。1945 年 8 月 15 日，日本投降了，青年军未能参战杀敌，成为吴林森人生中最大的遗憾。1945 年，吴林森退伍，继续读书。

22 岁时，在中央大学读书的吴林森通过小学同学宋序龄认识了从游击区出来的胡秀吟，胡秀吟是宋序龄的妻子，永康赤川人，在她的介绍下，吴林森来到了游击区，并于 1949 年 5 月 15 日加入中国共产党。之后，吴林森辗转来到了金华，在多个岗位上任职，并取得了优秀的成绩，直到 1984 年 5 月 15 日，他才从金华市五中离休。

如今，吴林森已经 94 岁，每当提起 70 多年前的往事，依旧义愤填膺，刻骨铭心。他说，有国才有家是他沦为难民时的深刻认识。借此抗战胜利 70 周年之际，吴林森希望将自己的故事转述给更多的人听，“八年全面抗战，在国家存亡之时，我挺身而出，投笔从戎，虽然未有成就，但我爱国之心不变，我愿我的经历可以告诫子孙后代‘铭记历史，不忘国耻，有国才有家’。”他如是说。

（记者　郦　莎　见习记者　包蔚倩）

张绍珍：抗战时，我参加了多次游击战

16岁参军，他加入了新四军独立旅政治部敌工科；17岁，他跟着独立旅北上回归了八路军一一五师，成为了保卫部警卫连的一员；18岁，他被抽调到团部警卫班给团长江云辉当警卫员；朝鲜战争爆发后，他作为志愿军的一员，跟随部队前往朝鲜。在打仗期间，他的两条腿一侧被炮弹波及，另一侧被翻倒的吉普车压成重伤，两块骨头断裂，被定为三级甲等残废。从1941年到1953年，他跟随部队走南闯北，打游击战、做警卫员、开吉普车……如今，90岁高龄的他谈起当年的烽火岁月仍然记忆犹新，他就是张绍珍。

近日，记者采访了这位抗战老兵，听他讲述当年的抗战经历。

记忆犹新的游击战

1925年，张绍珍出生在江苏省泗阳县，1941年，前身是八路军一一五师的教导五旅，在皖南事变后南下支援新四军，当时的部队就在泗阳县一带活动。那时的新四军独立旅十三团在离张绍珍家十几公里远的小镇外，攻下了一个伪军据点，张绍珍随即就加入了新四军独立旅十三团政治部的敌工科，成为他们的一员。

1942年9月，张绍珍所在的新四军独立旅北上回归了八路军一一五师，而他也被分配到山东东部滨海新区的保卫部警卫连。张绍珍回忆，那时候部队的战士们都是分成小组行动，深入敌占区了解情况后，再歼灭外出的小部分敌人，而部队那时候最大的小队就是以连为单位的。张绍珍告诉记者，在加入八路军的三年里，他经历最多的就是游击战，在加入八路军一一五师后不久，他就参加了一次游击战。在山东诸城的一个小村子，经过侦察，发现村子里驻扎的是一队伪军，张绍珍所在的连队便准备攻下这个村子。

“伪军占领村子后，他们就在村子周围建了围墙，还有哨兵看守。我记得那时候我是分到了梯子队，每两个人抬着一架梯子在天微微发黑时出发，我们到了围墙跟前，敌人发现后已经没办法朝我们打枪了。”张绍珍说，“这时候，我们架着梯子，突击队就上去了，在一个小时不到的时间里，我们就把村子攻打了下来。村子里的伪军大概有几十个，我们随后就处理了俘虏，把武器收缴了过来。”

1943年，在张绍珍18岁不到的时候，他还开枪打中了一个伪军的一只耳朵。山东的诸城到日照有一条公路，在十几公里远的地方有一个村庄，部队便打算在村子里休整一下。为了不暴露行踪，部队一般都选在晚上行动。这一天部队是3点多的时候到的村子，6点多的时候，守在村子周围的哨兵就赶来说伪军从东、南、北三面围攻过来了。

“我们那时候睡觉都是和衣而睡，睡在草上，背包就是我们的枕头，枪也是抱在怀里的，目的是让我们能快速集合。”张绍珍说，“部队迅速集合后三个排向不同方向进攻，那时候我跑在第一个，一枪打去我就知道打中一个伪军的耳朵了，因为枪一响他就把耳朵捂住了。”正当张绍珍想再接再厉的时候，他的枪却出了问题：弹壳卡在里面，子弹打不出来了。张绍珍随即跑到了一棵柳树下，用柳树条把里面的弹壳弄了出来。随后张绍珍再想追也追不上了。

张绍珍告诉记者，那时候部队打游击战都是非常仔细的，因为伪军的耳目很多，怕村民泄露部队的行踪，村子的路口都有哨兵站岗，进村可以但出去就难了。打游击战就是一次换一个地方，一般都是以连队为单位，分成各个小组在外面，三四个月回一次根据地。

说起当时部队的生活条件，张绍珍说很艰苦。冬天部队发的棉衣都是旧的，春天就回收回去，期间棉衣都是自己洗，没有条件就用灰水洗，而灰水就是烧饭以后留下来的稻草灰和着的水。不打仗的时候战士们还要帮助村民打扫卫生、干农活。吃的粮食就是稻谷的壳。“因为庄稼没有肥料，长势不是很好，里面的米就这么一小粒，烧成米饭也不好吃，于是大多数人就把它磨碎了，放在煎饼里吃，一定要趁热吃才能勉强入口，冷了以后就难以下咽，实在不行就跟辣椒一起吃。”张绍珍说。

在枪林弹雨中生存

在张绍珍的记忆中，离子弹最近的一次莫过于某次送信途中所遇到的危险了。那天张绍珍和其余 4 人的任务就是送信给另外一个地区的部队，从公路西一直到公路东，到附近的村子时已经天亮了，刚到村口时就听见有人问：“干什么的？哪个部队的？”在几秒钟的时间里，还没有意识到这可能是伪军，等反问了“你们是哪个部队的？”后，才明白过来，几个人拔腿就跑。在 50 米远的地方有一个小山坡，5 个人一边呈曲线型跑一边回头打枪，所幸的是，刚跑到山坡的后方就和部队汇合了，而且一个人都没受伤。

1944 年，部队的侦察连发现靠近日照县的一座山上有一伙人在挖战壕、做掩体，当时已经是部队通讯员的张绍珍跟着部队趁着夜色就出发了。等到接近敌人的时候，两个排的士兵们才发现这可能是日本人，因为情报不准确，部队准备撤退时，四班的士兵已经离敌人很近了，瞬间敌人的刺刀已经刺进了四班班长的腿，接着敌人就开始扫射，看到枪，大家这才确定是只有日本鬼子才有的“三八式”。

之后，张绍珍被调往团部警卫班成为一名警卫员。1945 年 8 月，张绍珍所在的部队被调往东北。1946 年 1 月，张绍珍跟随十三团团长江云辉上了前线。“当时部队在向北边撤退，接到命令，在太阳落山后原路返回，在一个村子里打保卫战。”张绍珍说，“每个村民家中都会有一个菜园和围墙，团指挥所就在围墙边上观察敌情，突然发现敌机飞来，正准备转移，飞机上的炸弹就已经扔在了我们身后，团长腰部负伤，我则是腿受伤了。”架着团长的张绍珍一路跑到了村子外围的包扎所，一坐下去后，他就再也站不起来了。一直在后方医院治疗了半年才重返部队。

1947 年，张绍珍向团长提出，因为自己的腿受伤，想换个职务学习开车，以后给他当驾驶员。1950 年，张绍珍所在的部队南下到了河南省驻马店市。张绍珍在后勤部汽车二连任副连长，没过多久，朝鲜战争爆发，张绍珍所在的汽车连参加了抗美援朝，当时需要抽调 35 辆汽车，而张绍珍也成为第一批到达朝鲜的士兵。

张绍珍回忆，在去往朝鲜的沿途，路虽然宽阔，但沿途全是逃荒的老百姓，车子开了一个晚上前进 30 公里都不到。到了第二天，部队把 35 辆吉普车开上了山路或梯田，用农作物把车子掩护了起来。没过多久，就飞来 5 架美国飞机，转了好几圈一无所获。“正当我们开始庆幸的时候，飞机开始扫射，一辆吉普车的油箱被打中发生了爆炸，很快又来了 3 架敌机，最后 35 辆车被炸得只剩下了 5 辆。”张绍珍说。

1952年，部队动员士兵们学文化，张绍珍在学习了半年后被派到华东建筑工程区的第四工程处，成为建设杭州机场油库的一名工作人员，之后第四工程处被并为华东第三建筑公司。1954年，张绍珍被派往西安支援内地建设，成为机械科科长。1958年，张绍珍被分配到浙江。1963年，张绍珍被金华地区分配到交通局，任龙游运输段机务副段长。1971年，张绍珍被调往金华市交通局，还曾担任过党委委员。1985年，张绍珍离休后，便定居在了金华。

（记者　苏晓婕）

王祖学：我 13 岁就加入八路军打鬼子

今年 88 岁的王祖学家住婺城区今飞花园。前天，听说记者是来采访他关于抗战的故事的，老人的话匣子一下子就打开了。他告诉记者，自己出生在山东荣城石岛的一户渔民人家，1942 年，13 岁的他瞒着父母加入了八路军打鬼子。参军半年不到，就遇上了日本鬼子的山东大扫荡，日本鬼子几米一个兵，从西到东拉网式地扫荡，他们烧杀抢掠，无恶不作。之后，王祖学又参加伏击战，痛击日本鬼子……4 年来，王祖学打过大大小小的战斗不下数百次，之后，他又参加了解放战争、抗美援朝。

13 岁便瞒着父母参加八路军打鬼子

王祖学的老家在山东荣城县石岛镇。他说，那时候日本鬼子侵略中国，就在他家附近建了一个据点。1942 年，八路军进攻日军据点，尽管没有得手，却让他受到了很大的鼓舞。“我虽然年纪小，但我却知道只有八路军才能打鬼子，保护老百姓。”那一年，王祖学才 13 岁，但他却决定离家参加八路军打鬼子。王祖学沿着海边走了好几天，终于追上部队，加入到打鬼子的行列。他说：“我没有想太多，只想当兵打鬼子。”

实际上，王祖学家里条件不错，他出去当兵，爸妈都不知道。出门几天没有音讯，母亲发疯似的在村里找，还以为他失踪了。几个月后，部队路过姥姥家，他向领导请了半小时假，去看望了姥姥，家人才知道他是出去参加八路军了。

刚到部队，王祖学拿到的是一杆红缨枪，部队里一个班六七个人，有两三个是没有枪的，只能扛着红缨枪和大刀，实际上，那薄片似的大刀砍柴都能卷起来。“当年，根本没有什么武器。上战场时，常常只有三发子弹。枪法好的狙击手，也只有七八发子弹。有一次，我看见鬼子，冲他们开了一枪，可惜没打中，结果排长气得拿手榴弹砸我背，说浪费了子弹。”

那时候参军，不但武器装备不好，吃穿条件更是艰苦。吃的粮食、穿的粗布衣都是当地老百姓提供的，要是遇上干旱歉收，大伙儿只得一块儿挨饿。“老百姓真是好，宁可自己饿肚子也要先保证部队的供应。遇上部队打胜仗了，欢喜得杀猪宰羊犒劳战士”。他说，共产党部队的胜利得益于军民的鱼水之情。

参军半年遇上日军山东大扫荡

1942 年 12 月，刚参军半年的王祖学遇上了山东大扫荡，这也是日军对鲁中沂蒙山区发动的山东抗战史上规模最大的一次“扫荡”。那一年，也是王祖学第一次正式接触日本鬼子。山东半岛三面环海，日军沿渤海到南边 100 多公里拉网式扫荡，从西到东每几米就有一个士兵，对任何村庄都实施“三光”政策。

“不管男女老少，看见就杀。日本鬼子杀孩子就像抓鸡杀狗一样，直接刺刀捅下去。”说起当年的大扫荡，王祖学至今仍历历在目。他记得，当年，八路军掩护某村老百姓转移至文登山区，和敌人兜圈子，转了一圈再回到隔壁村时，看到村口几十具老百姓的尸体血淋淋地倒在地上，村里的好东西全被抢走了，带不走的也被烧光了。

那段时间，为了减少群众伤亡，八路军部队带着群众在山区转移兜圈子，迷惑日本鬼子。“敌人在山脚，我们就上山顶。敌人上山顶，我们就下山腰，同他们转圈捉迷藏。”他说，个把月的时间，部队和老百姓兜兜转转，每天心里揪着过。虽然苦，但好歹也掩护老百姓进行了转移，让伤亡人数降到了最低。

沙河埋伏战，灭了整个日军中队

1943 年夏天，东海军区独立团派出两支部队攻打山东省牟平县水道镇的日军据点，这个据点有 3 座炮楼，日军苦心经营多年，部署严密。王祖学所在的营负责在沙河两岸阻击来援的敌军。战斗打响后，一个日军中队和部分伪军一起从牟平县城出来增援，经过沙河埋伏点时，王祖学所在的部队喊话："我们是中国人，中国人不打中国人。我们要打的是日本鬼子，识相的你们就走。"刚喊完话，伪军们就个个低头，逃之夭夭，只剩下几十个日本兵。

埋伏部队仿佛从地下冒出来一般，向这些日军发起了猛攻。日军猝不及防，死伤惨重。王祖学所在部队的战士们端起上了刺刀的步枪发起冲锋，和敌人展开激烈的白刃战。

"当时，领导派我和另一个战士在山坡上守着，防止侧面被围。"王祖学说，他看到有两个日本兵脱了衣服，端着刺刀，沿着山沟冲上来，想要和八路军硬碰硬。王祖学朝他们开了一枪，和战友端着枪迎了上去。他正好有颗手榴弹，朝敌人扔了过去，两个日本兵掉头就跑。"我那时候才 15 岁，也不知道为什么胆子这么大。"王祖学说，他回头一看，才发现战友倒在地上，不知道什么时候牺牲了。"这场战斗，我们歼灭了敌人一个中队，只有两三个敌人逃跑。”王祖学说。

因为表现出色，1944 年下半年，王祖学被调往东海军分区司令部当警卫员，布防在山东威海。

1945 年 8 月 15 日，日本宣布无条件投降，他所在的部队正在烟台。听到这个消息，全军上下的战士都打心底里高兴，各连队纷纷开会庆祝。“抗战胜利是我们用血换来的，这也是正义的力量！”王祖学说。

（记者　胡敏霞　实习生　叶宋楠）

抗战老兵申开浩：17岁就扛枪打日寇

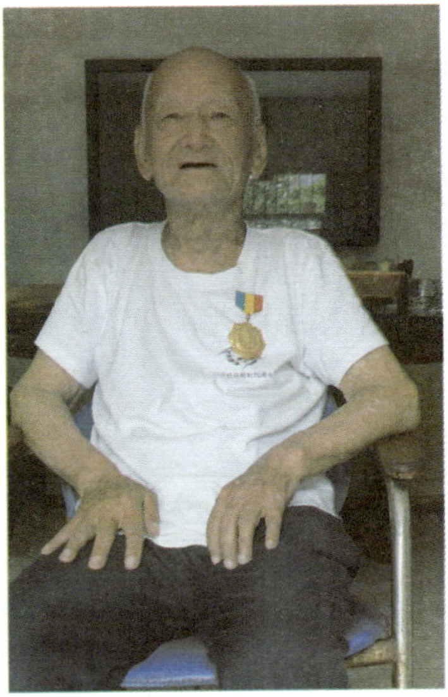

在纪念抗战胜利70周年的阅兵仪式上，抗战老兵们的出现感动了所有人。虽然硝烟弥漫的战争岁月已经远去，但国家需要英雄，老兵不能被遗忘。在安地镇安地村也有一位老兵申开浩，现已92岁高龄，他曾浴血抗日战场，用青春和热血誓死保家卫国。日前，记者心怀崇敬之情，走近这位抗战老兵，聆听他当年的抗战故事。

17岁就加入了抗日队伍

来到安地镇安地村，申开浩的女儿已早早地等候在路边，在她的带领下，记者走到了他们的家门前。这是一座普通的老式居民房，门口两边种着很多花花草草，给陈旧的房屋增添了一抹亮色。步入客厅，能看见屋里摆放着简陋的家具，一旁坐在凳子上的老人见到有客人来，缓缓地起身招呼我们坐了下来。眼前的这位老人就是申开浩，当记者说明来意后，申开浩顿时提起精神，回忆起当年的抗战岁月。

出生于1924年的申开浩从小家境贫寒，7岁时就失去了父亲。说起去世的父亲，申开浩几次潸然泪下。申开浩说，当年，父亲申继善是南京的大学毕业生，很早就参加了地下革命工作，回家后，被当地的乡长派凶手暗杀。解放后，上级部门曾多次派人调查父亲申继善参加地下革命工作的事迹，但存放在家里的父亲的大学毕业证及有关档案，因一次火灾而被全部烧毁，上级部门的调查也就无从着手了。

后来，因为家里生活困难，申开浩直到10岁时才在设在安地村祠堂里的免费小学上学。读了两年书后，13岁的申开浩就到白龙桥叶店的一家杂货店当了三年学徒。全面抗日战争爆发后，当时的县政府抽壮丁，兄弟五个抽两个，兄弟三个抽一个，有钱的人家就出钱买壮丁，所以，抽去的都是穷苦人家的壮丁。

申开浩回忆说，1941年，他刚满17岁，就自愿报名参军了，加入的部队是四十九军二十六师七十六团的搜索队，相当于现在的侦察连，记得军长是王铁汉，排长叫李治明。他是一个新兵，后来才当上二等兵，只知道班长、排长，连以上的长官就不知道了。“当时，在安地村的一个祠堂里， 四十九军二十六师的长官用四川话问，有没有人愿意到部队去，我举手说我去，就被长官带走了。经过短期训练后，我被分配到部队，我所在的搜索队就我一个金华人，其他都是四川人。”申开浩说。

跟着四川老兵，他学了不少打鬼子的本领

据有关资料记载，二十六师来自川军第四十三军。四十三军出川时只辖一个二十六师，因此这支部队习惯上就被称为二十六师。1937 年 8 月，“淞沪战役”爆发。1937 年 9 月，二十六师从贵州独山等地出发，沿湘黔公路进入上海战场，是川军中紧接着杨森的 20 军进入上海战场的一支部队。该师于 10 月 17 日接防大场阵地与日军作战。

在大场一线战役中，该师浴血奋战七昼夜。战后全师仅幸存 600 余人，被调往江西湖口、彭泽地区进行休整。第二十六师成为“淞沪战役”参战的中国军队中战绩最优秀者之一。日军为之闻风丧胆，坦言“这是国民党旁系部队中最有战斗力的部队”。

1938 年秋，四十三军奉命守备马当长江防线时，部队再次遭受惨重伤亡。此次作战后，该军番号被撤销，只保留了第二十六师建制，改隶第四十九军。第二十六师师长为王克俊，七十六团团长为李佛态，七十七团团长为于丕富，七十八团团长为胡荡。

1941年，26师参加了上高会战，上高会战结束后，26师仍归建制，回到三战区，随四十九军驻防在浙东一带。

申开浩说，在搜索队当兵后，部队发给他1支汉阳造步枪、1把刺刀、100发子弹、4个手榴弹。日本鬼子的武器装备好，我们用手榴弹，他们用枪榴弹。我们用的汉阳造步枪根本没法和日本鬼子的三八步枪比，他们可以连续射击，而汉阳造步枪打一枪就要拉一下枪栓。

申开浩当兵后，就一边训练，一边打鬼子。早上跑步后，8点钟开始学打枪、投弹。那时候部队一天能吃三餐，都吃得饱。申开浩说，每天训练后的休息时间，就跟着老兵打草鞋，每个士兵穿的草鞋都是自己打的。

申开浩的战友都是四川人，对他很好。跟着四川老兵，他学了不少打鬼子的本领。“我看四川人打仗都挺有一套，有老兵和我说，有我们26师在，鬼子就不行。在训练我们时，长官特严厉，我感觉其他部队没有我们练得这么狠，一到了战场我才知道，鬼子枪法都很好，我们如果不练好了，一露头就会被打死。”申开浩说。

申开浩回想说：“当时我年纪小，只有17岁，四川的战友都是20多岁、30多岁的人，都说方言，我也不知道该怎么和他们搭话。平时跟他们学打枪、学编草鞋，一到打仗的时候，这些小个子的四川人很厉害，不怕死，冲得很猛。在他们的带动下，我的胆子也大起来了。”

打了一次漂亮的伏击仗，炸死日本鬼子四五十人

申开浩回忆说，参军以后，他跟着部队打了3次仗。第一仗在兰溪，当年二十六师七十六团驻防在兰溪，国民政府在此建立了兰溪飞机场。七十六团在兰溪南门飞机场附近的石港塘村驻有搜索队的一个排，申开浩就在这个排里。有一天下午，排长召集全排士兵说，我们得到情报，日本鬼子的一个中队（相当于一个连）要在今天晚上偷袭我们。晚饭吃好后，全排把行李放在住宿的地方，每个人上好刺刀，再发2个手榴弹（每个人共6个手榴弹）。鬼子有100多人，我们只有40多人。排长说要听命令，让打枪就打枪，让扔手榴弹就扔手榴弹。

夜幕降临后，排长就带着全排战士静悄悄地走出村子，来到鬼子的必经之路埋伏下来。排长命令全排战士打开手榴弹盖，做好战斗准备。

晚上9点钟，日本鬼子的一个中队100多人果然来偷袭了。他们排成战斗队形，向村中偷偷地摸来。当他们经过川军埋伏的道路时，全排战士默不作声，看着他们走过。鬼子以为搜索队还在村中，一冲进村子，机枪、手榴弹就响成一片，结果一个中国士兵也没有。鬼子扑了个空后，就准备撤回据点，在经过搜索队埋伏的地段时，排长发出了信号弹，全排战士马上连续向鬼子的队伍扔出了上百个手榴弹，顿时爆炸声响成一片，日本鬼子不知所措，被炸死

了四五十人，狼狈地逃回了据点，川军却无一人伤亡。回到村里后，村民听说中国军队打了大胜仗，兴高采烈，纷纷杀猪宰羊，抬着猪肉、鸡蛋，慰问士兵们。

申开浩说，第二次打鬼子是在兰溪的永昌。

据兰溪的有关资料记载，日军侵占兰溪县城以后，永昌一带就成了抗击日军的前沿阵地。当时二十六师七十六团的一个连就驻扎在畈口村附近一处山坡上的白鹤经堂内。还有一个营部也驻在那里，七十六团的团部驻在水亭。

申开浩说，一天黎明时分，哨兵在驻防所在村放哨时，听见两里远外的村子里有狗叫，因为哨兵的警惕性高，就马上报告了排长。排长立即集合队伍，准备战斗。只听见远处村里村民的呼救声、惨叫声不断，日本鬼子进村后，在村里抢劫财物、强奸妇女，无恶不作。排长马上带着队伍赶到附近的小山上，伏在小山上用机枪扫射鬼子，鬼子慌乱起来，听到枪声就跑了。

申开浩回忆说，第三次打日本鬼子是在衢州。

1942 年 4 月间，因美军杜立特尔机群轰炸了东京，轰炸后试图降落衢州机场。日军于是发动了以摧毁衢州、丽水、玉山等军事机场为主要目标的“浙赣战役”。 第二十六师师长王克俊、副师长曹天戈接到命令，与七十六团团长李佛态、七十七团团长于丕富、七十八团团长胡荡率部队在衢州抵御。

6 月 4 日，第二十六师曾与日军第三十二师团激战于衢州。后接到上级“避免在衢州作战”的命令，第二十六师担负了坚守江山、仙霞岭一线的作战任务。

8月中旬，浙赣线上的日军因兵力不足，处处挨打，无法困守漫长的浙赣铁路线。据史料记载，8月18日拂晓，第二十六师全线出击，一举攻克了沙溪，首战告捷。22日，第二十六师又攻克了玉山。紧接着，中国军队全面转入进攻，相继收复了衢州、龙游。

申开浩回忆说，那年，二十六师正在江西广丰县一带休整。上级命令二十六师连夜急行军赶到衢州，增援当地的守军。后来，二十六师步行100多里，在第二天上午从广丰县赶到了衢州。当他们到了衢州后，日本鬼子听说二十六师到了，就马上撤退了。当二十六师到达龙游时，兰溪的日军闻讯也撤退了。于是，二十六师七十六团到达兰溪后，就在兰溪的石龙头一带驻扎了下来。

1943年，申开浩19岁，在兰溪的石龙头驻防时，他向排长请假，要回家看看母亲。申开浩说，回到安地后，发现当时占据安地的日本鬼子都已经撤退了。回到家后，申开浩的母亲就不让他回部队。申开浩只好留了下来，在家里种田。解放以后，申开浩因为读过两年书，就在合作社当肥料经办人，参加过金温铁路的建设，当过大队会计，后结婚成家，有两个女儿、一个儿子，一家人互敬互爱，日子过得和和睦睦。

（记者　章一平　见习记者　邱　琪）

张云祥：加入抗日队伍，13 岁就当了儿童团的副团长

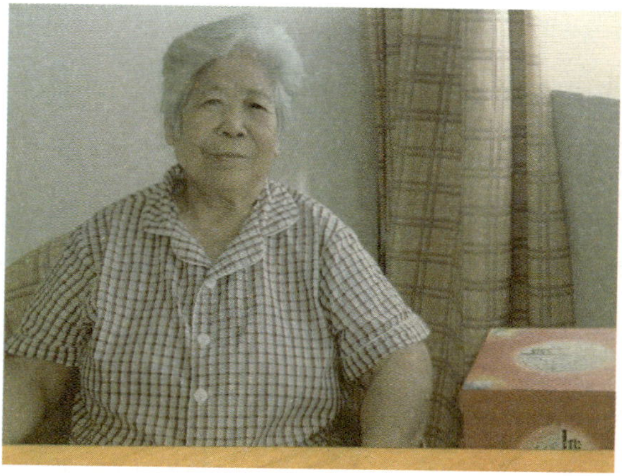

年幼时，她家庭贫困，母亲早逝，父亲常年在外从事党的地方工作。小小年纪就生活在炮火硝烟中的张云祥参加了儿童团，作为抗日队伍里的女先锋，她机灵懂事，有勇有谋，为党在地方的宣传工作作出了很大的贡献，也见证了抗日战争的胜利。如今，张云祥老人已经 88 岁，但身体硬朗，她向记者描述了当年的抗战经历。

日本鬼子惨无人道，男女老少都奋起抗日

1927 年 3 月，张云祥出生于山东省寿光县六区后李王村一个普

通的农民家庭，张云祥是家中长女，底下还有 1 个弟弟和 1 个妹妹。张云祥 6 岁时，母亲就去世了，她的父亲早年参加革命，于 1930 年加入了中国共产党，此后便长期在外地从事党的地方工作，很少回家。张云祥和弟弟、妹妹只好跟着四祖母，靠亲戚接济生活。虽然与父亲鲜少见面，但在父亲的教育和影响下，张云祥从小便拥有革命热情。

1937 年 7 月 7 日，卢沟桥事变爆发后，日军很快从河北侵入山东，寿光县城被日军占据，并在六区周边的重点集镇安上了据点。此后，日军经常到附近的村子扫荡，张云祥所在的村子虽然偏远却也没能幸免。

“我们村子地处平原，鬼子来了大家根本没有什么地方可以躲藏，东边追来我们就往西边跑，西边追来我们就往东边跑。实在没地方跑了，村子外面有个坟堆，时间长了，有些坟堆空了，我们就往里钻，我自己就钻过好几次。”张云祥说，“那时日子苦啊，很多时候村民们晚上只能睡在高粱地里。”

一次，日本鬼子又到村子扫荡，村里有个老奶奶，已经八九十岁，她的孙子参加抗日，常年不在家。老奶奶腿脚不便，每次鬼子来了，都是乡亲们抬着她一起逃跑。但是这天鬼子来了，老奶奶却说：“我一把年纪，这样太连累你们了，你们快走吧。”大家怎么劝都劝不动，只好留奶奶独自在家。谁也没想到，等他们回来，发现老奶奶竟被鬼子用一米长的木棍插入肛门致死。“日本鬼子太惨无人道了！到现在我都不太敢想那个画面！”张云祥怒道。

日军的暴行还不止这些，在一次扫荡中，有一个30多岁的男人被日本鬼子抓走了，“鬼子不把中国人当人看，拿中国人的生命开玩笑，那个男人后来耳朵被割掉了一块，脸上也给割了好几刀，掉下来的皮都挡住眼睛了。真是惨无人道啊！”张云祥激动地说。

自从经历过日军的暴行后，村子里的男女老少都开始奋起反抗。他们拿起镰刀、斧头、锄头、鸟枪、土炮……日常的生活工具变成了抵抗的武器。“那时候没有想过自己会怎么活下去，更没想到能过现在这样的好日子，脑子里只想着和日本鬼子拼命。”从那时候起，小小年纪的张云祥就萌发了抗日思想，坚决要把日本鬼子赶出中国。

加入儿童团，冒着生命危险做宣传工作

当时，寿光县六区没有日军驻扎，抗日政府活动相对活跃，后李王村也建立了各救会、妇女会、儿童团等抗日群众组织。抗日政府干部经常在后李王村附近一带活动，宣传发动群众抗日。10岁的张云祥就爱跟着他们，一起唱抗日歌曲。

“那时的我虽小，但经常跟着唱抗日歌曲，听干部讲抗日道理，现在想来，这些对我后来的成长进步都有着潜移默化的作用。”张云祥说。

1939年，13岁的张云祥，因为懂事、勤快，被村干部任命为后李王村儿童团的副团长。那时日军经常下乡扫荡，抗日政府号召坚

壁清野、抢收地里成熟的庄稼。张云祥就常常带着一帮孩子在村口、地边、小山包上站岗放哨，有时还要负责挖战壕、送子弹、送信。

1940 年秋天，张云祥被调到区里的各救会儿童团。之后不久，因为工作表现好，她被县里各救会负责人、抗日英雄马宝三的女儿马素玲推荐去敌占区的八区各救会工作。在八区工作期间，张云祥经历了两件让她至今难忘的惊险事件。

1941 年皖南事变发生后，寿光县抗日地方组织进一步加强了防范，并积极开展敌情调查工作。一日，张云祥跟着马桂丽大姐，来到八区的一个村庄，想向一个“堡垒户”了解顽军的动态以及当地群众的情况。那个“堡垒户”是个“白皮红心”，明着为日伪顽军办事，暗里却支持共产党的抗日武装。

那日，当马桂丽和张云祥来到保长家时，堂屋正坐着一个穿长袍、戴礼帽的男人，男人一见她俩进屋，就开始上下打量，看来不是个善类。“堡垒户”的妻子是个好人，怕张云祥她们露了馅，马上在一旁使眼色让她们快走。马大姐看出情况不对，灵机一动，就对女主人说：“我们是来做加工头发活的，你们这里有人要做么？”她还假装骂张云祥：“你这个死丫头，老是跟着我，烦死了！”女主人心领神会，马上说没有活做，赶紧把她俩送出了门外，说了一句：“屋里那个是国民党县党部的官员，还不快走。”

“现在想一想当时真的是险啊！”张云祥说。

还有一次，张云祥和一位叫宋喜的女同志一同出门，要去百姓家中居住。出门前，张云祥身上带着一份重要文件。她们走着走着，看到从不远处南河日军据点方向的小路上，走过来 20 多个拿着武器的便衣人员。她们以为这是日军的队伍，马上掉头就跑。见她俩跑了，身后传来一阵拉枪栓的声音，那群人呵斥道："什么人？站住！站住！"

"我们跑进一农户的院子里，什么都没想，把文件连同棉衣一起塞进高粱麦秆垛里。两个小孩哪里跑得快，回头一看，人家已经追到跟前，我当时就想，这次自己肯定没命了。"说到这，张云祥不自觉地流下眼泪，"现在想起来，还是很害怕。"还好只是虚惊一场，对方是区中队的，认出了她与同事宋喜。

1941 年 4 月，张云祥又返回村里，继续做儿童团的工作。

家里成了"堡垒户"，协助保管抗战物资

当时，寿光县有一位抗日英雄，名叫马宝三，他了解到张云祥的父亲是抗日政府干部，于是就将张云祥的家作为"堡垒户"，经常住在她的家里，商议一些抗日上的事。每次他们议事，张云祥就给他们站岗放哨，看张云祥机灵懂事，大家都笑称她是"红小鬼"。

1942 年秋，日军开始对后李王村进行扫荡，为了应对鬼子的扫荡，妥善保管准备支援部队的战斗物资，马宝三等抗日武装人员时常将部队武器装备分散到各"堡垒户"家中，之后再转移出去。当时，

张云祥家就是一个重要的站点，“那时候，窝藏武器要承担很大的风险，如果被鬼子发现了，就会性命不保。但是我和祖母二话不说就接受了各项任务。”当时，部队的兵工厂修枪械、造手榴弹等是分散在各个村里进行的，后李王村主要负责制造手榴弹和填装炸药。遇到险情，就需要分散收藏，张云祥和祖母就曾多次收藏手榴弹弹药和导火索。

一次，日本鬼子扫荡完后李王村就不走了，在六区也建了据点。抗日政府只好转入地下活动。当时，县委宣传部长何方明留在后李王村，白天搞宣传发动，晚上经常住在张云祥家里。每次何方明一来，张云祥就要出去站岗放哨。一日，张云祥正在村口放哨，发现南抬头村日伪据点方向，有一批鬼子过来，张云祥立即向何方明报告：“大叔，快爬后面窗子走！”何方明推开窗子看了看，说：“别急，看看鬼子到底什么行动。”后来发现，鬼子是往北羊头据点方向去的，一场虚惊，事后何方明还夸赞张云祥，说她警惕性高。

何方明住在张云祥家时，他的文件基本上都是交给张云祥保管的。张云祥从来没出过差错，不过枪的保管却出过一次问题。当时何方明将手枪交给张云祥保管，张云祥只知道越安全越好，就将手枪埋在了土里。后来手枪取出来时，已经生锈。“他握着手枪的手在发抖，心疼得不得了，我看着也心疼，当时这些武器是多么缺少啊！”这件事，张云祥至今都后悔不已。

融入革命大家庭，见证抗日的胜利

1944 年，在山东渤海专署工作的父亲，带着张云祥找到专署负责人李人锋，申请参加工作，李人锋让张云祥先去专署八大组实验学校学习，这是一所培养地方干部的学校，至此，张云祥正式参加了抗日队伍，那年，她 18 岁。

在学校，张云祥学习了文化知识、生产技能和如何开展抗日宣传工作。虽然环境艰苦，但她很知足，整天都乐哈哈的。1944 年下半年，日军扫荡到了学校所在地一带，为保存抗日有生力量，学校就地疏散。学员们疏散后，在专署及其八大组同志的领导下，积极投身地方的抗日救亡运动：搞宣传、搞募捐、搞发动。1945 年 4 月，张云祥被调到山东垦利县五区从事各救会工作。为庆祝八路军展开夏季攻势和解放山东利津城，五区和四分区宣传队一道，自编自演了庆祝节目，与群众联欢，并发动群众自愿参加八路军。

1945 年 8 月 15 日，这是一个令张云祥终身难忘的日子。接到上级通知，她和同伴去十几里外的一个村庄，参加县政府在那里召开的形势报告会。上午报告中提到苏联已对日宣战，日本鬼子的末日就要到来了，号召根据地的广大军民团结一致，坚决打败日本鬼子。下午2点左右，前方就传来捷报，说日本鬼子投降了，这个消息一宣布，整个会场一下子沸腾了，没等会议宣布结束，大家就一哄而散。认识的、不认识的，纷纷奔走相告。有的人大哭，有的人大笑，张云祥也是百感交集，几乎是一路小跑着回到区里，想赶紧告诉还不知道这个喜讯的人。“如今回忆起来，那一幕幕场景仿佛就在眼前，难以忘怀。”张云祥说。

日军投降后，张云祥立即转入“动参”工作。1949年，张云祥南下温州，在军管会担任妇女部副部长。1954年转业至宁波市公安局任治安科指导员、药行街派出所所长。1962年春，张云祥到金华公安局担任城西、城东派出所所长、指导员等职。直到1982年11月离休。

如今，张云祥已经88岁。每次想起那段“誓死不当亡国奴”的斗争岁月，总觉得热血沸腾。她说，如今自己特别珍惜现在的生活，也从小教育子女要和睦相处，他们一家，也年年被评为社区的和谐家庭。

（记者　郦　莎　见习记者　包蔚倩）

98岁的林希韫：在战火中出生入死救死扶伤

1918年出生的林希韫从小就受到父辈的影响，养成了坚韧的性格。1939年，21岁的林希韫便积极参加浙江省抗日战争自卫总司令部军医训练，毕业后在金华、丽水等战地医院医治伤员。抗战胜利后，曾在杭州和金华开设诊所。1958年，她进入金华市中医医院，一人创立西医科室，救死扶伤。

近日，记者来到婺城区旌孝街一幢颇有年份的筒子楼里，采访了已98岁高龄的抗战医师林希韫和她的儿子陈仲濂。陈仲濂告诉记者，自己从小就听着母亲的抗战故事长大，每每提起那段抗战岁月，母亲总是会有很多感慨。如今，林希韫年纪大了，能够记起的事情已经不多，但对于在烽火岁月中的抗战经历，老人却依稀还能记得些。

年轻时对白大褂情有独钟，努力学习考入军医训练班

林希辐出生于金华一个书香门第之家，受家庭环境的影响，她从小就很喜欢书法、音乐、美术。在那个“女子无才便是德”的年代，林希辐的太公却坚持让她去读书。17 岁的时候，她便去私塾当老师赚钱，帮着家里减轻负担。

在年轻的林希辐心里，一直对白大褂情有独钟。1937 年，卢沟桥事变后，中国抗日战争全面爆发。1938 年左右，全国战事吃紧，伤员数量不断增加，医护人员供不应求，当时的省主席黄绍竑亲自领导创办了浙江省战争自卫总司令部军医训练班，招募有志之士参加抗日救国运动。热爱卫生事业的林希辐毅然地参加了军医训练班的考核。

参加军医训练班的复习考试的那段时间对林希辐来说是一段艰苦而又难忘的日子。据林希辐老人回忆，当时来自浙江省各地区参加考试的有 200 多人，全部集中在一家教堂的一个房间里进行笔试。用心准备的林希辐每次考试都交头卷，次次都拿第一。让在场考试的考生们看得目瞪口呆，军医培训班的老师还要求其他考生以林希辐为榜样，向她学习。在一次考试作文中，林希辐吐露了自己的心声，她在作文中写道：“我一直很热爱医生这个职业，也很喜欢军医培训班这个地方，我已经把全部的心血都拿来考军医训练班，把这份热情都付诸于卷纸之上。”功夫不负有心人，最后，林希辐成为军

医培训班的一员。

在军医培训班里，林希韫结识了自己的丈夫——陈仕傑。两个满腔热血的年轻人便向上级要求去前线参加抗日救亡。

初生牛犊不怕虎，在抗战前线一路摸爬滚打

凭着这股热情，林希韫和陈仕傑一同被编入抗战医疗队，全身心投身于抗战救亡工作之中。在金华、义乌、丽水、宁波、温州等地区抢救伤员。“哪里伤员最多，战事最激烈就往哪赶。”陈仲濂回忆说。

对于20岁出头的小姑娘来说，在枪林弹雨中救助伤员，没有害怕是不可能的。陈仲濂说：“母亲记忆还清晰的时候，曾经提起过，说自己刚到前线救援时，被在战场上受伤的伤员吓得把体温计都给抖碎了。”但是无情的战争，与日俱增的伤员没有时间让林希韫去畏惧，去慢慢适应，她只能坚强起来才能救助更多的伤员。

在抗战的过程中，林希韫和陈仕傑结婚了。婚后产下长子陈复兴，但由于当时生活条件艰苦，当军医要四处奔波，无法照顾孩子，在事业和孩子之间，林希韫选择了抗日救亡，将大儿子送到丽水的一户农家收养，之后便失去了音讯。陈仲濂说：“许多年以后，我带着母亲到丽水一带去找过哥哥，但始终都找不到。”

“母亲记忆还清晰的时候，提起自己和队友曾帮助一位四肢被

炸飞的中国军队的伤员找寻肢体的事。当时母亲所在的救护队不仅负责抢救抗日部队的伤员，还负责用担架抬伤员。有一次，一位伤员不幸被战场上的炮弹轰炸得只剩躯干，看着伤员奄奄一息的惨状，抱着让伤员“死有全尸”的信念，母亲便和其他几名女救护员一起去寻找被炸飞的四肢。最后在不远处的一棵大树上找到了四肢，母亲爬上树枝小心翼翼地将四肢从树上取下来。”陈仲濂回忆说。无情的战争摧残着年轻的生命和美好的家园，这场残酷的战争也考验着林希韫和她的战友们。

日军烧杀抢掠强奸妇女，恶行罄竹难书

“对于日本鬼子的恶行，母亲经常会重复很多遍，她说日本鬼子烧杀抢掠无恶不作。”陈仲濂说。一次，林希韫一行救护队员，在山坡的树丛中躲避时，看见了日本鬼子对手无寸铁的村民进行摧残。“当时，我母亲看见一群日军禽兽般地轮奸一位产妇，还残忍地用刺刀捅进产妇大大的肚子中，将未出世的孩子也一起杀死，一尸两命。”

一路实行“三光政策”的日军，看见妇女就奸淫，看到村庄就烧屋劫财，看到猪牛羊、鸡鸭就抢，吃光村民所剩不多的粮食还不算，日军竟往饭锅内大小便再逼着村民把这些东西咽进肚子里。“当时的鬼子真是惨无人道，什么都做得出来！”陈仲濂在回忆母亲救

亡时看见的景象感叹道。

1945年，抗战胜利以后，林希韫和丈夫陈世傑均有机会从政，但是林希韫没有这方面的志向。他们带着四个孩子回到金华，在小码头开设了一家诊所。1958年7月28日，林希韫在市中医医院创办了西医科，并成为了中医医院唯一的一位西医师。她白手起家，自己开方，自己诊疗，自己采购药品，里里外外一把手。她为救死扶伤的神圣事业艰苦奋斗了数十年，贡献了毕生精力，直至退休。

（记者 胡敏霞 实习生 叶宋楠）

抗战老兵陈福球：忘不了那年的高安血战

1917年出生的陈福球是一位曾经浴血奋战的抗战老兵，他曾当过侦察兵，参加过敢死队，在第一次长沙会战至关重要的高安战役中，他冲锋陷阵、九死一生。

他所在的第74军曾多次重创日军，战斗力非常强，装备也较好，是国民革命军的王牌之一。

日前，记者来到婺城区劳动小区，采访了现已98岁高龄的陈福球和他的养女陈宝香、养女婿陈锡范，听他们讲述当年的抗战故事。

被同伴带到祠堂，抓阄抽了壮丁

陈福球出生在东阳市六石街道石塔山村的一户普通农家，家中兄弟4人，他排行最小。父母以务农为生，一家人虽然生活条件拮据，但尽力培养陈福球读书。10岁那年，陈福球读完4年的初小后，到离家10里路的下衢高小读书。因回家不方便，平日里他吃住都在学校。通过2年的学习，陈福球顺利毕业。那时候，读完高小是件很不容易的事。毕业那天，学校里敲锣打鼓，将陈福球高小毕业的喜报送到了陈氏家族所在的堂屋里。

高小毕业以后，陈福球就在家务农。之后，十六七岁的他又跟着村里的一个老先生学周易八卦、学看相。据陈福球的养女陈宝香介绍，父亲看天气很准，以前村里的村民想知道第二天的天气情况都来问他，准确度很高。

1938年8月的一天，21岁的陈福球被村里的一个同伴约到村北岩头厅乘凉、玩耍，岩头厅是石塔山村的祠堂，两人嬉闹着跑进祠堂，却看到了村里的保长陈九球，几个穿着黄军装的人，还有陈福球的一个师兄弟。过了几分钟，那同伴就趁机溜走了，原来是保长指派他下的套。

当陈福球和他的师兄弟不知所措时，保长开口说道："你们家中兄弟4个，必须有人去当兵，你既然来了就抓个阄吧。"并说陈福球和师兄弟两人当中必须有一个要去当兵。说完，他们拿了两张纸条，让两人各抓一张，抓到"兵"字就要去当兵。其中一个长官模样的人指定让陈福球先抓，陈福球抓了一张纸条，打开后看见纸上写了一个"兵"字。那个师兄弟舒了一口气，安慰了他几句就走了。

直到后来，陈福球才知道，两张纸上写的都是“兵”字，只不过师兄弟的身材瘦小，自己强壮高大，才被指定先抓阄了。

当天下午 3 时，陈福球被带到了东阳城里，从此踏上了艰苦的从军之路。从石塔山村走到东阳城有 15 公里，走路需要 3 个小时。当他走到东阳城里时，天已经很黑了，只能睡在县城的一个警察所里，将两张长凳拼起来当床休息。由于条件太差，蚊子特别多，陈福球一宿都没休息好。

第二天一早，陈福球去吃饭时看到了从东阳其他地方被抓来的一百多名壮丁。在部队长官和老兵的带领下，大家一起走路到了义乌，然后在义乌上了火车。火车到金华后，他们再走路到了汤溪。为了防止有人逃跑，壮丁们被关在汤溪派溪童村的一座祠堂里。

第二天一早，壮丁们被安排坐上了去江西的火车，当火车开到江山、玉山交界的地方时，天空忽然传来了飞机的轰鸣声，大家瞬间明白，这是日本鬼子的飞机来了。日本鬼子的飞机当场投下了许多炸弹，四周的山上发出了巨大的爆炸声，火车司机一看情况危急，驾驶着火车头就跑了，只留下运兵的火车车厢停留在原地。在每个车厢带队老兵的带领下，大家纷纷钻到车厢底下，躲避日本鬼子飞机的轰炸。当时火车上还有一些军马，陈福球亲眼看到，一匹军马受到惊吓乱跑，结果被炸弹炸得飞了起来，当场就炸死了。还好铁轨和火车车厢都没被日本鬼子投下的炸弹炸到，大多数炸弹落在了铁道两旁的山上，陈福球他们才躲过了一劫。

加入敢死队，炸掉日本鬼子的一个军火库

过了几个小时，日本鬼子飞机飞走了，火车司机又将火车头开了回来，接上了运兵的车厢。随后，接应的部队将大家接到了高安附近一个地方。在那里，陈福球和其他人报到后，换上了一身黄军装。陈福球说，之后，大家再次被安排上了火车，火车一直开到了湖南的洞庭湖边。原来那边有一个新兵训练基地，有成千上万的新兵在那里进行训练。

新兵的军事训练为期 6 个月。在这期间，陈福球每天早上除了基本的队列训练外，还有步兵操练课，到了晚上还有理论课。训练非常严格。越恶劣的天气越要训练，下雨天也要在烂泥里练习滚爬。后来，教官教新兵们打枪，并告诫他们，枪是军人的第一生命，在战场上，人在枪在，枪绝不能丢。教官们还告诫新兵们，上了战场，怕死的就一定会死，只有不怕死的，才能活下来。

很快，6 个月的军事训练结束了，新兵们分别被补充到各个部队。陈福球被编入七十四军五十八师二四四团二营二连。陈福球回忆说，七十四军当时的军长为俞济时，团长是蔡仁杰，营长是王宽，连长是朱云舟（四川人），班长是个兰溪人，名字记不得了。

进入七十四军五十八师二四四团二营二连当步兵以后，部队给陈福球配备了一支七九式步枪（中正式），4 个手榴弹和 200 发子弹。

起初，陈福球被分到了步兵班，有一次集会上，连长问：“有

没有高小毕业的，请举手。”全连100多人，只有陈福球和另一个人举手，因为有文化，集会结束后，陈福球就被调到连部当文书去了。

3个月之后，陈福球又当了一段时间的侦察兵，专门深入敌后侦察敌情。有一次，在高安附近一个小山坳里，他们发现日本鬼子在这里频繁出入，怀疑是个日本鬼子的据点。摸清情况后才知道，原来这里是鬼子的一个小型军火库。

得知以上情报后，团部决定，抽调精兵强将，组建一支敢死队，队长由一名连长担任，陈福球也参加了敢死队。

敢死队组建后，马上就展开了行动。当敢死队悄悄摸到日军军火库附近时，由于情况不明，连长派出一支小分队前去探路。结果小分队的战士们一进入山口，远处突然飞来一梭梭子弹，一下子被打倒了几个人，连领头的班长都挂了彩。

剩下的人急急忙忙退了回来。但观察周围，根本没发现鬼子的碉堡和暗哨。连长说："有问题。"于是他亲自带人到现场观察敌情，终于发现了其中的秘密：原来，鬼子在几棵大树上架设了两挺轻机枪。他们借助茂盛的树叶，把敢死队打了个措手不及。于是连长集中火力，朝树上一通扫射。果然，树上应声跌下来几个鬼子。

敢死队乘胜追击，接连突破了鬼子的第二道和第三道防线，全歼了防守军火库的日军，缴获了一批军火、粮食和许多物资。

胜利归来后，上级长官非常高兴，说是要嘉奖整个敢死队，设宴招待了全体敢死队员，还奖赏了敢死队队员每人2块大洋。

在高安战役中，全团大部分人战死，只剩下40多人

1939年，高安被日本鬼子侵占后，当年的八九月份，部队紧张地修筑工事，进行夺回高安的战斗准备。

大战在即，在这期间，团部每天都要开早会。由于部队驻地分散，陈福球每天早上要跑10里路，和各驻地的代表到团部听蔡仁杰团长训话。

有一天，有一个东阳老乡陈德庆来找陈福球。他比陈德庆大四五岁，军校毕业后，被分配到五十八师二四三团三营八连任连长。他知道陈福球在二四四团，专门跑来看望陈福球。结果那天陈福球不在，他就留了一封信给陈福球，信中说以后如有可能的话，他就把陈福球调到二四三团他所在的这个连队来，叫陈福球打完这场仗再去找他。

没想到，从那之后，陈福球再也没有见过陈德庆。几十年过后，陈福球在一本抗日阵亡将士名录上找到了他的名字。原来在高安战役中，他战死了。

收复高安之仗打响后，陈福球所在的二连也是冲锋陷阵的那一批，当时每个班都有一挺轻机枪，他被分在一个轻机枪小组里，组里有一名机枪手、一名副机枪手，陈福球和另一名战友严有田负责掩护轻机枪手们，在他们的后面，则是迫击炮连。

陈福球他们这个轻机枪小组冒着枪林弹雨到达指定地点后，架

好机枪，就朝着高安城里的鬼子猛烈开火。没过多久，机枪手就被打死了，副机枪手赶紧接过机枪，继续射击。过了一会，在另一侧掩护的严有田也中弹倒下。这个轻机枪小组就剩下陈福球和副机枪手两个人在向鬼子射击。

突然，日军的一发炮弹落在了他们身边，陈福球被震耳欲聋的爆炸声震晕了。他醒过来的时候，已经是第二天了。有个战友把陈福球从泥土里拉出来后，也被一颗流弹击中倒下了。

陈福球抬起头，只见阵地上全都是战友们的尸体，他们这个轻机枪小组，只有陈福球还活着。

过了一段时间，陈福球渐渐清醒后，就向阵地后方走去，一路上陆续遇上团里一些幸存的战友。一个团部的长官把陈福球他们集中起来，带到一个安全的地方。陈福球数了数，全团 1000 多人，现在只剩下 40 多人了。

跟着老乡李成梁征兵、收粮，抗战胜利后回到家乡

在这一仗中，二四四团的营长、连长、排长都牺牲了，建制已经被打乱。管生活的指导员带着他们，休养了 40 多天。后来，陈福球他们这些剩下的人，被安排了其他工作。

1939 年 10 月，第一次长沙会战打响后，前线战事激烈，急需补充兵员。陈福球他们 4 个士兵跟着一个长官，去江西省贵溪县接

新兵。结果到了贵溪县，一个兵都没接到。过年后，他们又来到余江县，总算接到了100多个新兵，并奉命护送他们去洞庭湖进行训练。

回部队交差后，没过几天，他们就接到一项新任务，让陈福球他们到广西壮族自治区柳州市报到。到了柳州市后，上级把陈福球等四五个人分为一组，派到云南省文山县收集军粮。带领他们的长官是东阳的老乡，是李宅村人，名叫李成梁。他是黄埔军校的毕业生。

陈福球从事了近三年的征粮工作。那时，陈福球也已二十五六岁了。因在老家已经定亲，李成梁多次向上级长官请假，要回东阳老家结婚，1943 年 4 月终于被上级批准。于是，李成梁让他作为勤务兵一起回到东阳，陈福球就答应了。

李成梁手里有一张黄埔军校的通行证，沿途能受到特殊照顾。从云南回家，得穿过五个省。许多地方还是日占区，他们就买了两套便衣，有车乘车无车步行。就这样走了一个多月，5月底才回到家乡。

在家待了一个月后，陈福球去看李成梁，问他还回不回部队了。李成梁对他说："我已经在东阳找到了新工作，就不回去了。从今天起，我已经不是你的长官了，你的事你自己打算吧！"

陈福球于是决定留在老家照顾母亲。因为在 1943 年 6 月，陈福球的老家石塔山村还是沦陷区，陈福球就跑到诸暨做起了"货郎担"生意。直到 1945 年抗日战争胜利后，他才回到家中，以务农为生。

（记者　章一平　见习记者　邱　琪）

长山乡思村：日本鬼子的罪行罄竹难书

在婺城区长山乡，有一个地处山区的小村庄名叫思村，村里仅有280余人，世代过着男耕女织的生活。谁曾想，在1943年的农历六月初六，村民们原本安稳的田园生活却被战争打破了，那一天全村的房屋除了一间香火厅外都被日军一把火烧得一干二净，日本鬼子在村中奸淫掳掠，村民们也因此流离失所、妻离子散。

香火厅也成为了村里唯一存在的建筑物

近日，记者走进了长山乡思村，听听那年亲身经历过的老人们诉说日本鬼子的罪行。

1943年的六月初六，日本鬼子闯进了小山村

刚到长山乡思村时，思村村民詹汝金便告诉了记者他记忆中的“六月初六”。詹汝金今年53岁，虽然1943年他并没有出生，但他告诉记者在抗日战争结束后，每回村里开村民大会时，村里的老人们总是会告诉他们事情发生的起因经过结果，就是为了让他们不忘日本鬼子的罪行。“开会的时候，老人们说起当年的事情都会泣不成声，这也让我们这一辈人更加难以忘却。”詹汝金说。

“1943年的六月初六，天还没亮，村民们都已经陆续起床，远处看村里是一番炊烟袅袅的景象。在村口有两棵大樟树，树下则有两名游击队的士兵正在站岗，谁知这时候两声枪响，两名士兵随之便倒在了地上。村民们惊慌失措，大家都一块儿跑往村子的后山上，随后日本鬼子便上来搜山了。那一次死了许多村民，存活下来的也只能躲的躲、逃的逃，村里的房屋也被日本鬼子放火烧个精光，村子也因此变得七零八落。”在长山乡思村，说起72年前的“六月初六”，村中的老人们都记忆犹新。

詹汝金的奶奶名叫徐阿芝，在那天同样也经历了生死一瞬间的时刻。在日本鬼子知道思村之前，有一批逃难的人正巧经过，其中一个远房亲戚就把身上带着的7块大洋交给了徐阿芝。在日本鬼子进村后，徐阿芝便把这几块大洋带到山上，藏到了石缝里。正巧日本鬼子开始搜山发现后便抢了过去，徐阿芝便央求他们把钱还给她，

没想到日本鬼子拔出刺刀架在了她的肩膀上，最后命虽然保住了，但钱还是被抢走了。

3位老人从左往右分别为：李金水、詹金铨、詹荣贵

詹根土是徐阿芝的小叔子，在日本鬼子进村的那天，日本鬼子逼迫村民们挑担子运送物资，他因为身体不适挑不了，日本鬼子的刀便一下砍在了他的脖子上，刀从后颈一直划到了胸前。随后詹根土便倒在了门槛上，日本鬼子见状又接连砍了两刀才作罢，以为他没气了就把“尸体”扔在了门前的小溪里。一直到太阳落山，徐阿芝走到小溪边准备将其善后，听到了詹根土细微的呼吸声，这才知道后来砍的两刀原来都砍在了门槛上。

徐阿芝把詹根土背到山上后，因为村里的房屋全部被烧毁，没有吃的，也没有用的，更加没有条件治病。徐阿芝便想了一个办法：把头发烧成灰和着菜油敷在伤口上。没想到詹根土就这样存活了下来，一直到前些年80多岁的时候才去世。

看到村民逃跑就开枪

詹金铨今年84岁，日本鬼子进村那年他才11岁。在他的记忆里，以前的村里一派祥和安宁，村子周围古木参天，从山上都看不出中间还有一个村子。在日本鬼子进村的前半个月，村里来了一批人，把周围5个乡的联合办事处放在了思村，思村也成为了人们眼中的“抗日根据地”，前前后后也有许多村民开了小店经营小本生意。过了一个星期，沪淞会战中失去亲人的小孩子，也就是上海少儿难民营的100多个小孩子也被安置在了思村，因此村口还有游击队派出的两名士兵把守，所有人都觉得思村四面环山，比较隐蔽，可以说是大家的世外桃源了。

但是，1943年的六月初六，日本鬼子还是进村了。枪响过后，因为地势比较低平，村民们都一窝蜂跑往后山。后山被当地人称为梧桐皮山。在逃跑过程中，老百姓和部队官兵们混在了一起，其中除了有一个连的游击队之外还有国民党部队。逃跑的过程中只听见一名连长吼着：“没枪的老百姓赶快逃，有枪的士兵们先打几枪抵抗一下。”许多村民都看到，对面不远处的山上，日本鬼子一只脚跪在地上打枪，枪法准得不得了。

詹金铨的父亲背着被褥带着他准备逃出村，发现村口站着日本鬼子，看到有村民逃跑就用枪杆打人，詹金铨的父亲逃到了山上，詹金铨因为走散便躲在了小溪中的桥洞里。“躲在桥洞之后，听到上方有枪声，抬头一看全都是日本鬼子，看见有村民逃跑就开枪，见一个打一个。”詹金铨说，“有一个村民叫余秀音，抱着她的孩子准备逃跑时被看到了，孩子被抢走后自己也被刺刀刺死了。”日本鬼子撤退后，詹金铨出去一看，村口横七竖八地躺着许多尸体，有大人也有小孩。

日本鬼子进村时，不光有村民受害，上海少儿难民营的孩子们也深受其害。原本想待在思村过一段安稳生活的孩子们那一天都各自失去了联系，有些孩子被打死了，有些孩子失踪了，有些孩子走散了。其中跟着孩子们一起的还有2个带队的女孩，被日本鬼子看到后也难逃此劫，被他们强奸过后扔在了村里的小溪中。

整个村子只剩下一间房

詹荣贵今年83岁，那天，他也跟着其他村民们一起逃亡到后山。在后山的竹林里，正对面有一棵几个人都抱不过来的大树，但是树却是空心的。日本人追到大树跟前，怀疑树里藏着抗日分子，便想了一个计谋：用火烧。没过一会儿，大火连绵，整个村子都被笼罩在火光之中。大树被烧着了树干后向一边倒去，正好倒在了村里的香火厅上，把火压灭了，因此香火厅也成为了村里唯一幸存的建筑物。

在日本鬼子撤退后，村民们查出了日本鬼子进村的原因：原来有两个汉奸把他们带到村子上方的毛竹山上扎营。“在日本鬼子走后，因为村民的衣服都被烧得破破烂烂的，有村民就发现在那两个汉奸的衣领内有一串编码，这才知道原来他们是汉奸。在进村之前，那两个汉奸就在对面山上观察了村子三天三夜后才动手。被发现后，村民们就在后山挖了一个洞，让两个汉奸自己走进去，随后把他们活埋了。”詹荣贵告诉记者，“在抗日战争胜利后，有一回我去后山上捡柴，都还看到过两副骷髅。”

李金水今年77岁，当年日本鬼子进村时他才4岁，他告诉记者，他只依稀记得那年他的奶奶90岁，听到日本鬼子来了马上就抱起他逃跑，他还有个姐姐却被留在了家中。“逃到山上后，我们藏也是要有方法的，不能藏在最高或最低的地方，要藏就往中间藏。”李金水说。

没有房屋遮风避雨，村民们就把山上的树砍了，用三棵树干搭成基本的架子，其他的用草堆建成一个简易棚，五六个人同睡一间房;没有吃的，村民们挖山上的野菜吃，实在没有就吃稻谷烧剩下的炭。那天过后，村里就有村民陆陆续续开始生病，脚上开始一点一点腐烂，伤势较轻的过几年就好了，比较严重的直到这几年才被医好，一直到现在村里还有一个村民还深受烂脚病的困扰。就这样，长山乡思村的村民一直相互扶持到现在，一代接着一代。

在整个村子里只要问起1943年的“六月初六”，村民们都能说出那天发生的事情。在村子的礼堂里留有 1988 年金华县政府颁发的“革命老根据地”的牌子；村民家中留有当年被火烧过的房梁；进村沿途的山上还有当初日本鬼子作战挖的战壕……种种遗迹都让村民们忘不了日本鬼子的罪行。

（记者　苏晓婕）

八旬老人王仁寿：日本鬼子炸死了我的父亲

今年 84 岁的王仁寿，虽不曾上战场与日军殊死搏斗，却是抗日战争的亲历者。他的父亲，当年也死在日军的屠刀之下。日前，记者拜访了王仁寿，听他说说那段难忘的岁月。

年仅 6 岁，他就失去了父亲

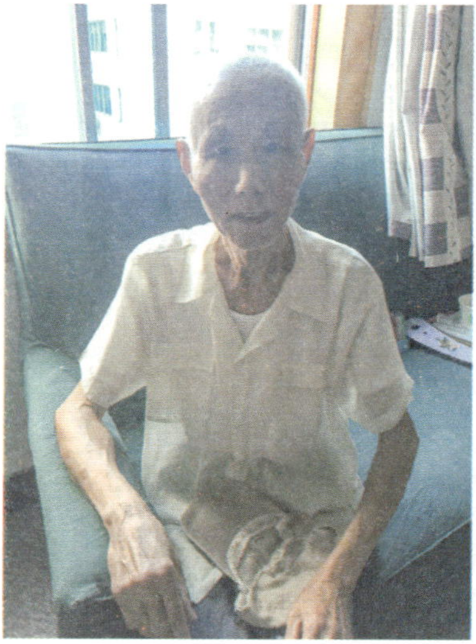

1932 年，王仁寿出生于兰溪市区。他的父亲是米行职工，母亲是全职太太，家里除了他，还有一个姐姐、一个弟弟。因为父亲的收入比较稳定，在当时来说，王仁寿一家的生活还算可以。

1937 年 3 月，春节过后没多久，日军的飞机就开始在兰溪上空盘旋。来回几次虽未见轰炸，却弄得兰溪城内人心惶惶。王仁寿回忆道："每次飞机一来，城内都会拉响警报，警报一响，所有人都不敢出门。"一日，日军的飞机又飞到了兰溪城内上空，随着刺耳的警报声响起，百姓们纷纷躲进了家中。那日，王仁寿的父亲正在米行上班。当时，米行内来了一位丽水客人，不顾警告，执意要去外面买洋油（即煤油）。洋油店在兰溪城西门，米行在兰溪城南门，两店相隔有一定距离，见苦劝无果，米行老板就点名让王仁寿的父亲陪着丽水客人一同出门买油。王仁寿的父亲虽知道外面十分危险，但作为职工，他不敢违背老板的意思，只好硬着头皮陪丽水客人出了门。

谁知，两个人刚走出米行十几个店面的距离，就看到日军的飞机在他们头顶盘旋。丽水客人见势不妙，提出要到山上躲避敌机，随即和王仁寿的父亲逃到附近的大云山南侧，可当他们到达山顶时，敌机早已飞到了那里。俩人只得一路狂奔，又从大云山北侧逃下山，刚跑到桃花坞本保亭，日军的飞机就投下了一颗炸弹，随着"嘭"的一声巨响，本保亭瞬间化为乌有，躲在本保亭附近的丽水客人和王仁寿的父亲也被弹片炸伤，王仁寿父亲的双手及手腕、右腿多处被炸弹的碎片击中，浑身是血。丽水客人的臀部也有一处中弹。事后，兰溪赵玉方医院的赵玉方医生带着医护人员赶到现场抢救，但由于王仁寿父亲伤势过重，后又被转入兰溪杨绍青云山医院救治。

等到一家人得知噩耗赶到医院时，父亲已经昏迷在床，神志不清。“医生说，这个弹片不是一般的弹片，日本人在炸弹上都擦了剧毒，父亲已经无药可救。听了这话，我们全家人有如晴天霹雳。”后来，不到两天，王仁寿的父亲便因毒气攻心，不治而亡。那位丽水客人回丽水之后不久，也辞世了。

“当时我年仅 6 岁，母亲正怀着妹妹，父亲的死，对我们的打击很大，我对日本人的恨真是不共戴天。”父亲死后，米行老板只赔了些工资，根本不足以维持一家人的开销，王仁寿家的生活也一落千丈，平日里，就靠母亲缝衣补鞋和亲戚接济过活。

烽火岁月，他们艰难求生

1937 年 7 月 7 日的卢沟桥事变，拉开了日军全面侵华的序幕。兰溪城内日军飞机、炸弹、燃烧弹狂轰滥炸，楼毁人亡，哀鸿遍地。

1942 年 5 月 28 日，兰溪沦陷。兰溪城东门成为日军的司令部大门，一众爱国人士也死在了日军的屠刀下。随着战事吃紧，母亲带着王仁寿姐弟，准备逃到娘家朱山村避难。那天上午时分，当他们一家逃到山中时，恰巧遇上国民党军队与浦江方向的日军在山上交战。日军用的都是“开花弹”，一打中就必死无疑，国民党军队的武器比日军差，也没有炸弹，在日军一阵密集的机枪、大炮扫射下，很快就败下阵来。

“要是日寇打赢了，我们大家都得死。”乡亲们见情况越来越不利，只得硬着头皮在枪林弹雨中穿梭，想着能逃多远是多远。后来，大家逃到了一个破庙里，才躲过了日军的追杀。

“等外面平息了，我们才敢回村子，可村子早已一片狼藉。”王仁寿说，那天，当他们逃到朱山村时，只见村里所有的鸡、鸭、猪已被日军杀死，好的猪腿肉都被割走，猪头、猪脚、内脏等污物散落一地，锅里、米缸里还被拉了大便，“鬼子把能抢走的东西都抢走了，抢不走的就打砸烧，不给老百姓留一点活路。”王仁寿气愤道。

眼见朱山村是没法住了，母亲带着王仁寿他们又逃到了外公的老家。之后，王仁寿的妹妹出生了，因为无力抚养，妹妹被母亲送给了一个农户，从此失去了音讯。“妹妹离开后，我去给富农家放牛，书也没得念，生活很是凄苦。”那时，虽然一家人都住在偏僻贫瘠的山区，很少有日军来扫荡，但时不时还能从外面传回来一些日军残酷虐待中国人的暴行的消息，王仁寿就曾听说过这样一件事：一日，在汉奸的告密下，日军在兰溪城一座庙内抓到了国民党军队的士兵五六十人，日军用铁丝将这些士兵的鼻子串起来，一排二三十人，共串了3排，牵到了日军司令部一一处死。

王仁寿说，日本鬼子诡计多端，下乡扫荡神出鬼没，特别是阴雨天，他们都穿便衣、蓑衣，不细看根本与中国人无异，他们一进村，见到青壮年便抓，见到妇女便强奸，王仁寿就曾亲眼看到过日本人对一个妇女进行轮奸。“鬼子走后，那个妇女就疯了。就算那些被强奸后没疯的妇女，想嫁人也嫁不掉了。”一次，王仁寿要去兰溪城办事，刚进城没走几步，就被几个日本人叫住，“当时武义有个萤石矿，日本人经常会抓壮丁去那里挖矿，大部分人去了以后便再也没有回来，没想到他们连我一个十几岁的孩子都不放过。”心下觉得不妙，王仁寿赶紧撒腿就跑，直到跑出城区几里外，才敢停下脚步。

1945年5月6日，沦陷了3年多的兰溪终于解放。同年8月15日，日本宣布无条件投降。带着抗战胜利的喜悦，王仁寿一家终于回到了兰溪，过上了安稳的日子。“回到兰溪后，我读了2年高小，之后到米行做了3年的学徒，便留在米行工作。”1963年8月，王仁寿因研究出“优质高产低成本”的大米广受好评，并作为代表在北京全国大会上发言，之后，他一直在粮食局勤恳工作，默默耕耘。直到1992年从金华县粮食局退休。

（记者　郦　莎）

罗芳桥：难忘如水禅寺惨案

1942 年 5 月 24 日，浙赣战役打响后，在金华沦陷的前夜，从武义迂回进攻金华的日军，包围了雅畈镇罗芳桥村，将转移此地的金华地方法院院长陆宝铎与其他 17 名司法人员残忍杀害。这就是“罗芳桥惨案”。

日前，记者再次来到雅畈镇罗芳桥村，在村里小溪边的一间老屋里，采访了该村最年长的老人、今年已 94 岁的胡开仁。

日军从武义迂回偷袭罗芳桥村

胡开仁回忆说，他在金华读完高小后，就到武义的一所农校就读。这是一所农业职业学校，半天劳动，半天上课。后来因身体不好，就转到武义简师就读。到了第二年，他简师还没毕业，由于日本鬼子入侵，学校在迁移后停办，他只好回到了罗芳桥村。

1942 年 5 月，浙赣战役开始后，日军向金华、衢州一带发动了进攻。那年，胡开仁正好 20 岁。胡开仁说，罗芳桥村以前有座寺庙，当地人称之为经堂。后来扩大后改名为如水禅寺，有二进房屋，寺边还有配房和菜地。第一进供奉的是罗汉，第二进供奉的是观音菩萨。寺里原先有一个大和尚，一个小和尚，还有

如水禅寺旧址

大和尚的母亲和一个烧饭的妇女。这名妇女是村民小奶的老婆，因丈夫去世后无依无靠，大和尚便叫她到寺里烧饭并照顾他的母亲。

据浙师大硕士生导师龚剑锋说，当时战火连天，不少地方沦陷，许多政府机关都迁到农村避难。

由于罗芳桥交通比较便利，可以通往武义、金华、衢州等地。1942 年 5 月 19 日，当时金华的地方法院院长陆宝铎、检察官陶亚东、学习推检颜佩箴、书记官李聪谋，还有上海特区法院庭长吴廷棋、主任书记官吕世扬等人，带着行李、档案以及上海书局的部分图书，转移到了罗芳桥村。当时这些司法人员就在村里的如水禅

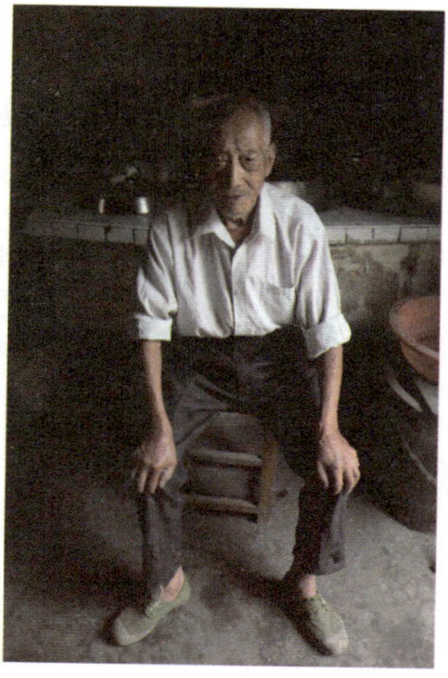

胡开仁老人

寺和胡氏宗祠里办公。

同年5月24日，村民们看到七八架日军飞机飞过，引起恐慌。

院长陆宝铎认为金华应该比较稳固，日军从武义进攻罗芳桥的可能性比较大，于是打电话去询问。“当时武义已经沦陷，汉奸却骗他说没有。陆宝铎信以为真，便没有躲避。”胡开仁说，那天，村民们得到消息，说日本鬼子要从武义过来了，大家纷纷携老扶幼，带着粮食，到山上搭了地簟铺避难。

胡开仁来到寺里，问法官们为什么不走，法官说日本人是从金华过来的，根本不会从武义过来，没事的。

结果当晚，从武义过来的日军在汉奸的带路下，包围了罗芳桥村，并把如水禅寺团团围住，用大木头把寺庙大门撞开。

在如水禅寺残杀法官，实施细菌战

胡开仁说，日军冲进如水禅寺后，18名司法人员被一个个五花大绑，关在一个小房间里。大和尚的母亲和小奶的老婆两人躲藏在第二进观音菩萨后面的帐幔里，没有被发现。她们看见四五个日军从小房间里拉出法官，前后左右4个日军把法官按在供桌前的一张凳子上，用刀杀，拉一个杀一个，只听寺内一片惨叫声，两人在帐幔里发抖，却不敢发出一点声响。同时遇难的还有寺里的大和尚。日军把法官杀害后，就把他们的尸体扔在了旁边的菜地里。

日本人在村里住了一夜，第二天凌晨就撤出了罗芳桥村。

胡开仁说，寺里发生的惨案是大和尚的母亲第二天告诉他的，她们由于躲在佛像后面的帐幔里，才逃过了一劫。

第二天，日本鬼子离开后，胡开仁和村民们回到家。只见村里一片狼藉，如水禅寺的菜地里都是遇难的司法人员的尸体。

胡氏宗祠

徐锡枝曾当过村里的保长。以前在金华老火车站旁的一座寺庙里当过和尚，全面抗战爆发后，日军的飞机轰炸金华火车站，他就跑回家了。徐锡枝说，这些同胞是被日本人杀害的，应该把他们安葬。后来，他就到各村去募捐，筹集安葬费。

因为胡开仁比较有文化，他又和胡开仁商量，天气较热，怎么安葬这些遇难的法官。后来，徐锡枝又请村里的两名棺材头和村民帮忙，大家一起把遇难法官的尸体安葬在村边的墓地里。

1942 年 8 月 13 日，国民政府发布政府公报对“罗芳桥惨案”中殉难的司法人员进行褒扬，称他们“被执不屈，同罹于难殉职，忠殊堪嘉尚。应予明令褒扬，用昭激劝”。

1945 年抗战胜利后，国民政府把他们的墓地移到祝丰亭，建立了“浙江金华战时殉难司法人员公墓”，设立了拜台。由国民党元老、司法院院长居正撰写碑文，举行隆重公祭。

据村中老人回忆，更可恶的是，日本人离开罗芳桥村时，在寺里丢下几个瓶子。没过多久，许多村民相继患上了烂脚病，多年来一直深受病痛的折磨。

记得在1965年，记者小时候从市区走路到金华二中时，从祝丰亭的公路经过，还看到公路边有胡大海墓，墓前有石马。胡大海墓后是一大片坟地，远远望去，只见坟地中有许多翠柏，翠柏中竖着一块黑色的长碑，上写着“浙江金华战时殉难司法人员公墓”等字。因为人小，那时候根本不知道这些历史，为此还问过老师。

第二年，当记者再次从那里走过时，胡大海墓和殉难司法人员公墓都不见了，有的就是一条改了道的公路。

新闻链接

我市发现一块抗战殉难碑

去年的9月初，金华市文物保护管理所在整理文献史料时发现一块抗战殉难石碑：该碑纵194厘米，横98厘米，厚17厘米，是浙江省内保存至今唯一一块纪念抗战时期司法人员遇难的石碑。

石碑为双面刻，青石质，石面部分风化剥落，正面阴刻直列四字大行书体“殉职完忠”，左右两侧分别书“国民政府褒扬、扬树猷沐手敬书”，字迹刚劲有力。石碑背后的碑文记载了抗战时期上海、浙江等司法人员在金华遭到日军屠杀，全体工作人员遇难的史实。碑文由当时的国民党元老、司法院院长居正亲自撰写。

几年前，一位文物局退休职工在祝丰亭一带（明朝开国功臣胡大海墓所在地）钓鱼，发现了这块石碑。当时，石碑翻倒在路边，沾满泥土，长满青苔。上面的字迹风化得比较厉害，但是“殉职完忠”“国民政府褒扬”几个字还是很清楚。觉得有价值，老先生就上报文物局，把石碑抬了回来。金华市文物局专家蒋金治说：“比较遗憾的是石碑太重，放倒在地上，无法看到它另一面碑文。所以很长一段时间碑文就默默放在那里，直到去年工作人员整理文献时才发现。”

（记者 章一平 见习记者 邱 琪）

喻晓昉：一位抗战老干部的心愿

2015年9月3日上午10时，为庆祝中国人民抗日战争暨世界反法西斯战争胜利70周年，北京天安门广场举行了盛大的阅兵仪式。虽然大阅兵已经过去半个多月，但金华军分区原政治部副主任、抗战老兵喻晓昉依旧心潮澎湃，激动不已。几天来，峥嵘岁月的一幕幕，又浮现在眼前。喻晓昉1920年2月生，今年95岁，是江苏省泗洪县人。喻晓昉工作之前就参加了抗日游击大队，后参军到部队打鬼子、打伪军，取得一个又一个的胜利。

反扫荡中与敌人周旋

1940年10月，喻晓昉参加地方抗日游击大队，被分配在大队部当文书。当时，淮北地区战局混乱，喻晓昉和战士们一起配合主力部队打鬼子，抓汉奸，打击反动武装，同时向人民群众宣传抗日救国，动员发动群众参军参战，筹集军粮，维持地方治安。

当时，喻晓昉所在的根据地刚刚建立，游击大队人数少，武器装备也差，打鬼子只能靠偷袭。后来，新四军四师部队从津浦铁路西面来到淮北，打垮了反动部队，建立和巩固了以鲁、苏、豫、皖部分县区的淮北抗日民主根据地，成立了中共淮北区委、行署，使人民得以安居，发展生产，过上好日子。

1942 年初夏，根据中央精兵简政的指示，游击大队撤销，一部分人升到主力部队，喻晓昉被分配到周台小学当教员，并于同年光荣入党。从此，他以共产党员的要求做好各项工作。

1942 年初冬，日寇集中大批兵力，从四面八方对淮北地区进行了 33 天的大"扫荡"。喻晓昉所在的半城区是淮北区委、行署和新四军四师师部驻地，是日寇扫荡的重点目标。为了抗击日寇的侵略，当地部队、政府机关和老百姓针锋相对地开展反扫荡斗争。"我们首先发动群众坚壁清野，家家户户把粮食和重要东西转移，带不走的全部藏好。老人和小孩则早早转移到安全地带。"喻晓昉回忆，当时新四军四师师长彭雪枫、政委邓子恢和师机关干部也曾转移到他任教的小学。喻晓昉还协助区里将从前方撤下来的几名女干部安排在洪泽湖岸边一个小村里，保证她们的安全。

一天早晨，一支敌军向淮北和部队机关驻地大王庄进犯，沿途都遭到各村民兵的阻击。敌人在过栗河、汴河时，因两条河的渡船早已被我军撤走，河水虽不深，但天冷，敌人不敢涉水，而当地老百姓也早已转移，鬼子们只好自己挖土在河中垫路。这时，埋伏在一旁的民兵突然出现在岸边，利用土枪、步枪、手榴弹，狠狠杀伤河中的敌人民兵们打了就走，鬼子根本来不及还击。疲惫不堪的敌人到达大王庄时，已是傍晚。庄上空无一人，敌人又摸不清共产党的去向，就到百姓家翻箱倒柜，乱砸百姓的锅碗盆罐，又纵火抢掠解气。

喻晓昉说，由于新四军主力部队在敌人的后方接连打了几个胜仗，迫使这帮敌人在第二天拂晓就沿着已被破坏了的一条公路仓皇撤退。敌人在撤退途中生怕再遭埋伏，每过一个村庄，都不敢进去，只向村里乱放一阵枪炮。

日军退出半城区后，区委、行署即组织民兵站岗放哨，防止敌特破坏。区、乡干部也到日军经过的村庄，了解受害情况。“全区有的村子房屋被烧毁，有的老人被打死，有的妇女被强奸。许多人家的鸡、猪被杀吃一光，村村都听到哭骂之声，真是一片浩劫。”喻晓昉感叹道。后来，根据上级指示，各乡村迅速加强民兵巡逻，查清群众受鬼子祸害的情况，大力组织好群众生产自救工作。

取得一次又一次胜利

1944年春，为迎接抗日战争大反攻，扩大武装力量，上级决定动员农村贫下中农青年参军，并号召地方干部带头参军。当时已是区委宣传部长的喻晓昉积极报名参军，被分配到泗南县独立团特务连当指导员。连里除连排干部是老兵外，战士都是刚入伍的新兵，喻晓昉积极配合连长，并和战士一起训练，深入细致做好思想政治工作，使新战士很快适应连队生活和掌握作战本领。

1945年初，部队接到上级命令，到距离日军距点7里多路的花园庄担任守备，监视敌人，阻击其到解放区抢粮。到达防地后，连里立即组织战士熟悉地形，加固工事，研究作战方案。每天除执勤、警戒人员外，其余同志都到田里帮助老乡耕种和除草。一天上午，大家正在田间劳动，突然有两架敌机飞到驻地上空，敌机在空中转了两圈，接着就是一阵机枪扫射和丢炸弹，而后就有100多名鬼子向防地进攻。该村只有三十几户人家，但附近驻有政府和部队机关，地理位置很重要。喻晓昉说："当时上级命令我连不惜一切代价，坚守阵地。"那时连里武器装备很差，全连只有3挺老式机枪，步枪都是老"套筒"，每支枪只有10发子弹，每个战士只有4个手榴弹。战士们虽经过几个月的训练，都没有实战经验，但在敌人飞机轰炸和炮火的强攻面前，却个个斗志很高，沉着应战。后来，凭借挖好的战壕，他们连续打退敌人2次进攻。第三次，敌人突破阵地后，喻晓昉即带领两个排绕到敌人后方，连长则带领另外两个排正面阻击，敌人在两面夹击之下，带着3具尸体，七八个伤兵，丢枪弃弹仓皇逃窜。

"那次战斗从上午9点多钟一直打到了下午1点多，特务连以2人牺牲，5人负伤的代价，赢得了初战鬼子的胜利。"喻晓昉说。

1945 年 8 月，日本宣布无条件投降，中国人民经过浴血奋战，取得了抗日战争的伟大胜利。但仍有一部分日军不愿缴械投降，为了保卫人民的利益，党中央决定扩大部队机动力量和活动范围，泗南县独立团也升级为华中军区第七军分区独立三团。部队随即攻打被日军占据的五河和灵璧 2 个县城。

喻晓昉说，他们打的第一仗便是五河，当时鬼子已经撤走，只有伪军200多人。特务连和二营担任主攻。当天下午开始，部队从西南、西北两个方向攻城，部队很快就打进城内。在巷战中伪军拼命逃跑，约在夜间 11 点多时，敌人全部龟缩到城北一个大碉堡里，他们一面喊话要其投降，一面用迫击炮平射，打塌了敌人的碉堡后，伪军就举起白棋，乖乖地走出碉堡，全部投降了。

打下五河后，全团即日夜兼程，北上向灵璧进军。三营担任主攻，特务连是预备队。当城南被全团突破后，日军仓皇溃退，喻晓昉他们乘胜追击，打死打伤不少敌兵，经过一夜的战斗，敌人就全部缴械投降了。

抗战胜利后，部队向苏北淮阴、淮安转移，特务连和一营两个连都补充到二纵队四旅十二团，喻晓昉调到三连当指导员。在解放战争中，喻晓昉随部队转战山东，参加了莱芜战役、孟良崮战役及淮海战役等。

1948 年 4 月，喻晓昉离开连队，调到团政治处，后又调到华东军区政治部等单位工作。1970 年，喻晓昉任安徽阜阳军分区政治部副主任。1975年4月，喻晓昉来到金华，任金华军分区政治部副主任，直到1978年10月离休。

不忘过去，传承发扬革命精神

回顾喻晓昉的一生，他战斗勇敢，工作成绩突出，多次立功受奖。

如今，喻晓昉已经95岁高龄。因曾在淮海战役中，被敌人的燃烧弹打中，头部、脸部全被烧成重伤，现在左眼视力模糊，左耳听力受损，但身体尚好，精神矍铄。他说，中国人民在抗战中作出了巨大的牺牲，对世界和平作出了重大贡献。新中国建立后的变化，尤其是改革开放的变化，真是天翻地覆，国家由贫困落后变为繁荣富强，人民由缺衣少食变为丰衣足食。作为亲身经历过历史荡涤的老人来说，真是悲喜交加。喜的是在共产党的领导下，我国人民打败了日本侵略者，推翻了反动统治，建立了社会主义新中国，又大力推进改革开放，建设中国特色社会主义。悲的是许多战友抛头颅洒热血，未能看到幸福的今天。

喻晓昉说："我们应该永远记住，没有他们的流血牺牲，就没有我们今天的美好生活。我们要永远记住他们的功绩，学习传承他们勇于献身的革命精神，创造我们更加美好的明天。"

（记者　郦　莎　通讯员　夏积山）

中篇

与王选同行
——细菌战受害老人口述录

雅畈镇吴畈村仅存的3位细菌战受害老人含泪讲述那段无法遗忘的历史

1942年，日军在浙江、江西境内发动作战，同时沿浙赣铁路从空中、地面播撒大量细菌，使得很多村民的腿部出现大面积的溃烂，由于农村医疗条件的限制，很多老人反复感染，至今还未痊愈。金华地区曾出现多个“烂脚村”，婺城区雅畈镇吴畈村就是其中之一。

吴畈村村支书吴方华说：“2007年的时候，村上还有10多个得了烂脚病的老人，到现在村里只剩下3位老人还活着了。”随着时间的推移，日军侵华细菌战历史的见证人越来越少。70多年过去了，至今幸存的细菌战受害老人的记忆也随着时间的流逝而慢慢衰退，对于经历过的那场浩劫的记忆变得模糊，但他们的身体上、精神上的伤痛还在。

吴承继、吴阿奶、吴承乾是吴畈村现今仅存的3位细菌战受害老人。日前，记者前往吴畈村，倾听他们讲述那段刻骨铭心、无法遗忘的历史。

吴承继：我永远记得那时的伤痛

忆往昔，日军的暴行、生活和困难，以及几十年来烂脚病的折磨，吴承继老人一度哽咽

见到吴承继时，老人便迫不及待地开始讲诉起自己的故事。在交谈过程中，记者发现他思路清晰，听力尚可，说话很有条理。老人讲到日军烧毁房子时眼含热泪，谈起日军侵华期间过的苦日子时露出心酸表情，说起烂脚病带来的痛苦时眼中显现对日军的愤恨，言语中带着激动，“我永远记得那时的伤痛”。

老人还挽起裤脚，给我们看他脚上的伤口。因烂脚病留下的大大小小的黑灰色斑点蛰伏在老人的腿上，向世人展示着细菌战受害者的苦楚。“晚上痒得睡不着，只能半夜起来烫脚，用刚刚烧开的热水烫，脚才舒服些才好睡个好觉。”老人说，这么多年就是这么过来的，现在烂脚病比几年前好多了，但一直没有根治。

日本人烧毁房子，村民痛苦含泪

我今年 84 岁了，老家在云岩乡延岭脚村（现在的安地镇），后来全村搬到了雅畈镇吴畈村。

延岭脚村当年只有 70 多户人家。我 11 岁的时候，日本人到村上来，我记得是 1943 年 6 月 11 日，那是日本人第一次到村上来，当时老百姓都逃到山上去了，村里有 4 个人被日本人开枪打死了。我看到日本人穿着黄衣服，边走边插日本旗，据说是从温州那边过来的。

我对日本人侵华很仇恨，当时我是有书读的并且读书挺好的，日本人来了以后就没有书读了。那个时候，我们只能都住在山上，露天的，天天日晒雨淋。小孩子因为太阳大，生病了，有些饿了好几天没有粮食吃，然后很多小孩子饿死了。在山上的人每天只能摘点山上的野菜吃。

日本人第二次到村里来是 7 月 4 日，大概有成百上千人，他们直接驻扎在这里。当时，村上的六七十岁的老妇人没有逃到山上去，直接躲在了家里。有两位老太太被日本人打了，身上都被打得青一块紫一块的。当时，国民党的青年团住在吴氏祠堂里面，他们穿着黄衣服，里面的人都逃走了，只有一个人被日本人开枪给打死了。

7 月 6 日，日本人在我们村里放火。我记得是下午 3 点钟左右，我们在山上，亲眼看到日本人放的火。当时，外畈村、项村、郑宅三条垅的房子都被烧光了。这是有历史背景的，可以去调查。山上老百姓看到日本人把房子都给烧光了，大家都在哭。老百姓都很恨，很多人都没有地方住了。后来，日本人还跑到山上来搜山。那时候，因为怕日本人，大家都只能逃到山上，日本人走了以后才敢到村里建草棚。

一家 6 口人，3 个人得了烂脚病

日本人来了后，很多人都得了烂脚病。不仅是我们村里，还有很多别的村上都有得病的。我家一家 6 口人，3 个人得了烂脚病。我 11 岁的时候就烂脚了，记得那是 8 月份，脚背又痒又痛，烂得都看到骨头了。日本人烧房子的时候，我家里还有两头猪没有带出来，我特意跑下山去看情况，我想我可能就是因为这样烂脚的。

我妹妹吴阿奶烂脚的时候才 6 岁，而我爸爸是在 7 月份就开始烂脚了，当时脚上起了很多的泡，严重的时候脚趾头都烂掉了。那时候没有药，只能用盐水洗。我爸爸是在 1973 年去世的，死的时候烂脚病都没治好。那时，我们村里还有一个比我大一岁的男孩也烂脚了。当年，烂脚有十几个，还有五六个死掉了。还有些人是日本人走后烂脚的，现在才五六十岁。

我爸爸两次被日本人抓去建炮台，刚开始两天没饭吃，第三天日本人才给点吃的。当时，大部分人都回不来了。我也被日本人抓去干过两天的活，那是 1943 年 3 月，我只有 12 岁。

无家可归，为生存吃尽苦头

因为日本人来，我们算是吃尽了苦。刚逃到山上的那年年三十，我爸爸砍了柴拿到安地去卖，想换几斤米吃，到晚上八九点钟都没有回来。当时，日本人在安地有炮楼。第二年的正月十八，我们还是没有什么吃的，就逃到了亲戚家里。当时，在安地的几条垅上，日本人用铁丝网绑着剖开的毛竹，做成门，拦住路，不能随便进出，开门有时间的，随便乱闯可能会被枪打死。日本人很迟才开门，当时大概是 11 点，他们不开门，老百姓也不敢动。村民当时都带着全部的家当逃到外面亲戚家里。

安地有日本人驻扎着，那时候的味精、米，都是他们带过来的。因为有日本人在，老百姓不敢来安地卖米，大家也就没有粮食吃，要想买米，只能去武义那边。我爸爸因为脚烂得严重，不能下地干活，家里没有劳动力，那时连米都吃不上。为此，我和妈妈靠帮人去武义买米，赚点米粮。当时村上到武义要 60 多公里，我 11 岁，背着 20 斤米，妈妈裹过小脚，背 30 斤米。其中，2 斤米是帮忙买米的工钱。买米回来的路上，因为有人刁难，米袋被人捅破，只能用线缝好，捡起地上的米，回到家都已经是晚上 11 点钟了。因为日本人，当年就为了一口吃的，真的不容易。

日本人的飞机飞得很低，都能够看到上面的人。有一次，武义的 2 个人在抓鱼，不知道日本人来了，飞机上的枪扫射过来，把人的手臂都打到了。中国兵在武义，安地那边驻扎着日本人，晚上日本人走路出去打仗，晚上出门听不到声音。我们在武义买玉米时，听见机枪的声音，桥上的 4 个人被杀死了。

我们逃出来以后，后来为了糊口，我爸爸帮人做长工，我给人放牛，我还有一个妹妹去做了童养媳，结果当年 10 月份就死掉了。为了不饿肚子，我当时还到武义等地干过很多工作。1949 年的时候，大概 6 月份，解放军从武义那边过来，让我们不要怕。

吴阿奶：日本人烧房子时，大家都哭了

我叫吴阿奶，今年 79 岁。

当年日本人来的时候，我才六七岁，我记得，当时我们都逃到山上去，妈妈给我做的衣服还被山上的刺给勾破了。在逃到山上的时候，我不小心掉进了洞里，当时我哭了，很多人让我不要哭，否

则日本人听到要来搜山的，还是我姐姐把我从洞里拖出来的。

我的脚是在山上的时候开始烂的，从小烂到现在，脚很痒，不痛。小时候，没有什么药，用桐油和石灰混合擦脚上的伤口，但好了不到半年，就又开始烂了，好好坏坏反复几次，从未痊愈。我爸爸的烂脚更加严重，一直都是我妈妈料理的。我哥哥也得了烂脚病，他叫吴承继。我们在山上的时候，没有东西吃，只能吃点野草、苦叶菜等，很可怜的，还把大妈家给的汤水拿过来煮了喝。

日本人很喜欢女人的。比我大一些的女孩子，一听到日本人来就躲到山上去。

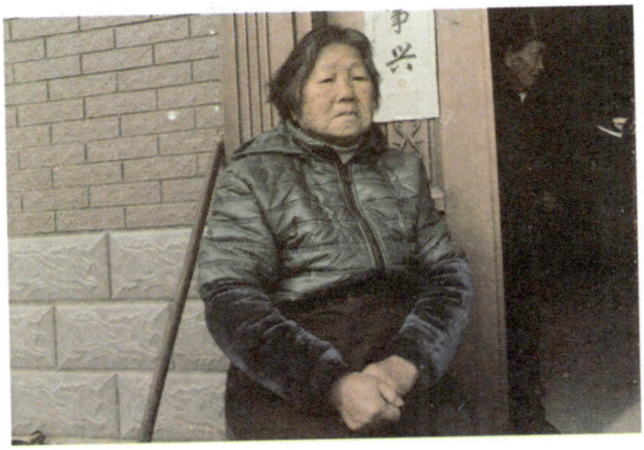

吴阿奶讲述烂脚病带来的痛苦

日本人烧村里的房子时，大家都从山上看到了，祠堂烧着的时候，里面的牌位还有一些东西是毛竹做的，“嗤嗤”作响，大家都在哭。因为小，我很多事情都不记得了，只记得大家都在哭。

我的右脚到现在还是痒的，好不了了，我觉得无法根治了。前几天好了很多，现在又开始痒了。以前痒得受不了，就用棒子刮。现在，我洗脚的时候，右脚都是用单独的脸盆洗的，洗完右脚之后，用肥皂再把脸盆洗干净，还有手，就怕烂脚病的症状传染到身上去。现在因为右脚不能走，只待在家里，连金华市区也很多年没有去了。

吴承乾：逃到山上躲避日本人

吴承乾近照

我叫吴承乾，今年85岁，属羊。日本人来的时候，我的右脚就开始痒，实在受不了，只能靠挠，挠得都发炎了，脚也烂了。记不清什么时候开始烂脚，大概十二三岁，烂脚刚开始很痒，越挠越痒，都能看到肉。尤其是六七月份的时候，脚上痒的连血都挠出来，还会挠出了很多的泡。家里就只有我一个人得了烂脚病。之后我到雅畈寻药，最后治好了，现在已经不擦药了。我觉得我是因为日本人，还有经常在田里干活才引起的烂脚。

我见过很多次日本人，记得小时候和妈妈一起在小溪旁洗碗筷，日本人一脚就把碗踢到溪里。当时，他们还背着枪。还有，日本人来了，我们都跑到山上去，我大哥在逃到山上的路时，被日本人打了一枪。

大哥的枪伤在肩膀上，子弹都把肩膀给打通了。幸好，村上有赤脚医生，给大哥看病，大哥才活了下来。

现在，我有 5 个孩子，3 个儿子 2 个女儿，生活得很好。人上了年纪，以前的很多事情都想不起来了，但我记得日本人来村里后，大家只能逃到山上去，没有什么吃的，日子真的过得很苦。

（口述：吴承继　吴阿奶　吴承乾　整理：施　俊）

蒋风：我曾看到日军从飞机上洒下白色粉末

谈起70多年前在福建目睹细菌战受害者，本身也被烂脚病困扰多月的那段日子，著名儿童文学家、原浙江师范大学校长蒋风记忆犹新，他坐在沙发上，平静地将那段历史缓缓道来。虽然已经过去那么多年，但脚上的伤疤时时刻刻提醒他，那段必须铭记的历史……

“逃难途中，我曾看到日本鬼子从飞机上洒下白色粉末”

1942年4月，侵华日军发动浙赣战役，沿浙赣线大举进犯衢州常山，当时我正在常山临时中学读高中，看到学校即将解散，我不得不回到金华。不想回到家乡后，发现金华也是一片混乱，家中更是空无一人。我们一家6口人，当时我父亲在衢州工作，就逃到了衢州乡下；我母亲带着姐姐和弟弟逃到了金华北山一带；我的大弟弟在江西玉山临时中学读书，就逃难到了玉山。

战火连连，家人飘落四方，无奈之下，我只得回到常山。经过多番考虑，我决定逃难去福建。当时我是这样考虑的：一来，闽北多山，日本鬼子进犯的可能性小；二来，我想报考当时的东南联合大学。回到常山，约了五六名同学之后，大家把能卖的铺盖、衣服等行李都卖给了当地的农民，凑了一些路费，便出发前往福建建阳，一个位于福建北部的山城。

当时原本汽车就少，再加上身上盘缠有限，我们一群人只得步行去建阳。我清楚地记得，我们于1942年6月1日出发，整整走了一个多月时间，才到建阳，途中更是危机四伏。路上我们看到日本鬼子的飞机一直在上空盘旋，看到行人就低空扫射。当时我们是沿着公路前进，目标明显，为了安全，我们白天就在农民家中休息，晚上赶路。有几天上空如果没有日军飞机的踪影，我们也会抓紧时间赶路。另外我在路上还发现，日本鬼子除了扫射之外，还经常会从上空洒下许多白色的粉末，那些粉末飘飘荡荡，散落四方，当时我并没多想，不知道那些白色粉末是何物。

“我的脚烂得最严重的时候长出了蛆虫，都能看到里面的骨头”

到了福建境内后，我们一行人身上已经捉襟见肘。到了福建浦城之后，甚至吃饭都成了问题。还好一名女同学家中是卖药的，她随身带了三四瓶治疗疟疾（俗称打摆子）的药品。那时候江西、福建一带这类病特别多。我们便靠卖这些药赚了一点路费。当地的桂圆干原本要外销，但迫于战事，运不出去，只得低价销售。为了果腹，我们便买了很多桂圆干，比买饭吃便宜。晚上则是在当地的农户家中打地铺过夜。

进入福建之后，我一路上看到了很多烂脚的人，男女老少都有，严重的整条腿都烂掉了，都能看到里面的骨头。当时大家并不知道烂脚的原因，以为是自己吃的不好，抵抗力差。而且烂脚在民间本来就可能发生，所以大家并没有过多在意。

7月份，我们刚到建阳的时候，东南联大还没有招考。当时很多浙江、上海、江苏一带的学生都流落到建阳，当地政府就建立了流亡学生收容所，每天给他们供应两顿稀饭，保证大家能生存下去。那时候一个教室里摆满了一个个高低床铺，几百个学生挤在一起。为了生存，我也进了这个收容所。在收容所里，我也看到了很多烂脚的学生。当时大家饭都吃不饱，更别提去医院看病，烂脚也不去管。后来有几个学生的脚越烂越严重，因为细菌感染死了，惨不忍睹。

其中还有一个还是我们金华老乡。

其实在进入福建之前，我左脚上就长出了一个很小的疮，开始只是有些痒，我并没有注意，以为是蚊虫叮咬所致。不想，后来那疮越长越大，竟然开始腐烂了！因为没钱就医，我也只能看着烂脚越来越严重。最严重的时候，我的脚上烂了一个大洞，都能看到里面白森森的骨头，腐肉里还蠕动着蛆虫。因为烂脚，所以不能碰水，而且疮口很痛，有时候晚上翻来覆去，痛得睡不着。

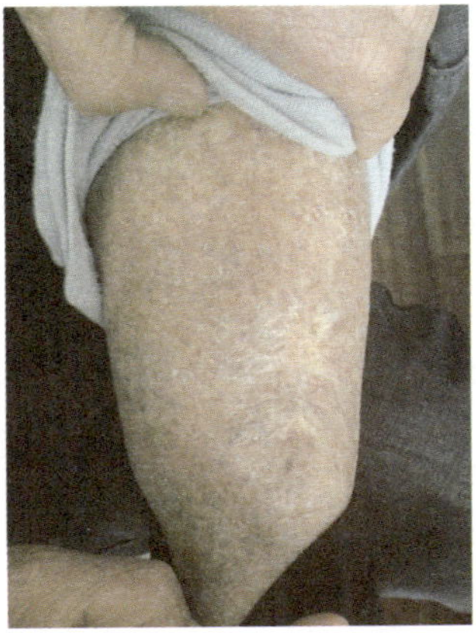

蒋风腿上的伤口

“我是幸运的，及时得到医治后烂脚慢慢好了”

大约是那一年的 9 月底，我如愿考取了东南联大，10 月份进校。进了校园之后，我才有机会去医务室接受免费治疗，那时候脚上的洞已经烂得很大了。我记得当时医务室里只有 1 名医生、2 名护士。他们帮我把疮口清理干净，将一种黄色的药化在水里，再用干净的纱布浸在里面，然后将纱布贴在我的烂脚上。起初，我每天都要去医务室换药，后来情况渐渐好转，几天换一次。差不多过了一年多时间，脚上那个可怕的洞渐渐长出了肉，慢慢结了痂，烂脚奇迹般地好了，但是还是留下了一个清晰的疤痕。

最初我看到那些日本鬼子飞机上洒下的白色粉末时，并没有多想，只觉得奇怪，后来回想起来才觉得，那十有八九就是各种细菌，我在赶路途中意外感染了。我想，可能是因为我抵抗力好，又及时得到了治疗，从开始烂到接受治疗也就 3 个多月时间，所以烂脚才能好起来。回想起来真的很幸运。现在听说还有一些无辜的人在深受烂脚的折磨。那时候多少烂脚的人因为没机会接受治疗，深受折磨，导致残疾甚至死亡。

那会儿我每天从宿舍到教室上课都得翻过一个小山坡。在这个小山坡上，我还看到一些人因为烂脚无法行走，倒在山坡上，不得不向路过的学生乞讨。还有人就这么“烂”死在那里……

（口述：蒋　风　整理：杨诗悦）

金祖惠：我见证了鼠疫发生时的悲剧

金祖惠正在看报

初见金祖惠老人，他正坐在离家门口不远的空地上晒太阳。他坐在轮椅上，头戴遮阳帽，手拿《参考消息》，正在认真地读报。老人家住义乌市北门街车站路（以前叫农协村），是日军侵华细菌战期间鼠疫的受灾点之一，老人是患上鼠疫后至今幸存的为数不多的受害者之一。

金祖惠老人出生于1919年，现已97岁高龄，虽然老人身体不如几年前健朗，但头脑思路清晰，回忆起往事，不禁面色凝重，陷入深思，随后向记者徐徐道来。

误打误撞，得了鼠疫居然没死

日本来中国作战时，我才 19 岁，那个时候也有很多人生病死掉。大家都认为是发瘟病，不知道是鼠疫，但那时发现街上、家里院子里都有死老鼠。然后，卫生院说这是别的地方传染过来的鼠疫，是在衢州的日本人放的。我们那村里的人说是汉奸放的，汉奸在世界饭店的三楼播撒细菌，结果住在那里的一家人都死了。鼠疫从那里开始传播。这个世界饭店当时是在北门街十字路口，现在是在工人路这边，以前的银行附近。

我 21 岁那年也患上了鼠疫。记得那天，我贪玩，去大街上，晚上回来之后觉得浑身很烫，口渴口干，关节处有淋巴肿块，晚上我还叫郎中来给我看病，并没有什么作用，但人是无恙的。第二天我去大街上，碰见朋友，就和他一起去喝酒。当时，我的身体情况只有自己知道，是瞒着朋友的。之所以不让朋友知道自己患了鼠疫，是因为如果被人发现，不死也要被抓起来。

我大概喝了半斤多酒，喝得很醉，跑去了卫生院。当时，卫生院里有一个以前读书时候的朋友，他让我喝醒酒汤，只见半杯蓝色液体装在一个玻璃杯里，我喝下去之后就睡着了。当时，我嘴里留出来的口水把两个棉芯的枕头都弄湿了，晚上卫生院的人要下班回家了，我爬起来摸了摸，发现身上的淋巴肿块没有了，就大胆地回家了。

多位家人得鼠疫死亡

除了我，后来奶奶、妈妈、妹妹也发烧了，她们头很晕，只知道口渴。当时，奶奶六十几岁，妈妈46岁，妹妹只有9岁。我是烧酒喝得多才喝好的，她们3个人都是不会喝酒的。白天生病，晚上就死了，体格越好死得越快，体格差一点的还能拖几天。我妹妹白天还好好的，晚上后半夜就死了。没有别人帮忙，我们家兄弟几个就用稻草席把她裹起来再捆起来，我和我的第三个弟弟第二天清早把她背出去埋掉。我的第三个弟弟没有生过病。

金祖惠近照

人死掉都不敢跟别人讲，记得我妈妈死的时候是半夜，白天买好棺材，晚上抬到家里来，把妈妈装到棺材里，没有人帮忙抬出去，就我们自己家里人浇筑好水泥，棺材放里面，上面盖上很厚的稻草。

我的家族里还有一个姐姐和一个妹妹也是得鼠疫死的。妹妹是婶婶的大女儿，卫生院的人搬走尸体后就把她埋在房子附近；姐姐死的时候是23岁，比我大2岁，被关在隔离室里然后死掉了，隔离室里的人把她抬出来，把尸体丢在了附近的一个乱葬岗。

得了鼠疫人人不敢声张

我是我们家第一个患病的，却活下来了。那个时候，我儿子都被传染上了，但儿子没有发烧过，我当时和妻子、儿子睡一张床，他们两个都没事。

那时候，很多人死了，我已经记不起来死掉了多少人，反正差不多家家户户都有人患病死了，有些家里死的一个不剩的也有。大家都是悄悄的，不敢声张，怕说出去之后被人抓起来，再关起来。所以，那个时候即使隔壁邻居有人死掉，也是不知道的。我家隔壁有户人家直到那年调查细菌战的时候才知道有人得鼠疫死掉了，当时只知道少了个人。

大家都还以为是发瘟病，还把道士先生请来做法事，但一点用也没有，还是继续死人。后来，政府说这是鼠疫，是衢州那边传过来的。

日本兵用刺刀刺死人

在我 21 岁那年，日本兵只从义乌廿三里那边经过，没有驻扎下来；第二年的农历四月初七，日本兵来到义乌，来到北门街和车站路这边的一个村子。村子比较小，只有六七户人家，那个地方有从外面逃进来的7个人，其中老人、妇女被日本兵用刺刀刺死，扔到池塘里，这7个人只活下来一个人。我们家隔壁有个老太婆也被日本兵刺死，当时她已经有六十几岁了。

日本兵撤退那一年，有人看见过3个小男孩被日本兵杀死，2个是被刺刀刺死的，1个是被吓死的。

（口述：金祖惠　整理：施　俊）

王培根：揭露崇山鼠疫真相，维护受害者权益

自从退休后，王培根就开始主持侵华日军细菌战中国受害者民间调查和对日索赔的日常事务，至今已有 20 多年。他主持侵华日军细菌战义乌展览馆的工作也已 10 年左右。作为亲历崇山鼠疫的当事人，当年那段惨绝人寰的记忆一直停留在老人的脑海中，并不会因时光的流逝而淡去。

王培根于 1932 年出生，义乌市稠江街道崇山村人，今年 84 岁。老人精神抖擞，说起往事调理清晰，他向大家讲述一个个发生在崇山村的真实历史故事。

村民突然死亡不知是何缘故

1942 年，日本军国主义侵华，散布细菌，给老百姓带来极大的痛苦。当年的 10 月份，当时我 11 岁，在村里读三年级，因为村里不断地死人，就停课了，大家有的逃了出去，学校就停办了。

村里的王焕章是第一个得病死的。他有 60 岁，除了种好自家的

田地，还经常给村里打工，是一个很棒的劳动力。10月12日那天，王焕章突然发高烧，脸很红，像喝过老酒一样，口渴，还不停地喝水。请村上的医生来看病，吃了药以后，第二天病没有好，反而凶起来，高烧烧得更厉害了，胸部也很难受，整个人发烫。结果第三天，他就突然死了。全村的人都知道王焕章的名字，村里上了年纪的人都叫他“老哭鼻”。“老哭鼻”这么强壮的人这么快就因为生病死了，很奇怪。

因王焕章的老婆早就死了，他生病的时候，是儿媳妇服侍他的。结果，儿媳妇第二天也生病了，第三天也死了。这事情真的很奇怪。到了第四天，给王焕章看病的医生也死了，服侍医生的老婆也生病了。当时，村里的人还不知道这是什么原因。

鼠疫传播速度快，只能听天由命

按照村里的习俗，要把死人摆在祠堂内吊孝，最起码“拜”个三天五天的。当时把王焕章的尸体摆在祠堂的时候，来悼念的人当中就死了8个。当时，村民谁都没有去想，这是一种传染病。大家都很迷信，拜祭祖宗，做法事，越搞场面越大，人集中的机会更多了，传染的人也多了，所以传播得更快。不到一个月时间，村里就死了100多个人。死的人的症状都是发高烧，口渴，有的还咳出了鲜血，满嘴的血都喷出来了，倒在地上滚来滚去。还有一个妇女生病非常难熬，她把衣服都剥光，从楼上到楼下，在地上打滚，发高烧非常难熬，结果就死了。

有的村民不住在家里，逃走了，后来逃走的人越来越多。还有到崇山来探亲的，亲朋好友来走动，结果回去就把病带回去了，到过崇山村的人好多都死了。那个时候都在传，崇山村不能去，崇山村得了瘟病，要传染的。

有一些知识分子回来说，这是发瘟病，要防疫。乡长、保长帮着老百姓想办法解难题，组成一个防疫委员会，请有钱的人、做生意的人给他们捐款，到杭州、上海买药。我们崇山村一个叫王甲法的老板在杭州开店，带回来当时最好的防疫药，共600份六神丸。结果，村民们吃了以后没有效果，大家越来越紧张，白天就逃到田里去，在太阳下山前回家。大家都怕自己得这个病，一旦得了这个病只能听天由命，跑外面去又没地方投靠，这附近的村庄，崇山人都不能进。

日军烧毁村中房子，救火村民遭枪击

11月18日，村里来了大概150个日本兵，他们把崇山村包围起来，不准村民走出去，还通知所有人到山背上集中。大家怕日本兵动手，都听话得去山背集中了。村民被日本兵包围在山背上，大概有600多人，一些人得病死了，一些早就逃到外面去了。150个日本兵，除了负责包围的几个人，其他的日本兵都跑去烧房子了，从9点钟到10点钟，大概10点钟左右，整个村子都烧起来了。

被日本兵包围着的一个青年叫王荣森，他冲出去救火，因为他家里的5间房子都烧起来了。王荣森到邻居家里拿两只水桶，到水塘里拎了两桶水，要去救火。日本兵喊“不准去、不准去”，他不管，日本兵第一枪打出去，把水桶打破了，第二枪把他的手打断了，接着就把人给拉了过来。当时，那些老人、妇女，都把他压住，不让他出来，怕他被日本兵打死。当时老百姓的意思是，留得青山在不怕没柴烧，命保下来，以后总会有办法的，你现在冲出去救火的话，人打死了什么都没有了。

当时，我爸爸感觉日本兵把人集中起来一定是有问题的，可能是要烧房子了，我和爸爸逃了出来，但我妈妈被抓去集中。我家的房子也被烧了，只抢救出来两只箱子。

日本人烧房子，到了9点多的时候，村里的火势大了起来，有一个跑到田里去的人叫王荣棋，他想回来救火，结果被日本兵一枪打到他的大腿，又一枪把脚给打断了，他倒在地上，血都流在了路上。谁救火，谁的命就保不住，只能让火烧了房子。因为房子被烧毁了，住在临近村的亲朋好友都会来送饭，但怕瘟病死人，不敢进来。后来因为调查，有义乌、衢州防疫站的医生过来，我们就去咨询他们，才知道那时候死掉的人是得了鼠疫。

日军在林山寺当场解剖鼠疫病人

王培根近照

当年，崇山村很大，共有 1200 多人。农历十一月，日本人骑着马，绕着村子一圈圈地转。还有 10 多个日本人穿着白大褂，戴着口罩和白色帽子，就和医生的打扮一样，他们也都在村里转，听到谁家里有人哭他们就进去。当时，有人哭的家里往往都是有家人死了的。日本人就进去检验那个尸体，后来还直接现场解剖尸体。这样子，家里有人死了，家人也不敢哭了，怕把日本人引到家里来了。谁家死人了就直接不声不响，到了晚上，把尸体送到野外埋掉。当年，村外新的坟墓很多。后来，日本人还去田里转，给死人解剖。老百姓听到后很悲伤，人已经死了还要受苦，挨一刀。但崇山村人确实是一点办法都没有，只能听天由命。

还有一些人逃到了庙里，求菩萨保佑。11月的时候，一批穿着白大褂的日本人在林山寺，让老保长通知大家去看病。村上有四五十个人去了林山寺看病。11月18日那天，18岁的童养媳吴小奶跟妈妈说，她发热了、淋巴肿大，要去林山寺看病。然后，她就自己一个人跑到林山寺去了，刚到门口就听到很多人在喊“哎哟喂、哎哟喂”。吴小奶不敢进去，就坐在了大门口，被日本人发现后，把她拖了进去，绑在凳子上，剥掉衣服，当场解剖。“妈妈救救、救救……”吴小奶一直在喊，直到没有声音。

当时，村民王菊莲发高烧，再加上淋巴肿大，听说日本人在林山寺给村民治病，就赶往了林山寺。王菊莲到林山寺时，正好碰到日本鬼子在解剖吴小奶。张菊莲站在天井上，听到里面的小房间传出吴小奶凄惨的救命声，才喊了7声，就没有声音了。意识到待在这里只有死路一条后，王菊莲在11月18日，日军火烧崇山村的那天，通过厕所的粪洞逃出林山寺。王菊莲逃出来后，到处讲“不要去林山寺，日本人要剖肚子”，大家一传十、十传百都不敢再去林山寺了。除了王菊莲，还有童金兰也亲眼目睹了发生在林山寺的悲剧，幸运的是她趁守卫的日本兵不备，也逃出了林山寺。

还有一处观音庙，也关着很多鼠疫病人。村民王桃妹去送饭，看到日本人当场在解剖人，吓得她赶紧丢了饭篮子向后跑，被日本人发现了，因为喊着“送饭的送饭的”，才没有人追。

崇山村附近的柯村、东王界、西王界村的人都绕路走，不敢经过崇山村。因为去我们这边的路上都是头、手、脚，有的还被狗给叼走了，尤其是山的后面，往殿口商那边走的路上。日本人把人拉去解剖，包括死人，挖出内脏，装起来。

调查崇山村鼠疫事件

1964年，解放军空五军在崇山村宿营，知道崇山村的情况后，部队干部就留下了15个人，调查崇山村2个多月死掉400多人的原因。当时，15个人在崇山村待了半个月，共查出382个人。因为很多人都逃出去了，死亡人数也搞不清楚了。

1995年，日本教师森正孝来义乌崇山村调查，还带来了一本曾经住在义乌村里的一个医务人员的日记本，记载着日本一六四四部队的16位医务人员，在崇山村搞试点，做活体实验。这些都是有文字记录的，很多的档案都被美国拿去了。王选后来调查，在美国找到了这些档案记录。森正孝回到日本后，与律师一濑敬一郎联系，下半年，他们一起来到崇山村调查。后来，崇山人提出来要和日本人打官司，请律师帮忙。我也参加进来了，我当时拿着400多份表格，跑到村里每户人家，去专门调查当年家里房子烧掉的、得了鼠疫死亡的村民。

（口述：王培根　整理：施　俊）

王丙宏：喝了烧酒，患上鼠疫侥幸存活

见到王丙宏老人时，他像平时一样，坐在一块空地上晒太阳。空地上挂满了晾晒的床单被褥、衣服，老人也趁着阳光，享受着安宁。

“前几年，老人的记忆还是比较好的，说起日本人来村里的事情思路很清晰，最近几年老人的记性越来越差了。”村民遗憾道。

王丙宏老人今年 90 岁，义乌市稠江街道崇山村人。崇山村是日军细菌战的主要受害地，谈起当年的所见所闻，老人不无遗憾，“只能想到这些，记不清了”。

患上鼠疫侥幸存活

1942 年的时候，我在丽水中学读书，后来日本兵来了，我就逃回了义乌。我一路从舅舅家，逃到上吴的姨妈家，再从上吴，逃回了崇山村，想看看家里情况怎么样。结果，刚刚回家的第二天就生病了。我回家的时候，才知道爸爸妈妈，5 个兄弟，3 个姐妹，他们都逃到

王丙宏近照

外面去了，没有在家。

当时，我一个人，发烧很厉害，口干还特别口渴，身上没有淋巴结，但生病的时候根本起不了床。那个时候，我没有吃过别的东西，就喝了半斤左右的烧酒，这个酒是自己家做的，喝完之后头晕，但是不要紧。我喝完酒的第二天就感觉身体变好了，发烧了两天之后体温也退了，到第三天就好了，能够下床了。我记得发生鼠疫的时候是那年的农历七月份左右，天气很热，发烧很难受，不知道怎么形容。

看见日本人烧房子

村里大多数人都逃到外面去了，一开始逃出去的有，鼠疫发生时逃出去的也有。我家的房子在山背边上，地势比较高。我亲眼看到日本人来村里很多次，大概有 4 ～ 5 次，他们进村经过山背，到下面的那口池塘那里，现在池塘已经被填平了。我看到过日本人烧房子，到处都是火，他们把得过病的人的家里的房子烧掉，但没有全部烧掉。

日本人在林山寺给人看病，很多人去那里看病。但后来听说，日本人把得鼠疫的病人关在里面。我那年 17 岁，从外面逃回家以后就一直躲在家里的柴堆里，把柴堆堆起来，人睡床里面，日本人就找不到我了。我在柴堆里待了 3 ～ 4 天，自己在家里烧饭，烧饭没事的，日本人不会来管。我后来还去过林山寺，日本人那时候也在，我那时候还小，他们可能觉得我是小孩，没有来抓我。那些被关在林山寺的人如果是得了鼠疫的，肯定是要被杀死的。我没有看到过他们怎么被杀的，没有看到过他们解剖尸体。有一个从林山寺里面逃出来的女人看到过，她叫张菊莲。她把日本人在林山寺解剖鼠疫病人的事情告诉了很多人。

1942 年没得鼠疫前，村上有 1000 多人，得鼠疫死了 340 人左右，死人是从当年农历七月开始的，农历八月也有很多人死掉，过年的时候才没有人死了。

（口述：王丙宏　整理：施　俊）

傅自律：让更多人知道那段历史

傅自律今年83岁，是汤溪镇人，父亲和小叔在他儿时便因烂脚病去世了，剩下孤苦的母子2人吃尽苦头。2004年开始，他便自费寻访亲历过细菌战的幸存者，收集日本人的战争罪证。十几年来，他走访了13个乡镇的135个村子，找到了3500多名受害者。说起儿时的那段艰辛岁月，老人几次红了眼眶；谈起十几年来坚持的调查工作，他坚定地说："一方面是因为我的亲身经历；另一方面，我认为这事关民族尊严，必须还原真相，让更多人铭记历史。"

我的父亲和小叔都因染上烂脚病死亡

我叫傅自律，生于1933年。我家中原本有四个兄弟，由于家庭贫困，养不起这么多小孩，日子捉襟见肘。我的养父母是莘畈乡井下村人，在山里替地主看山。为了传宗接代，在我4岁的时候，他们就将我买回家，8岁的时候我才开始上学，生活虽然清苦，但也安乐。

1942年，我当时9岁，日本鬼子来了，给我们带来了灾难和痛苦。我父亲家里兄弟一共7人，3个因为染上伤寒死亡，2个去当兵后便没了音讯。父亲和小叔在山上看山时不知为何染上了毒气，脚上开始一点点发红、发痒，后来便开始烂。那时候家里穷啊，开始请了一次医生，看了之后没效果，便作罢了。他们只能自己上山挖一些草药，敷在烂脚上。我记得那时候家里都是父亲和小叔烂脚之后的臭气，他们还经常痛得直喊。我帮着母亲一起，替他们换药。可是药石无灵，那一年，父亲和小叔都因为烂脚病相继去世了。一下子，家里就只剩下祖母、母亲和我3个人。祖母在去雅畈乞讨的路上死了，我和母亲饥一顿饱一顿地熬着，吃尽苦头。

因为我们家住在山上，离村里有5里路，所以村上的情况并不清楚。后来听说村上有50多个人都染上了烂脚病，大部分后来都烂死了，幸存者不过六七人。

有的幸存者被烂脚病折磨了70多年

过去，我并不知道细菌战调查的事，后来认识了王选，被她的精神深深感动。我自己也有了做调查的心思。一方面，我的父亲和小叔就是细菌战受害者；另一方面，我觉得这是事关民族尊严的大事，非常有必要还原真相，让更多受害者发出声音，让更多年轻人知道那段历史。2004年开始，我就自费做起了细菌战调查和日军战争罪证的收集工作。

那时候，我就骑着一辆自行车，带着矿泉水和干粮，在 10 多个乡镇里转。找不到人、别人不理解被拒绝、对方年纪大了记不清……各种情况我都遇到过。每天晚上都要整理资料到深夜，虽然辛苦，但是在记录那些真相时，我的心情是激动的、悲愤的，那些血淋淋的历史，必须让大家知道。

傅自律近照

我在调查汤溪镇曹界村时看到，他们村的宗谱清楚地记载着，当时村里 300 多户人家，在 1942 年到 1945 年期间，78% 的人因为细菌战死了。有的就算没死，身体也受到很大的伤害，不能劳动，只能出去要饭。在调查中我得知，村上有一户大户人家，家里原本有 14 个人，其中 12 个人因细菌战死亡。人死了要放在祠堂里，那时候人们一天到晚将尸体抬进去，臭气熏天，到了晚上阴森森的，根本没人敢靠近。村边上的一些小山坡上，也横七竖八地躺着很多尸体，无人收尸。有的好心人路过，就在尸体上盖上一把稻草。其他村子情况也差不多，很多小孩子都因为发高烧死了。调查中，我们一般都是找八九十岁左右的老人，他们因为年纪大了，很多事情记不清楚，但他们都说，他们村上当时死掉的人比活着的人多。还有人说，曾经在傍晚三四点钟的时候看到日本人的飞机从头顶飞过，飞机一直往下喷洒着白雾。而我曾经在日本的档案馆里看到过一份材料，里面清楚地写着，要在汤溪一带使用细菌武器。

我在 2005 年的调查中得知，汤溪镇当时因为烂脚病死掉的有 500 多人，近 80 人当时还深受烂脚病折磨。到了现在，幸存的就只剩 30 多人。这些人被烂脚病折磨了 70 多年，把钱都花在看病上，却没有效果。有的因为烂脚不能劳动，被别人看不起，一直生活在痛苦里。

有一名老人其他事记不清，谈起从日本鬼子手里逃脱的事就哭

见证日军侵略罪证的人，都是八九十岁的老人，有的对当时的场景记忆犹新，有的记忆已经残缺不全。我曾经接触过曹界村的一位老人，他去年 89 岁，我找到他不久，他就去世了。那时候他一说起那段历史，就不停地哭。他说，当时他们村上 20 多人被日本鬼子抓去破坏铁路，阻碍交通。每天日本鬼子就给他们吃两个馒头，连水都没得喝，根本使不上劲，有几个人就不干活了。结果惹火了日本鬼子，鬼子用一根绳子把他们连在一起，用火活活烧死，场面惨不忍睹。还有一对兄弟，哥哥被日本鬼子用枪打死了，弟弟不服气

过去踢了一脚日本鬼子，鬼子就把他拖到营房里，浇上油烧死。

剩下的这些人看着心里直发毛：今天死的是他们，明天或许就轮到我们了。他们就商量着，拼死都要逃出去。有一天晚上，等站岗的日本鬼子睡着了，他们就悄悄起身，趁着夜色逃了出去。大路上到处都有鬼子守着，他们就往山上逃，一刻都不敢停留，逃了三天三夜，终于逃出了日本鬼子的魔掌。跟我说这段历史时，老人一直在哭。

从2004年开始，我走访了13个乡镇135个村子，找到了3500多名细菌战受害者。2005年，我还自费跟随王选到日本东京，状告日本政府。我还曾经将这些材料写成诉状，送往省高院、国家档案局，并编写了《日军细菌战调查实录》。

这些年来，我每年都会去看望我找到的那些细菌战受害者，让我心痛的是，这批人每年都在减少。有些人不理解，我花这么多时间、精力到底值不值？但我可以肯定地回答他们：值！我从来没后悔调查细菌战，能为人民、为国家出一份力，这点辛苦算得了什么。我想只要我还有精力，一定会坚持调查下去，让更多人知道那段历史。

（口述：傅自律　整理：杨诗悦）

丰志元：最严重时，我的右脚 5 个脚趾都烂完了

在汤溪镇冬畈村，记者见到了丰志元。看到远远走过来的他，记者不禁愣了一下，因为他的右脚下半截空空荡荡，走路时只能拄着拐杖。卷起裤脚，右脚剩下半截；左脚小腿爬满了黑斑，脚背和脚趾肿胀着。“别人都说我命不好，不然怎么会染上这烂脚病？”丰志元无奈地说。

父亲说叔叔床头全都是治烂脚病的膏药

我出生于 1954 年，父亲以前当过兵，一家人就住在这黄泥土墙的房子里。在我很小的时候，我记得我叔叔就染上了烂脚病。但那时候年纪小，他是怎么染上的我就不得而知了。只记得父亲跟我说，那时候叔叔床头都是治烂脚病的膏药。叔叔烂脚烂了很多年之后就去世了。关于日本鬼子，我听老一辈人说，我们房子后面四五百米的地方，以前是一大片高高的坟头，日本鬼子曾经从那边过来。其他具体的情况我不清楚。

我 20 多岁时，有一天在门口的院子里干活之后，突然发起了高烧，打过针之后左脚开始肿起来。开始不觉得痛，只觉得很痒，后来抓破了就开始烂。没过多久右脚也开始烂，用了很多草药都没用。

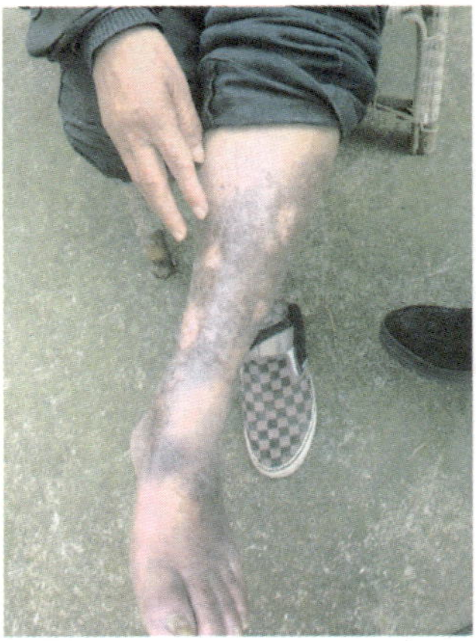

丰志元腿上的伤口

最严重时右脚 5 个脚趾都烂完了只能截掉

烂得最严重的时候，我晚上都不能睡觉，右脚的 5 个脚趾全都烂没了，汤溪医院的医生就跟我说，这脚没用了，要给我截肢。我说我没钱，他们就免费给我做手术。左脚就这么一直烂着，去年跟着王选去上海医院住了 63 天，本来情况好一点了，最近几天又肿起来了。

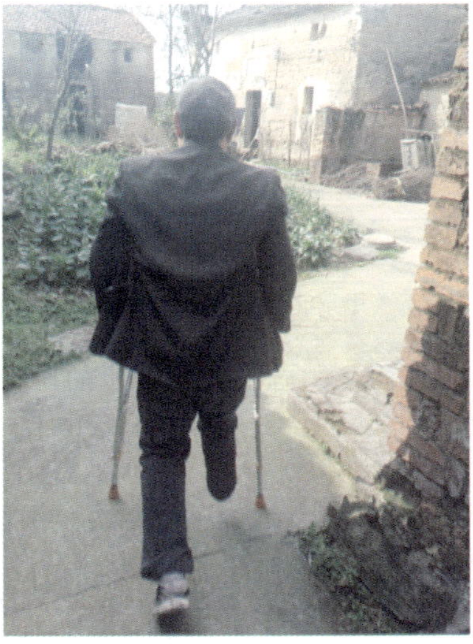

从烂脚开始，我就不能干活，没有经济来源。父亲和母亲身体不好，70 多岁时 2 人都去世了，我就靠着兄弟姐妹的接济和一个月 200 多元钱的低保过日子，到现在也没有成家。哪有人愿意嫁给我呢？前两年原来的房子倒了，现在就住在兄弟家里。

对自己的生活，丰志元显得有些绝望。“现在党的政策好，还给我们免费治烂脚病，我这辈子反正也就这样了。”采访结束，丰志元撑在椅子上，一步步移回家里。

（口述：丰志元　整理：杨诗悦）

王竹花：我 8 岁就开始烂脚

王竹花出生于 1935 年，今年已经是 81 岁高龄，是汤溪镇中祝村人。到她家时，儿媳妇说老人今天出门看戏去了。不一会儿，儿子便载着老人回到家里。老人年纪大了，过去的事情记得不甚清楚，但深受烂脚折磨 70 多年的她，却还记得很多细节。老人不会说普通话，孙子便在一旁一句句翻译。

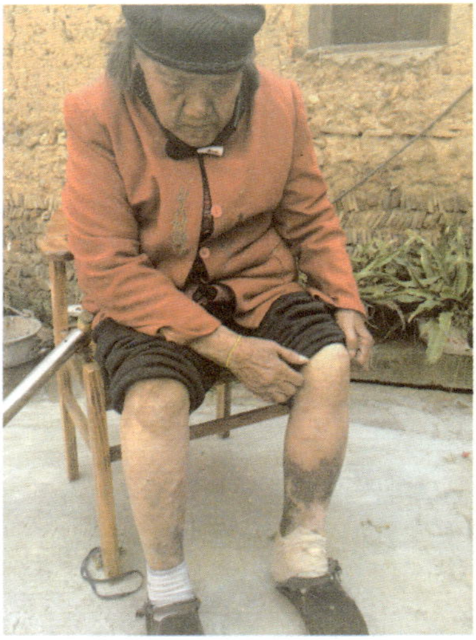

王竹花卷起裤腿，讲述烂脚病带来的痛苦

我小时候替人家放牛，8 岁就开始烂脚

我的老家在兰溪市游埠镇余家垅村，小时候家里穷，吃饭都成问题，我只好到山上帮别人家放牛。那时候我只有一条长裤，清晨

山上露水重，我的裤脚经常是湿的。8 岁的时候，我就开始烂脚，又痒又痛。但每天都有安排的活，再痛也得坚持。

因为烂脚，到田里干活时蚂蟥就叮在我脚上，导致烂脚更加严重，有时候甚至痛得不能走路。家里人给我擦了很多药，但是都时好时坏，不能根治。我 9 岁的时候，有段时间特别严重，不能走路，父亲就给我做了一个特制的篮子，把我放在篮子里，载着我去 15 里以外的地方看病。我记得配了吃的药、擦的药，刚开始还有点效果。情况好点了，我就继续干活，下田之后蚂蟥又叮上烂脚，上来整条腿都是血。但没办法啊，必须得干活，就这么反反复复，我一直烂了 70 多年。

我盖的被子都烂出了一个个洞

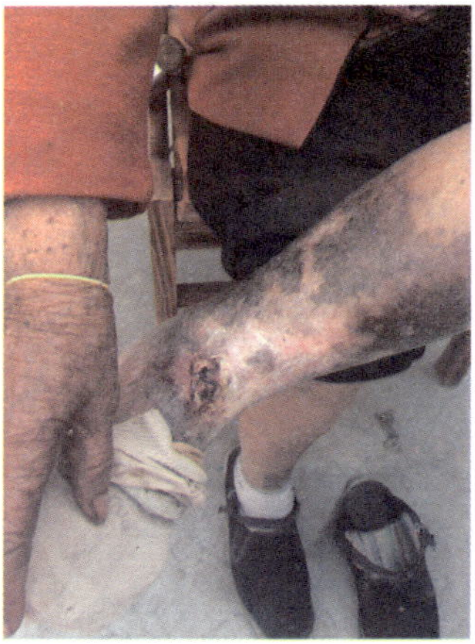

虽然烂了 70 多年，已经习惯了疼痛，但这烂脚病实在折磨人。疼起来时晚上根本无法入睡。我们那时候一人一张床一床被子，每天晚上睡觉我都是把脚放在被子上面，不能伸进被窝。烂得严重的时候，几乎烂到了骨头，还有很多脓水。我的被子因为脚上脓水的长期腐蚀，也烂出了一个

个洞。

小时候在山上放牛的人有很多，但他们有没有染上烂脚病我并不清楚。不过除了我以外，我听说村上还有2个烂脚的人，他们前些年都死了。因为后来我搬了家，离原来的村子有5公里远，不知道他们是否因为烂脚而死。

王竹花脱下鞋子，记者看到，她的左脚还依然烂得严重，包着纱布，小腿上都是黑黑的斑纹，新旧伤疤惨不忍睹。脚上一处还有伤口，刚结了痂。

（口述：王竹花　整理：杨诗悦）

董桂娣：因为烂脚这辈子只能这么熬着

董桂娣近照

我叫董桂娣，是婺城区岭上乡桃源村人，今年82岁。我的老家在塔石乡高田村，父亲在我11岁的时候被抽壮丁，那一年就去世了。我曾经看到日本人的飞机从我们村上方飞过，炮弹轰炸。

我8岁就开始烂脚，开始好像只是肿了一个小包，又痒又痛的，后来就越烂越严重。家里兄弟姐妹多，母亲也顾不上我，日子过得艰苦啊。烂脚之后我就不能干活了，经常痛得直叫，很多时候走路都不能走。脚上经常有毒水流出来，皮连着肉腐烂着，臭气熏天。

之前去上海医院治了之后情况好了一点，但医生说要植皮才会好，我年纪大了不敢做。家里的子女都在金华市区工作，空了就回来看我。老伴死得早，我也习惯了一个人。因为烂脚，不能自由行走，我几乎没出过远门。有时候想想，我的命怎么这么苦，染上了烂脚病，这辈子只能这么熬着。

董桂娣现在只能拄着拐杖艰难移动，脚一用力就很痛，跟记者聊天时几次抹眼泪。

（口述：董桂娣　整理：杨诗悦）

陆家祥：有生之年希望治好烂脚病

“自从几十年前开始烂脚，这么多年来，我的脚就没有一天好过。”今年85岁的陆家祥得知上海专家来金的消息后，在女儿的陪同下来到婺城区第一人民医院接受专家现场问诊。陆家祥说：“年纪大了，禁不起烂脚病的折腾了，这么多年来一直希望能够早日把病给治好，睡个好觉。”

陆家祥撩起裤脚，给大家看他的腿部，只见两条小腿上布满了因为烂脚病而留下的黑褐色的大大小小图斑。“这些伤疤有的已经几十年了，有的是去年留下的，没有人能够体会脚上痛痒了几十年是什么感觉，我只希望有生之年能够把病给治好，不要再痛，不要再痒了。”

小时候被日本人放狗咬过

我叫陆家祥，家住婺城区苏孟乡。12岁的时候，我和三四个小伙伴在池塘边一起抓鱼，玩得非常开心。池塘的位置就在府上街附近，那个时候那一带是有日本人驻扎的。

当我们在抓鱼的时候，被日本人看到了，当时他们手上牵着一条狼狗。没有想到，日本人居然命令狼狗来咬我们。看着狼狗从远处跑过来，我和几个小伙伴马上逃离池塘往前面跑。当时一起抓鱼的几个人，我的年纪最小个头也最小，体力也没有其他人好，结果我落在了最后面，被狼狗给追上了。我被狼狗给扑倒在地上，身上很多地方都被狼狗咬了，脚上、大腿上、胳膊上，都被咬出了很多的血，把衣服给染红了。没有人来帮我，小伙伴们早就跑得没影了，我只能在地上打滚，喊着“救命、救命……”后来，日本人看到我的惨状就把狼狗给牵走了。

陆家祥近照

我一瘸一瘸地跑回家去，妈妈看着我身上的伤没有办法，只能把我带到日本人开的医院去看病。在医院经过包扎和打针后，妈妈就带着我回家了，因为伤口太严重了，我在床上还躺了很

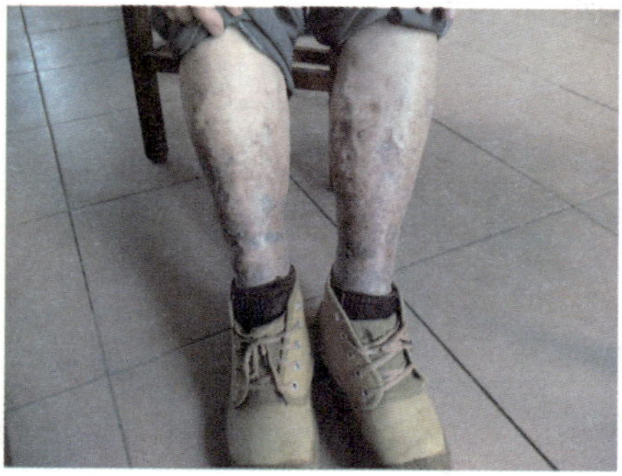

陆家祥腿上的伤口

长一段时间。

晚上只能依靠照红外线灯入睡

被日本人放狗咬后不久，我的脚上就出现了一些带着水的小泡，脚上也开始痒，不小心挠痒把泡弄破了，周围又会出现一些小泡，但不久又好了。后来不知道为什么，我的脚的症状就开始变得越来越严重了。刚开始只是痒，后来就开始烂了。不仅脚上痒，身上也痒，还挠出了很多血。严重的时候，即使用了很多药膏，晚上也根本睡不着觉，实在是又痛又痒。为了治好烂脚病，也用了很多的土方子，可压根儿不管用，有的药用了是有效果，可过不了多久，脚又开始痒了。

大大小小的医院也跑过很多家，但烂脚病就是看不好。有一家医院用红外线灯照我的腿，我觉得不错，痒和痛有减少，就让家人买了红外线灯，天天晚上用灯照腿消毒。红外线灯是10多年前买的，一直用到现在，我必须依靠着它，不然晚上就睡不着觉了。

（口述：陆家祥　整理：施　俊）

吴学龙：亲眼看见日本飞机轰炸金华

吴学龙近照

吴学龙家住婺城区洪源村招贤巷，今年80岁。

虽然老人的听力有所下降，但说起往事条理清晰，谈起烂脚病和日本侵华，老人的声音变得异常沉重。“当年村上还有很多人得了烂脚病，我年纪最小，年纪大的都死了，但他们在死前都没有把病治好。”吴学龙说，希望他还有机会能够把烂脚病给看好，安享晚年。

日本飞机轰炸老火车站

我7岁的时候，有日本人驻扎在洪源村，当时宪兵队的头领也在洪源村，导致小码头等地做生意的人都逃到了洪源村，做买卖的摊位很多，洪源一带也变得越来越热闹了。

当时，我爸爸在金华老火车站开茶馆，所以我也经常跑到那里玩。我 7 岁的时候，有一次日本飞机飞过老火车站，飞得很低，我记得当时有三四架飞机，“轰隆隆”的声音特别响，窗户也颤抖了起来。突然，日本飞机开始往下丢炸弹。大家马上开始逃窜，我爸当时让人带着我往婺江的方向逃跑。当时，在婺江上有三条船。我一路拼命地跑，那个时候整个场面很乱，逃跑的过程中，满耳都是飞机的轰隆声和大家的尖叫声。幸运的是我成功逃到了船上。但飞机又开始往婺江丢炸弹，我亲眼看到了一艘船直接被炸成了两段。因为日本飞机的轰炸，溪水被炸得老高，我全身上下也都是溪水。

这件事情过了 2 个月后，我的脚上就开始长出了一个个的泡，泡里面是水，感觉很痒，但是也没有特别注意，因为过了不久就不痒了。没想到的是，后来脚上越来越痒，脚也开始烂了，我 20 岁的时候脚烂得更加严重了，能挠出很多血。

多年饱受烂脚病折磨

我在 24 岁的时候娶老婆，那个时候脚上也是烂的，但因为年轻也就并不是特别在意，觉得烂脚也能扛得住。但过了几年，左脚上的伤口变得严重了，虽然没钱，但也得四处求医。在兰溪到金华交界处有一个村，村上有一位叫做“小黄姑”的赤脚医生，我听说水平还可以，就跑去那里看病。当时，我的左脚上烂了很大的一个口子，“小黄姑”把配好的药水用针筒打到我左脚上的伤口内，一直往伤口内打药水，直到伤口肿大，把一些血水之类的东西给逼出来。

打药水的过程太痛苦了，为了不让我因为疼痛乱动，“小黄姑”用绳子把我绑在椅子上，手和脚都绑得很牢，为了怕我不小心挣脱，还让很多人按着我，不让我动。两三个月以来，每天都要这样子打针，真的很痛苦。

我 30 多岁的时候，烂脚病好了很多。当时，为了养家糊口，我到山上去背树，大树，树很重，一棵树可以换 40 多斤米。但因为天气热，背树的过程中还得蹚水，脚上的伤口伤势变得严重起来，没办法，家里的小孩还得吃饭，也就顾不得这么多了。

因疼痛剪掉腿部神经

晚上睡觉的时候，脚上又痛又痒，时常因疼痛熬夜到早上，如果白天走路多了，到了晚上脚就会更加痛，只能靠挠。因为烂脚病，我受的苦不说，还把大把的精力和钱花在了上面。汤溪有一位医生，他家医术已经传了 5 代了，在那一带也是很有名的。我在他家看了 7 年的烂脚病，每 2 个月去一次，各种草药也用了 7 年，可是脚部的伤口还是反反复复，一直没治好。经过打听得来的各种土方也用了很多，可就是不管用。

我在69岁的时候，得到机会去杭州看病，吃住免费。当时，在医院的安排下，做了脚部伤口清创手术，然后把肚子上的皮植到了脚部。在医院待了35天，通过植皮以后伤口还是长得慢，在医院待不住了，很想回家，就出院了。回到金华过了好几个月，腿部又开始长水泡，慢慢地腿又一点点地开始烂了。

因为晚上痛得经常睡不着觉，去年7月份，我去人民医院看病，把腿上的敏感神经给剪掉了，疼痛也就没有感觉了。

（口述：吴学龙　整理：施　俊）

华金根：7 岁开始烂脚，多年伤口不愈合

我叫华金根，今年 81 岁，家住婺城区琅琊镇新兰村。

我从 7 岁的时候就开始烂脚了，70 多年来伤口一直反反复复，没有彻底根治，每天只能依靠止痛药来止痛。直到去年 11 月份，我得到了全国创面修复专科联盟组织的金华“烂脚老人”前往上海接受免费治疗的机会，在上海中西医结合医院接受 2 个多月的系统治疗后出院回到金华。去上海看病后，我的创面已经完全愈合了，现在也不吃止痛药了。

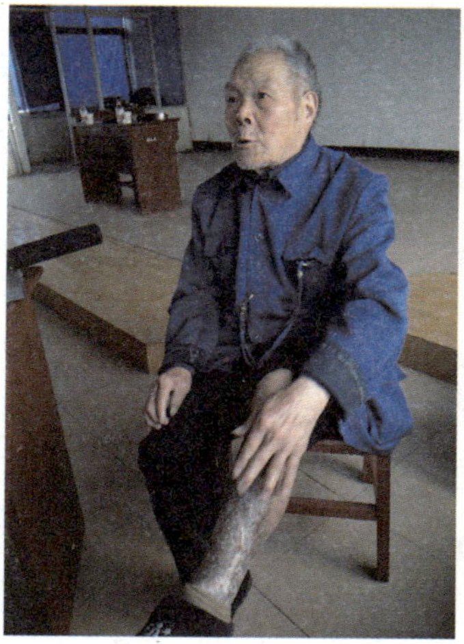

华金根卷起裤腿，腿上布满褐色伤疤

我有机会能够看好烂脚病，但是很多得了烂脚病的人直到死都没有把病给看好，比如我们村上五六个得了烂脚病的人就是这样。有三四个人都烂到骨头里了，特别痛苦，但大家都不知道是什么原因才开始烂脚的。现在村上得了烂脚的都死了，我是村上唯一幸存

的“烂脚老人”了。

小时候，我的脚就烂了，开始好像只是肿了一个个小包，又痒又痛的，后来就严重了。刚开始脚上烂的面积比较小，只有一点点，后来伤口慢慢变大，尤其是左脚特别严重。年轻的时候，脚好了烂，烂了好。但到了我三十五六岁的时候，伤口就一直不会愈合，还有毒水从伤口内流出来。但再痛还是得干活，因为家里没钱，还有两个小孩要养。估计是因为我干活多，抵抗力不错，虽然脚上的伤口一直没有结疤，但我还是活到了现在。

不过为了看好烂脚病，这么多年了，我也跑过很多医院。10 多年前，女儿带我去杭州看病，当时医生建议我截肢，告诉我还有一定的补助。我不要钱，我只要我的腿，没有腿，我就走不了路，烂脚病再难熬，我的腿也不能截肢。有时候实在痛的不行只能去医院挂瓶，但过了三四天腿上的伤口又开始痛了。

以前，因为我的脚看上去实在是太恐怖了，别人都不敢打针，都是在赤脚医生那里包扎一下。这么多年了，用了很多很多的草药都不管用，直到去上海看病伤口才开始慢慢愈合。

我小时候看到过很多次日本人，当时有日本人驻扎在石门。村上的人都怕日本人，大家都跑到山上去，尤其是大人。因为日本人来了，大家都过得很苦。

（口述：华金根　整理：施　俊）

应彩琴：白色的虫子从伤口中爬出来

说起烂脚病带来的伤痛，今年86岁的老人应彩琴眼里含着泪水，“实在是太痛苦了，腿又痒又痛，最严重的时候，都有白色的虫子从伤口中爬出来”。

老人拄着拐杖，虽因烂脚病行走不便，但对以前发生的事情印象深刻，向大家徐徐道来。

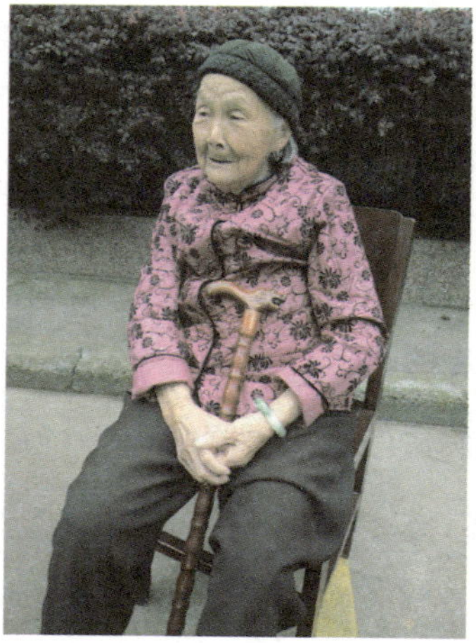

应采琴近照

看到日本人就跑

我叫应彩琴，家住婺城区蒋堂镇泽口村，出嫁前家在蒋堂镇下方村。

小时候，日本人一来到村中，大家就跑，逃到山上去。我当时脖子上戴着的银器都被日本人抢走了。日本人太可恨了，在很多人的房子里往米缸、豆瓣酱缸内拉大便。我从山上逃回家里，收拾厨房的时候，就在米缸里抓到了大便，很恶心。

我记得在我十三四岁的时候，有一次和三四个人一起放牛，日本人来了，我们就跑，我的牛被日本人抓走了。为了躲日本人，逃跑的过程中，我蹚过溪水，最后躲到草堆内。不久，不知道什么原因，我的脚上就起了一个个水泡。

当时，汤溪镇胡碓村的一户人家，看到日本飞机飞得很低，往下面撒一些黄色的粉。因为飞机飞得低，大家都能看到在飞机里的日本人，日本人只要看到房子里面有人，就向里面扔黄色的粉。

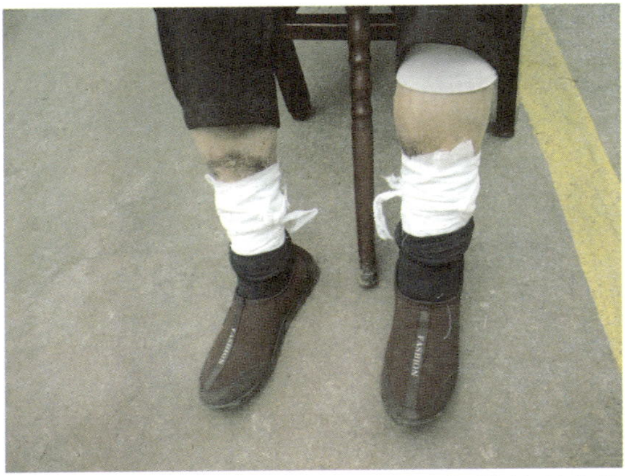

20 多岁的时候，我的两只脚开始烂，刚开始的时候只是一些水泡，挠了以后把水泡弄破了就更痒了，还经常挠出血来。那个时候，生产队里必须得干活，在水田里种地时，蚂蟥钻到我的脚上都不知道。去年得到机会去上海浦南医院看病后，好了很多，只是到了下午腿还是会肿大。不过我还是幸运的，当年村上烂脚的五六个人都已经死了，只有我一个人还活着，他们死前都没有把烂脚病看好。

脚痛得不行只能哭

说起烂脚病，我真的很想哭。以前，我的腿上有一个像信封一般大小的伤口，因为烂脚病，伤口内的血像自来水一样涌出来，血是臭的，止都止不住，因为没有东西包扎，只能用清朝的铜板压在伤口上，再用布条绑起来止血。我的伤口经常像这样冒出血来，往往止住血后，都会有很大一摊血。最怕夏天的到来，因为夏天天气热，蚊子、虫子特别多，它们都往我腿上的伤口飞。

最严重的时候，我的腿上长了2次虫子，白色的，长得就像茅坑里的虫子。我用凉水往伤口上浇，只想着用水把虫子冲出来，压根儿想不到伤口不能碰水，脚也因此肿得很厉害。我经常哭，因为实在是受不了，脚太痛了。

白天的时候，我都是用报纸包住脚，因为烂脚，伤口很臭，我怕别人闻到，到了晚上等家人都睡觉了，我就一个人洗脚，我怕别人看到我的脚。晚上因为脚痛，常常睡得不安稳，从晚上痛到早上，只能一个人熬着，实在痛得不行了我就哭。

（口述：应彩琴　整理：施　俊）

吕妹妹：8 岁开始烂脚，至今仍未痊愈

今年 81 岁的吕妹妹，家住婺城区乾西乡黄桥头村，在 70 多年前患上烂脚病，至今仍未痊愈。

说起烂脚病带来的痛苦，吕妹妹的眼眶红了，眼泪多次往下掉，“我从 8 岁开始烂脚，这么多年了，伤口反反复复，一直都没有好过，给我的生活带来了很大的影响。爸爸和哥哥也得了烂脚病，他们都是因为得了这个病才死的”。

吕妹妹揭起左腿的裤脚，摘下腿上的纱布，只见小腿上布满了黑褐色的斑点，以及两处没有完全愈合的伤口。“原本整条左小腿的几处伤口毒水很多，还很臭，去年下半年去上海免费看烂脚病以后，现在好多了。”吕妹妹说，村上得了烂脚病的人都死了，只剩下她一个人了，如果不是她这么多年来一直找草药来治病，估计也早就不在了。

为躲避日本人，在外流浪数月

说起烂脚病吕妹妹双眼含泪

我在出嫁前，家住金东区多湖街道望府墩。在我8岁那年，农历四月的某天，日本人到村里来。我记得那个时候，家里刚刚吃完晚饭，日本人就来了，大家都很恐慌，纷纷往山上跑。那个时候，我看不见爸妈，和家人失散了，就跟着人群往山上跑，跑的时候路过水田，还不小心摔进田里，弄得身上都是水。因为怕日本人，跑得急了，家里的东西都没有顾得上拿，我只是拿了3把炒米。

我很害怕，除了手上的3把炒米，我没有带任何东西。我自己一个人，在山上东躲西藏，直到过了三四天后才碰到了妈妈。那几天，我都是靠着拿来的炒米填肚子的，饿了再喝点田里的水充饥。我们在山上生活了2个多月，天天晚上睡在松树林里，山上露水特别多，再加上没有什么东西可以吃，大家都吃尽了苦头。

在山上生活了2个多月后，爸爸妈妈带着我们兄妹3个去投靠住在雅畈的舅舅，因为雅畈是个大镇，日本人很有可能也会来，舅舅建议我们去安地。随后，我们一家子又跑到了安地山背上的一处人家家里，住了2个多月。

在外生活了一段时间后，我们就一起回家了。回到家后发现，家里很多东西都被拿走了，连家里烧饭用的锅都消失了。再加上爸爸那个时候已经开始烂脚了，压根下不了地，干不了活。家里唯一的劳动力没有了，妈妈和我们兄妹几个都还小，生活得很苦。家里种庄稼，引水灌溉时，水都被别人提前引到水田里去，我们家只能靠着从远处打水灌溉。那个时候，妈妈经常抱着我们哭，“要饿死了，要饿死了”。我妈妈很可怜，家里的重活只能靠她，如果我爸爸没有得烂脚病，那我妈妈也不会这么辛苦，小时候家里的生活更不会这么难。

一家5口人，3个人得了烂脚病

在外的那段时间，因为下雨、逃跑时泥泞的小路、田里的蚊子等原因，我的脚开始烂了。刚开始的时候，只是觉得很痒，痒得我实在受不了了，就只能用手挠，抓出一条条血痕，后来我的整只脚就变得黑漆漆的了。日本人来之前，我的脚都是好的，不会烂的。自从8岁开始烂脚，这么多年就没有好过，现在脚上还会长泡，不停地换皮。

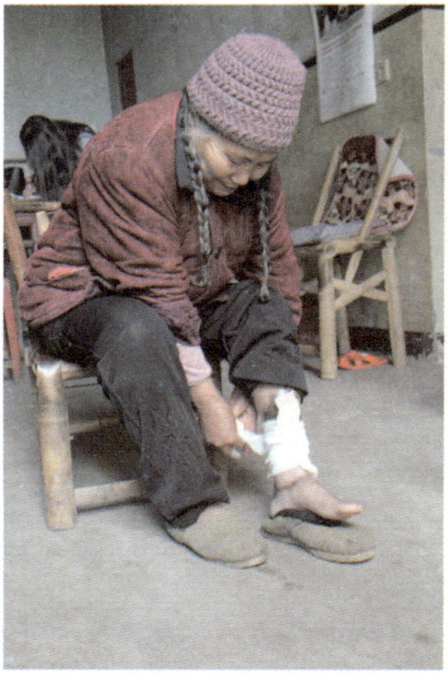

我们一家5口人，除了我，还有我爸爸、哥哥也得了烂脚病。我爸爸也是日本人来了以后才开始烂脚的，他的情况比我严重多了，他脚上有一个很大的伤口，脚不能落地，每天只能躺在床上。最严重的时候，爸爸连脚后跟都烂没了，烂脚3年后就死了。他每天睡在床上，晚上因为疼痛，经常叫喊，需要人帮忙按摩缓解一下痛苦。我很小的时候，就帮着爸爸按摩脚了，就希望让爸爸少受点苦。那个时候，日本人在金华城里，飞机也经常在空中飞过，城里的大门被日本人看守着，我们进不去，不能去买好的药膏。因为烂脚病，爸爸活得很辛苦，没有药膏，只能靠着菜油涂抹伤口。如果那个时候有药膏擦伤口的话，爸爸的脚也不会烂得那么严重了。不过，当时家里没有钱，也买不了多少药膏。因为爸爸得了烂脚病，他很疼痛、痛苦，妈妈只能挑起家里的重担，她和我们几个孩子也活得很辛苦。

我哥哥的情况和我还有爸爸一样，也是日本人来了以后才开始烂脚的。直到3年前我哥哥去世，他都没有治好烂脚病，那年他81岁。我哥哥去世那年，真的很可怜，有好几个月的时间，天天都有虫子从肉里面爬出来。我外甥早上上班前帮我哥哥的脚换好药，等到下午下班再换药时，看到虫子从里面爬出来。我外甥说，虫子止都止不住。如果虫子不长出来，我哥哥就不会死了，最起码可以多活几年。我哥哥烂脚这么多年了，跑过很多地方都没有治好，偏方也用了很多，可都不管用。因为烂脚病，真是活着受罪。

因烂脚病，吃了很多苦

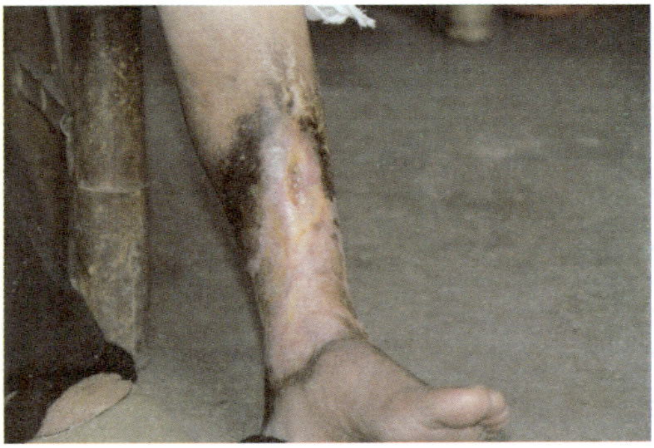

吕妹妹腿上的伤口

我从8岁开始烂脚，这么多年了，吃了很多苦。小时候，因为左脚烂得实在严重，压根儿不能落地，只能靠着右脚用力，双手扶着四脚板凳行走。白天痛，晚上也痛，都不知道那段日子是怎么熬过来的。时间长了，脚慢慢好了。好了一段时间后，脚又开始痒了，虽然知道不能挠，可实在是受不了，挠了以后脚又开始烂了，就这样反反复复，一直没有好过。没钱看医生，痛的时候，只能哭。

我们因为日本人吃了很多苦，大家都很气愤。当年，我记得日本人到多湖街道毛草山村，距离望府墩5公里左右，他们看到人就杀。有一个日本人到一户人家，要强奸一个妇女，那户人家的兄弟特别多，大家一起杀死了那个日本人。结果，整个毛草山村的房子就被日本人放火烧掉了。

我 18 岁那年嫁到了乾西乡黄桥头村，发现黄桥头村得烂脚病的人很多，至少有 40 多个。这些得了烂脚病的人当中，有的整只脚烂，还有的腿肿得像蜂桶一样，有的一户人家家里好几个人都得了烂脚病，大家都很可怜。我记得有一户人家，妈妈还有她的 2 个儿子得了烂脚病，不过他们现在都已经死了，村上烂脚的老人就剩下我一个人了。他们都是没有把烂脚病治好就死了的。

我家人会给我找草药，内服的、外服的草药都有，经常都是八九种好的草药放在一起用。听说蒲公英的籽效果好，我儿子女儿就跑山上去收集，拿回来煮着给我洗伤口。基本上，只要是对伤口好的，山上有的草药都摘来试过。药用了是有效果的，但是好不了多久就又开始烂了。

我也去过不少地方看过医生。以前，为了看好我的烂脚病，我儿子每隔 10 天就骑着自行车去一趟兰溪，到一位有名气的医生那里为我取药，一直持续了好多年。还有金华的一位很有名气的“胡玉仙”，一年到头跑他那里看病。

（口述：吕妹妹　整理：施　俊）

黄樟铨、黄樟斌：兄弟俩都得了烂脚病

黄樟铨和黄樟斌是亲兄弟，家住婺城区乾西乡湖头村黄武范自然村。两人都在日本侵华期间患上了烂脚病，幸运的是两人的症状较轻，也得到了及时的治疗，烂脚病对日后生活的影响较小，但谈起其他亲人因为日本人所受到的苦难，两位老人记忆犹新。

黄樟铨：多位家人深受烂脚病之害

我叫黄樟铨，今年 89 岁了。小时候因为烂脚真的很痛苦，现在好多了。

我 16 岁的时候，有一批日本人来到村里，强行牵走了家里的大黄牛。湖头村附近的上天师村有日本人驻扎的，所以日本

黄樟铨近照

人经常会到黄头桥村来。日本人很看不起中国人，特别是对待老人，态度更差，有的日本人甚至在人家家里的缸里大便。我记得我爸爸被日本人无缘无故抓起来，用棍子打；我的一位堂姐，那年十八九岁，被日本人强奸了。

那个时候，距离湖头村不远有一条溪叫筱溪，溪的两边分别驻扎着国民党军和日本兵。日本人在那里有炮台，为了方便监视国民党，日本人把东俞村、筱溪村等沿溪的几个村子的房子都烧光了。日本人还会抓人去做苦力，那个时候，我虽然年纪小，但也被他们抓去干过几天活，帮着搬运一些木头。

为了躲避日本人，全村村民都尽量逃走，有亲戚的投奔亲戚。我和爸爸就跑到了长山乡的石头垅，妈妈和弟弟去了南山。

我的脚也是在日本人来了以后才开始烂的，日本人没来之前，我没有烂过脚。不知道什么原因，我的两只脚很痒，痒得受不了就拼命地挠，还挠出了毒血，旁边的肉也开始烂了。我的脚烂得严重的时候，经常能挠出血肉来，又痒又痛。因为烂脚，我的脚看上去很恶心，都怕被别人看到。特别是一到夏天，脚上伤口流出的毒水很臭，蚊子、苍蝇都往我脚上的伤口处飞。

后来，家人带我去湖头村的一位赤脚医生那里看病，看了 3 年才好。虽然 3 年后，脚上的伤口不再腐烂了，伤口结疤了，但是我的脚也麻木了，按上去都没有感觉了。现在，每到了冬天，曾经烂脚的地方就会出现一层层的薄膜，就像蛇换皮一样，还可以揭下来。

家里不仅我一个人烂脚，还有其他几位亲人也得了烂脚病。我的堂妹黄小品，她的烂脚症状不严重，但也持续烂了好几年。还有我的堂哥黄樟徐，他也是在日本人来了以后开始烂脚的，他最可怜了，烂脚的情况比较严重。他的左脚的两个脚趾头都烂没了，从此走路只能一瘸一拐。在很多年前，他就去世了。我的亲妹妹黄秀珠，今年84岁，也是从小得了烂脚病。有一次脚烂得特别严重，一条很大的虫子从她的脚趾头里面爬出来。我的爸爸在日本人来以后，也患上了烂脚病，还有我亲弟弟黄樟斌。

黄樟斌：烂脚3年后慢慢好了

我叫黄樟斌，今年82岁。我和哥哥一样，都是在日本人来了以后开始烂脚的，但我的症状比他轻，后来就慢慢好了。

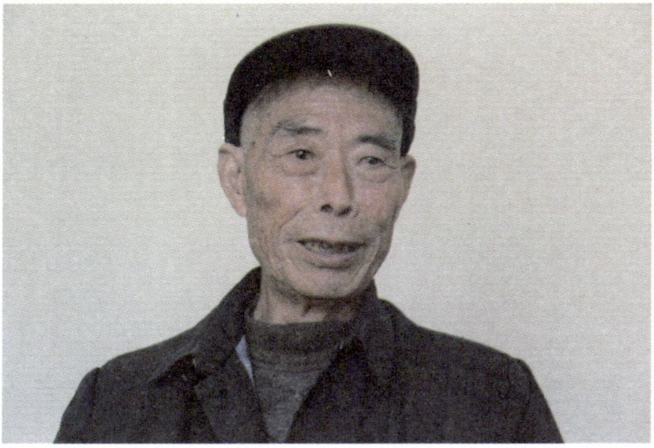

黄樟斌近照

在我八九岁的时候，日本人来村里了，有一次，我不小心摔了一跤，左脚上划出了一道血痕，一寸多长。没想到，就是这么一寸多的伤口，不知道什么原因，慢慢开始烂了。虽然我小，但我清楚地记得脚上的伤口只有一点，过几天就开始烂了。那个时候真的是又痒又痛，没用过什么药，3 年以后就慢慢好了。

我的症状是最轻的，同样得了烂脚病的堂哥堂姐就没有我这么幸运了。

（口述：黄樟铨　黄樟斌　整理：施　俊）

滕卸妹、尹福荣：夫妻俩共同见证悲惨历史

滕卸妹、尹福荣近照

89岁的滕卸妹和91岁的尹福荣是婺城区白龙桥镇临江村一对令人羡慕的夫妻。滕卸妹20岁的时候，就嫁给了尹福荣，两人携手相伴了近70年的时间，共同养育了6个孩子。在两位老人的记忆里，忘不了的和心酸的事都是发生在青少年时期。两位老人都是日军侵华的见证者，都亲眼目睹了日军的暴行以及细菌战受害者们的惨状。其中，滕卸妹更是其中一名细菌战受害者，身患烂脚病多年。

两位老人尽管都已经是高龄，但看起来精神十足，对于往事，他们向大家徐徐道来。

滕卸妹：亲见日本飞机喷洒黄色液体

在我出嫁前，我家住在白龙桥镇让长村。

在我16岁的时候，日本人到村里来。我记得是农历四月十一，那天，我看到从日本人的飞机上喷洒出黄色的液体，只见飞机飞过的地方，黄色的雨下下来。飞机飞得很低，很多人都能够看见。当时，我爸妈都在家里，只有我在外面。没过几天，我的左脚上就出现了一颗黄痘，接着开始烂了，烂出了很大一个洞，身上还开始长疮。因为爸妈在家，没有被淋到，就没有烂脚；我在外面被淋到了，所以我才得了烂脚病。

当天晚上，日本人还在村里放火，很多房子被烧毁了。大家看到日本人就跑。我也看到过好多个日本人，他们拿着刺刀，我不敢从正门走，怕被抓到，只能从后门逃走。日本人也在我家放火，幸亏家里的院子里有井，家人及时用水灭火，所以只有店门被烧毁了。

那年，村上死了很多人。有一些老人死了，他们死前身上还长着很多疮。除了生疮死的，还有一些是得了疟疾死的。

我小时候，家里是开酒肉店的，家庭条件也挺好的。为了治好烂脚病，爸爸妈妈带我到一些好的医院看病。我烂脚症状挺严重的，脚上有烂肉，很痛。因为疼痛，我只能哭。很多医生说我的脚要烂3年，不会好的。我那时16岁，也怕治不好，不好嫁人了。我记得一个住在山里的老头，他的药有点管用，很大的一个药膏贴在伤口上，伤口会慢慢地愈合。我还在一家医院做过手术，医生把我腿上的烂肉全部割掉，经过一年多的时间伤口才慢慢好了起来。在我 18 岁的时候，脚上的伤口才愈合了，脚才真的好了起来。

尹福荣：看到日本人杀人放火

在卸妹嫁给我的时候，她的脚已经好了。她嫁给我那年，村上也有一些得了烂脚病的人。不过，现在很多得了烂脚病的人都已经死了。村里的李松勇也是在日本人来的时候得了烂脚病，他是在 80 多岁的时候死的，死的时候还是没有把病看好。

我看到过日本人很多次。甚至有一次，我在自己家的楼上，亲眼看到日本人放火烧房子，还杀了人。村里的人因为日本人的残害死伤了很多。一个青年被日本人开枪打死了；一个年纪大点的人看到日本人就跑，日本人就跟在后面，朝他腿上打了一枪……

村里的人因为日本人的到来，都活得胆战心惊的。妈妈有一次在外面晒衣服，有一件颜色好看的女式的衣服挂在竹竿上。日本人看到了，就问："花姑娘在哪里？花姑娘不拿出来，打死你。"村上的女人都不敢穿颜色好看的衣服，只能穿一些黑灰色的衣服。

（口述：滕卸妹　尹福荣　整理：施　俊）

郑竹英：8岁烂脚，至今走路仍疼痛

得知记者前来湖头村记录细菌战受害者口述史，郑竹英老人迫不及待地拦住记者说："我从小得了烂脚病，烂脚严重的时候，都能够看到里面的骨头，几十年了，虽然脚不烂了，但是留下了后遗症，真是吃尽了苦头！"

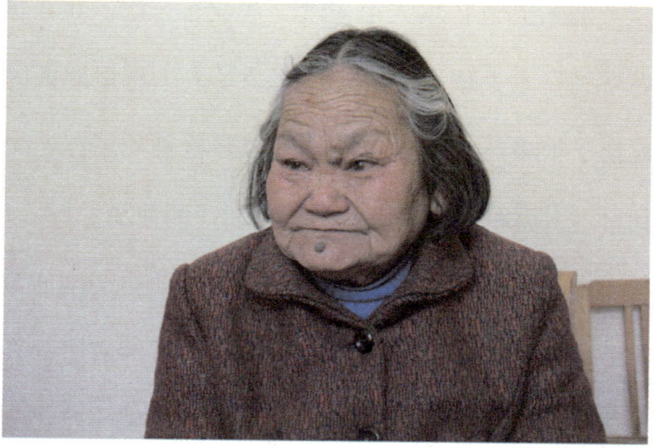

说着话的同时，郑竹英还撩起了两条裤腿，给大家看脚上留下的伤口。只见右腿明显比左腿粗大，右脚上还有一道道凹痕。"这些凹痕都是烂脚留下的，因为脚烂到骨头里了，那片肉都烂光了，才会有一道道的凹痕。烂脚的那几年，我真的很受苦，现在想想都觉得难受。"郑竹英说。说话的时候，老人的双眼泛着泪光，眼泪不禁流了出来。老人一边说着烂脚的回忆，一边用右手抹着眼泪，心情颇为激动。

一家 9 口人，4 人得了烂脚病

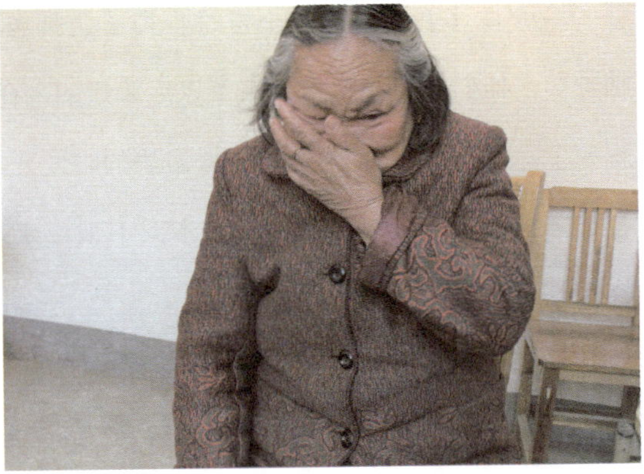

说起烂脚病所带来的伤痛，郑竹英不禁哭泣

我叫郑竹英，今年 80 岁，家住婺城区乾西乡湖头村。在嫁入湖头村前，我家住在乾西乡坛里郑村。小时候，我家一共有 9 口人，爸爸、妈妈、6 个哥哥还有我。虽然小时候的日子过得苦，但是自从日本人来了以后，才明白什么才是真正的苦。

在我 8 岁的时候，日本人来到坛里郑村。那个时候，我来不及跑到山上去，就急忙躲进了柜子里。当时，我妈妈也在家。日本人拿着枪，直接撬开门就进来了，不仅踢了我妈妈一脚，还扇了她一巴掌。那个时候，我家养猪，猪很大只，其中有一只猪有 100 多公斤。妈妈看到日本人放过她，直接去逮猪，就说："大先生，猪给你们，谢谢天地。"后来，日本人扛着我家那头 100 多公斤的猪就走了。

我烂脚的时候就是日本人来的那年，我 8 岁的时候，我以前真的从来都没有烂过脚。虽然日本人来了，但是生活还得过，我去山上捡柴、在塘里洗衣服，不知道是不是在干这些活的时候碰到什么导致烂脚。后来我听村子里的人说，是因为日本人在池塘里放细菌，所以很多人才会得烂脚病的。

家里除了我，还有3个哥哥也得了烂脚病。3个哥哥都是烂到脚趾头，他们也是在日本人来了以后才烂的，在20多岁的时候他们就死了。我的6个哥哥都是在20多岁的时候死的，另外几个是因为打仗，被抓去当壮丁了。如果日本人不来，或许我的6个哥哥不会这么早就死了。

现在，虽然我脚上的伤口很多年前就结疤了，但是每次走路的时候，骨头还是痛的。到了夏天，即使很热的时候，我也是穿长裤的。我不敢穿短裤，腿上一道道凹痕太难看了，我怕被别人看到。

因烂脚病，走不了路

得了烂脚病的人真的是有说不出的痛苦。我烂脚的位置主要是在右脚，从脚掌一直烂到大腿上，很严重，整条右腿是肿的。我看着右腿一点点地变粗，但是一点办法都没有。

右脚烂得很严重，烂得都能够看到里面的肉和骨头。尤其是到了夏天，还有一阵阵的臭味，有好多次都有白色的虫子从里面爬出来。我的腿上出现了一个个的洞，整条腿都是血淋淋的，都是因为烂脚病烂到骨头里面了。我吃不下东西，只能躺在床上，喝一些汤水。每天用盐水洗脚。这个情况一直持续了4年时间。在这段时间里，我爸妈也为了我的病想尽了办法，花了很多钱。10斤米换一副药；知道哪里有好医生，妈妈就背着我去看病；买了珍珠粉敷伤口……爸爸妈妈只有我一个女儿，他们为我花了很多心思，为我的病发愁。我妈妈因为我得的病，看着我这么痛苦，就经常哭。反正家里为了治好我的病，花了很多钱，直到我16岁的时候，我的脚才好一些。

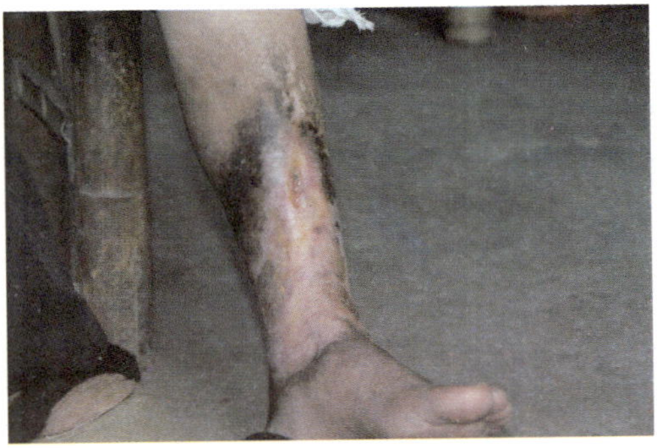

郑竹英腿上的伤口

躺在床上的那4年，我真的是吃尽了苦头。我想起身的时候，只能用四只脚的板凳，再加上左腿，一步步地往前挪动。因为烂脚，我很痛苦，严重的时候，腿上出现了十几个大大小小的洞，腿上是整片的红，看上去很恐怖。

（口述：郑竹英　整理：施　俊）

苏华根：4 岁开始烂脚，至今未痊愈

我叫苏华根，今年 76 岁，家住婺城区白龙桥镇雅苏村。

苏华根抹泪

在我 4 岁的时候，日本人来到村里，后来不知道什么原因，我的脚开始烂了。腿上起了一个个泡，很痒，很想去挠，挠破了，腿上烂得更严重了。在我 5 岁的时候，我妈妈死了，我没看过医生。在我 20 岁的时候，我才去看烂脚病。当年，也只是用碘酒擦一下伤口，用草药包扎一下，过个三五天，再去给伤口换一次草药。因为有草药包扎伤口，腿上的伤好了一些，但只要到田里干活，腿碰到了田里的水，就会导致腿又开始烂。我最怕的事情就是种田了，因为实在怕沾水后脚上烂得严重，烂脚太痛苦了。

我烂脚的症状是腿上的皮还在，但是里面的肉烂了，能够看到骨头。经常会有毒水流出来，晚上睡觉的时候都是用卫生纸包着伤口的，因为毒水很臭，我怕毒水沾到被子上。除了我，村里还有6个人也得了烂脚病。

苏华根腿上的伤口

在我50多岁的时候，因为实在是太痒了，痒得受不了，为了治好烂脚病，我就去兰溪的医院看病。医生为我做手术，在我的左右腿上开了18刀，再加上还吃了2年的药，腿上的伤口就慢慢愈合了，腿也就不烂了。但是好景不长，腿好了不到2年的时间，又开始烂了。

去年，我的脚烂得还是挺严重的。下半年我得到了机会去上海浦南医院免费治疗烂脚病，经过系统治疗，脚好了很多，但有时候腿上还是会痒的。每到8月份的时候，我都不敢到田里去，就怕腿上沾了露水，会让脚烂。

从4岁到现在，我的脚一直都没有治好，伤口反反复复，70多年了真的很受烂脚病的折磨和拖累。

（口述：苏华根　整理：施　俊）

陈小奶：我不知道为什么会烂脚

我叫陈小奶，今年 82 岁，家住婺城区乾西乡湖头村。

我在 4 岁的时候，就被亲生父母送到湖头村的养父母这里当女儿，我从小在湖头村长大。我记得在我 9 岁的时候，日本人到湖头村来。

我的脚是在 10 岁的时候开始烂的。那年农历八月，我爸爸用山上的竹子打我的腿，很痛，都出血了。后来，我的腿就开始慢慢烂了。腿上很痒，我受不了就挠，挠出了很多血，伤口越变越大，血淋淋的一片。村上开茶馆的老头看到我腿上的伤口，就建议我可以用中药敷伤口。再加上我爸爸就是赤脚医生，他买了很多药回来，清洗伤口的草药也有，敷伤口的草药也有。那段时间，我一天用药水洗 3

遍伤口，再加上每天都在伤口上敷药，经过一年时间左右，我的腿就好了很多。

我不知道为什么会烂脚，但我猜腿是因为被爸爸从山上砍下的竹子抽打才会这样的。可能竹子上有露水之类的东西或者有什么脏东西。后来听说日本撒过细菌，是不是竹子上也有沾上细菌。也有可能是我自己跑到山上、田里，腿上沾到了什么。

现在，我的腿上还有一块块的小伤口，伤口处红红的一片，很痒，看着有点恐怖。

（口述：陈小奶　整理：施　俊）

梅兰芝、方桂荣：夫妻俩都是细菌战受害者

梅兰芝、方桂荣的金婚纪念合照，
翻拍自家庭影集

双手拄着拐杖，行走间步履蹒跚，脸上布满了皱纹，91岁老人梅兰芝已是“老童”的年纪，岁月也在这位老人身上留下了诸多的痕迹，但老人腿上的伤口时时刻刻都在提醒着她，几十年的伤痛一刻都没有忘记。作为细菌战受害者，老人一说起烂脚病，满脸都是沉痛和痛恨，“当年日本人来，为了避难，全家人像乞丐一样，东躲西藏，吃尽了苦头”。

老人的年纪大了，在讲诉过程中，很多细节都已经记不清楚了，表达的最多的就是患上烂脚病的痛苦以及日本人侵略带来的苦难。岁月消磨着老人的记忆，但那段历史留下的伤痛却让老人记忆犹新。

与老人携手相伴走过漫长岁月的老伴方桂荣也是一位烂脚病患者，老人在2008年的时候去世了，享年90岁。“我爸爸是寿终正寝的，离开的时候两条腿上还留着10多个因烂脚病留下的疤痕。”儿子方康明说，爸爸的伤痛大家都看在眼里。

梅兰芝：因日本侵略，全家遭遇不幸

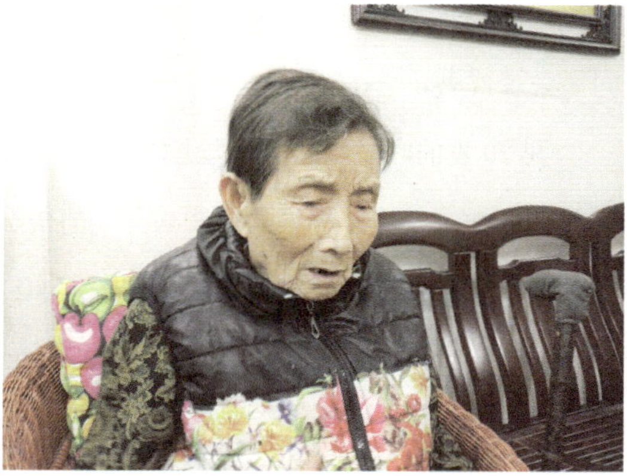

说起往事，梅兰芝多次哽咽

我的老家在金东区赤松镇二仙桥村，在我16岁那年，日本人来到村上，从此全家过着东躲西藏、风餐露宿的苦日子。为了躲避日本人，爸妈带着我去过很多地方，雅畈、安地等地方，逃跑的时候经常要穿过田间，再加上那时候家里穷，穿的是破鞋子，田里的水就渗透到了鞋子里面。

在我17岁那年，我的脚就开始烂了，刚开始脚上只是一个小洞，但时间长了，伤口越长越深。我觉得腿上有一股毒气，因为长时间不好，腿上的伤口已经影响到我走路，为了看好烂脚病，我妈就背着我到处去寻医。骨头是真的痛，同一个部位烂了好，好了又开始烂了，走路也走不快了，真的很可怜。

我的情况和其他得了烂脚病的人相比，还是好的。因为我爸爸是中医，会经常找一些草药来给我敷，虽然没有完全治好，但也抑制住了烂脚病的症状。我爸爸在当地还是有一点名气的，被称为“老梅仙”。后来，爸爸被日本人抓去建飞机场，被他们剥掉衣服殴打，折磨得内出血，死在了日本鬼子的屠刀下。当年，我爸爸去世的时候才 53 岁。为此，44 岁的妈妈一直守寡，直到她 86 岁的时候去世。这么多年，我妈妈一直一个人，很孤单，虽然有儿女，但我爸爸还在的话，日子会过得更好些。

我 20 岁的时候嫁人了，脚上好了很多，但还有一点疤。我的丈夫方桂荣和我一样，也得了烂脚病，他的情况比我还要严重些。想想那个时候是真的恨，现在看到电视上演的抗战片，想到那时候吃的那么多的苦，全都是因为日本的侵略。

方桂荣：烂脚病的苦，埋在心里

因方桂荣老人已于 2008 年去世，由儿子方康明讲述父亲当年所遭遇的苦难。

父亲的脚终身带伤，看了多家医院一直没有治好，走路也微微跛脚，尤其是左脚较为严重，在他生前一直没有治好这病是我们做子女的遗憾。

父亲是金东区赤松镇山口冯村人。当年，山口冯村是金华北山脚下唯一遭到日本飞机轰炸的村庄，很多房子被炸毁，隔壁村庄王宅村还驻有日本兵的小分队，这些都在《金华县志》上有记录。

因为爷爷去世早，父亲12岁就到镇上学习理发，用这门手艺养活了奶奶和姑姑。父亲还被日本人抓去为他们理发，那时候是大冬天，下着雪，日本人理发不仅不给钱，还捉弄父亲，抓了一大把雪放进父亲的衣领里，冻得父亲直打哆嗦。那时候，父亲还被日本人抓去建过飞机场和通往武义运送萤石矿的铁路桥，在造飞机场的时候，被日本人打过耳光，发过高烧，最后被乡亲们抬回村里。

父亲吃的苦，都埋在了心里。关于烂脚病带来的痛苦，父亲没有多说什么，但知道这么多年，父亲非常不容易。现在我的脑海里还有父亲腿上深深的十几条伤疤，表皮是黑的、红的，这些都是烂脚留下的疤痕。父亲说，山口冯村得了烂脚病的村民很多，都是又痒又痛的症状，他因为草药用得多了，除了烂到腿骨里的左脚跛脚和留下的疤痕外，和其他村民相比，情况还是较好的。

（口述：梅兰芝　方康明　整理：施　俊）

朱德寿：小时候因烂脚病痛得只能哭

忆起往事，朱德寿老人眼含泪水

我叫朱德寿，今年85岁，家住婺城区乾西乡雅宅村。在我8岁那年，日本人来到雅宅村，不久我的右脚就开始烂了。我也不知道是什么原因导致的烂脚，但在日本人来之前，我的脚是好好的。

刚开始烂脚的时候，右脚上只有一粒黄色的痘，我用手挠，把它给挠破了。当天晚上，脚上长痘的地方就烂了，周围的皮肤也很红，实在是痛得很，我只能坐着哭。我父亲带着我去兰溪看病，但是就是看不好。为了看好我的烂脚病，我父亲又带着我去了四五个地方看病。其中，有一个赤脚医生配的药有点管用，药擦在伤口上好了很多，我一直坚持用了三年。三年后，我的烂脚病才算好。

因为烂脚病，我真的是吃尽了苦头，腿上都是一整块一整块黄色的脓水，烂得可以看到红色的肉，周围的皮肤都是漆黑的。那个时候，我年纪小，没有什么办法，只知道痛，痛了就只能哭。因为脚痛，只能翘着脚走路，虽然不痒，但骨头里面“滋滋”痛，连裤子不小心碰到伤口都疼得厉害。我永远都忘不了那三年是怎么过的，每天都深受烂脚病的折磨。

虽然我因为烂脚病痛了三年，但我最终还是治好了，有的人就没有我这么幸运了。那个时候，村上有很多人得了烂脚病，也用过医好我的药，但是有的人好得快，有的人好不了。我爸爸是老师，他把药给学校厨房的一位大爷用，这位大爷也得了烂脚病，他擦了这种药后，脚也慢慢地好了。住我家附近的陈水尔（谐音），他的整个脚都是黑的，烂得特别严重，在二十年前死了，死前也没有把这病给治好。还有一个叫汤香花（谐音），她虽然看过很多医生，用过很多土方，但她的烂脚病直到死也没有治好。

日本人还经常到村里来，每次日本人一来，大家都急着逃跑，来不及跑的话先就近找个地方藏起来，来得及跑就逃得远一些。日本人来过我家，家里很多东西被他们砸破，包括一些碗筷之类的。雅宅村还好，没有房子被烧掉，但在隔壁村上天师就有很多房子被日本人烧毁，上天师还有日本人驻扎在那里。

（口述：朱德寿　整理：施　俊）

苏樟兴：因烂脚病没人愿意嫁给我

因烂脚病，苏樟兴多年生活不易

第一次见到苏樟兴老人时，他正坐在家门口的小板凳上，他的身后是一占地面积约三四十平方米的老房子。这一平房颇为陈旧，墙壁斑驳有些发黑。因为烂脚病，老人年轻时没能娶上媳妇，没有小孩。“我的腿上烂得一塌糊涂，没有人愿意嫁给我。”苏樟兴无奈道，这么多年，他都是一个人生活的。烂脚病带给苏樟兴的除了身体和精神上痛苦，还有诸多的无奈、苦涩。

5 岁得了烂脚病

我叫苏樟兴，今年 77 岁，家住婺城区白龙桥镇雅苏村。

在我5岁的时候，日本人来到村里，之后，我的脚就开始烂了。因为年纪太小了，我忘了是什么原因才开始烂脚的。但我记得小时候腿上的疼，疼得走不好路，只能翘着脚，走路也是一跛一跛的。为了看好烂脚病，我看了很多医生，吃了很多药，但都好不了。腿上伤口严重的时候，整条腿简直是惨不忍睹。

前年，我的腿烂得实在是严重，整条腿又粗又肿，还有虫子从肉里面爬出来，只能靠自己把虫子弄出来。以前晚上睡觉很难熬，又痒又痛，根本睡不好，现在还稍微好些。70多年了，我的腿一直没有完全好。痒得实在受不了了，只能靠挠来缓解一下。但是伤口又不能挠，挠了就要烂。实在是痛苦，尤其是里面的肉和骨头真的是钻心的痒。

烂脚病影响生活

村上还有很多人得了烂脚病，年纪大的人都已经走了，只剩下我和苏华根了。苏华根比我小一岁，和我同一年患上的烂脚病，伤口反反复复，70多年了一直没有治好。我父亲也是在日本人来的时候得了烂脚病，他是烂死的，腿上一整片一整片的烂。腐烂的伤口经常吸引苍蝇、蚊子往里面钻，严重的时候，还有虫子从伤口里面爬出来。

我现在情况还好，腿不是很痒，也不痛了，但时不时还会复发。烂脚病对我的影响很大，娶不上老婆只是一方面，我还不能干体力活，只要干了体力活，扛的东西多了，腿就要肿起来，到时候又要遭殃了。还有饮食也要特别注意，辣的食物不能吃，一吃辣的东西，腿上就开始烂。

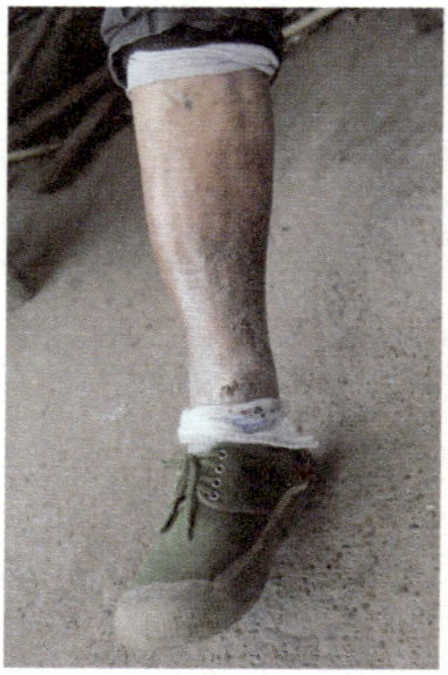

苏樟兴老人右腿
还残留着伤口

（口述：苏樟兴　整理：施　俊）

下篇

与王选同行
——寻访救助细菌战受害老人

婺城区 10 名烂脚老人
将赴上海免费治疗

本报讯　“我的腿是日本人来了以后烂起来的，70 多年了，到现在还在烂。”9 月 10 日下午，因侵华日军细菌战中感染炭疽菌导致烂脚的叶方良，在自己位于婺城区白龙桥镇择住邻村家中，向上海来的专家医生讲述了自己的烂脚经历。

当天，中国细菌战受害者诉讼原告团团长王选以及上海浦南医院、上海瑞金医院、上海第九人民医院、上海交通大学的多位专家来到金华，与金华市中心医院的有关专家共同探讨烂脚病的救治问题，并来到白龙桥、汤溪多个村子看望烂脚病老人，进行现场问诊。

事实上，早在 2004 年至 2011 年，王选曾带队宁波大学和浙江工商大学细菌战调查会的成员，先后辗转金华、兰溪、义乌、东阳、衢州、江山的 30 个乡镇，寻访烂脚老人、记录口述历史、整理烂脚村分布资料，最终汇成《烂脚病受害者名单统计》和百万字的笔录。其中，婺城区截至 2008 年的调查统计，被发现的烂脚老人有近 400 名（包括金西三镇）。6 年过去了，近日，本报对这些老人展开调查、走访，发现已经有一半以上老人辞世，而仍在世的百余位老人当中，也有相当一部分人生活已无法自理。

前不久，上海浦南医院通过王选表示，将把医院今年10个免费救治名额全部提供给婺城的烂脚病受害者。为此，该院特意联合上海瑞金医院等有关专家，来婺城实地问诊病人。该院党委书记殷志发表示："如果这10位烂脚病人救治有效，我们还将继续扩大救治范围。或者与金华的医院进行对接，让烂脚病人在金华就能得到救治。"

当天，侵华日军细菌战丽水市受害者协会的志愿者也为婺城烂脚老人送来了一些药品。

此次，王选和专家、志愿者们走访了白龙桥、汤溪等地10多位烂脚老人，现场问诊，确定他们是否适合前往上海浦南医院接受治疗。

接下来，本报将继续关注，继续参与走访和初步筛选送医对象。如果你或者你身边的人在上世纪40年代患上烂脚病至今未愈的，请拨打电话13867982831（姜景芳）告诉我们。符合条件且愿意前往上海就医者，上海浦南医院将联合上海瑞金医院、上海第九人民医院，予以免费治疗。

（姜景芳　2014年9月12日）

婺城10名烂脚老人即将启程赴沪治疗

本报讯 昨天上午，婺城区新闻传媒中心和金华电视台综合频道联合召开烂脚老人赴沪治疗协调会。相关乡镇的宣传委员及10名烂脚老人所在村书记参加会议，重点安排烂脚病老人赴沪有关事宜。

据了解，已选定的10名烂脚病老人将于9月18日上午9点齐赴沪治疗。会议要求各有关乡镇、村要做好老人及陪同家属来区路程的安全事宜，同时做好烂脚老人《慈善医疗救助协议》签署工作，人寿保险公司将免费全程提供人身意外等保险。

（金　霞　2014年9月16日）

婺城区第一人民医院伸援手——

汤溪烂脚老人李仲明得到免费治疗

《婺城区 10 名烂脚老人将赴上海免费治疗》后续

“我们医院作了一些了解，得知在金西，还有一些烂脚老人因生活贫困，烂脚得不到良好的治疗、护理。对于这些人，我们医院愿意像李仲明一样，给予治疗并承担其医疗报销以外的自费部分。”昨天，婺城区第一人民医院院长张琳鑫表示。

李仲明，出生于 1948 年，是汤溪镇派溪李村的孤寡老人。据他讲述，他的父亲因侵华日军细菌战感染炭疽菌，导致脚烂了一辈子。后来，不知遗传还是其他原因，他也出现了烂脚情况，一烂就是几十年，而且还越来越严重。由于烂脚，李仲明一辈子没有娶妻，生活十分困难。而且，他的烂脚始终没有得到有效治疗，“就用布包一下，没钱治、没钱用药”。

9 月 10 日，中国细菌战受害者诉讼原告团团长王选以及上海浦南医院、上海瑞金医院、上海第九人民医院、上海交通大学的多位专家前往派溪李村，对李仲明进行现场问诊。当天，见到王选及各位专家，李仲明解开了左脚的布条。伤口腐烂恶臭，记者站在三四米远也能清晰闻到，他的烂脚甚至因为发霉已经长毛了。鉴于其身体原因且无人照顾，专家表示，他的情况并不适合前往上海就医。

当天，侵华日军细菌战丽水市受害者协会的志愿者向他赠送了药品。同时，婺城区第一人民医院院长张琳鑫带着医护人员为李仲明的烂脚进行了清洗、用药、包扎。张琳鑫还当场表示："我们医院愿意为你治疗烂脚。治疗期间，医疗报销以外的自费部分，由我们医院承担。"

昨日，李仲明第五次来到区第一人民医院，给他的烂脚换药，一天一次。清洁、消毒、用药、包扎，伤口虽然仍有异味，但已经不明显；腐烂仍然严重，肿胀消了一点……显然，他的烂脚因得到良好护理，出现了好的转变。李仲明对此既高兴又感激，逢人便说："我真当运气，遇到了这么多好人。我要谢谢王选，谢谢婺城区第一人民医院。"

如今，看到李仲明得到医疗救助后，伤口有了好转，张琳鑫萌生了帮助金西更多贫困烂脚老人的念头。也就是说，只要你是金西三镇（汤溪、罗埠、洋埠）居民、在上世纪40年代患上烂脚病至今未愈，且属于低保户、五保户人员，可以前往婺城区第一人民医院申请免费治疗烂脚。

（姜景芳　2014年9月16日）

婺城烂脚老人昨赴上海免费治疗

社会各界人士纷纷献爱心；浦南医院精心准备迎患者

本报上海消息　83 年前的 9 月 18 日，日军制造了震惊中外的“九一八事变”，正式发动了侵华战争。昨天，又一个 9 月 18 日，因侵华日军细菌战中感染炭疽菌导致烂脚的婺城烂脚老人，在各自家属的陪同下，在婺城区新闻传媒中心、金华电视台新闻综合频道等媒体记者以及王选和秋滨街道王五元村志愿者王根华的护送下，踏上了前往上海浦南医院接受免费治疗的行程。社会各界人士纷纷赶来为老人献爱心，祝愿他们早日康复归来。

当天送医的老人是经过烂脚病情、身体状况、家庭情况等综合因素考量确定的，分别是婺城区雅畈镇罗芳桥村的邓樟福、彭上村的池春仙；白龙桥镇雅苏村的苏华根、择住邻村的叶方良、东俞村的申竹根；蒋堂镇泽口村的应彩琴、下汪村的汪荣富；岭上乡桃源村的董桂弟；乾西乡黄桥头村的吕妹妹。

自9月12日，本报一版刊登了《婺城区10名烂脚老人将赴上海免费治疗》的报道以来，社会反响热烈。雅畈镇吴畈村的吴承继，委托村支书吴方华致电本报，表达他和妹妹吴阿奶想去上海治疗烂脚的愿望。今年83岁的吴承继回忆，他家小时候住在安地镇，日本人来了以后，没过几天他和妹妹脚就烂了。这些年，兄妹俩的烂脚时好时坏，一直得不到根治。乾西乡黄桥头村的吕妹妹，通过外甥女打来电话，“希望为自己争取这次治疗机会”。吕妹妹今年80岁，8岁时，日本人进驻她家所在村庄，她不得不随父母逃到附近山林躲避，“喝生水、睡田畈，不知道什么时候，脚就烂了”。70多年来，她的脚经过反复治疗，仍未痊愈，还经常要靠服用止痛片缓解疼痛。

还有不少老人，如白龙桥镇虹路村的方有林，因烂脚病情无法控制，不得不截肢保命；同村的林正时，虽然伤口已愈合，但至今对几十年烂脚的经历深感恐惧……他们也纷纷致电本报，讲述各自的烂脚之痛。

与此同时，该报道也引起了社会各界关注。昨天，金华玉协会通过婺城区民政局慈善总会，向10位烂脚老人各发放了1000元慰问金；志愿者王根华主动请缨，要求全程陪同老人们接受治疗，给予他们力所能及的照顾。还有中国人寿金华分公司，第一时间联系本报，为此行赴上海的所有人员免费送上了意外伤害和意外伤害医疗两项保险，总保额分别为580万元、58万元。

当天，王选也赶到了婺城区，陪同老人们一起前往上海浦南医院。见到老人们，王选显得十分激动，亲切地与老人们攀谈，缓解老人们远行紧张的心情，“放心吧，上海的专家将会给予最专业的治疗，你们的病情会得到有效的医治”。

得知王选能够陪同老人们一起去上海治疗，岭上乡桃源村的董桂娣显得异常兴奋，她紧紧地握着王选的手，“很开心，真的很开心，感谢你，感谢大家”。今年81岁的董桂娣几十年来深受烂脚病的折磨，大大小小的医院跑了无数家，但至今仍对烂脚束手无策，每天只能靠吃止痛片来缓解病情。“这么多年来，病一直没有治好，还曾经有医生建议截肢，我本来已经对烂脚不抱希望了，但王选还有上海的专家给我带来了希望。”董桂娣说。

经过5个多小时的车程，老人们终于到达了上海浦南医院。上海浦南医院的院长刘卫东以及医生护士早早地等候在医院门口。等老人们一下车，医院马上安排老人住进了提前准备好的病房。护士贴心地讲解着医院基本情况、治病事项，医生也立即对老人们进行病情检查。随后，医院还举行了金华慢性伤口患者慈善医疗交接仪式。上海浦南医院、上海瑞金医院、上海第九人民医院、上海交通大学等多位专家还马上召开专题会议，讨论治疗方案。

对于老人在上海的治疗情况，本报将继续给予实时关注。

（姜景芳　施　俊　2014年9月19日）

婺城细菌战受害老人在沪入院治疗

本报上海消息　9月18日，因侵华日军细菌战中感染炭疽病毒导致烂脚的婺城9位受害老人，在王选及相关志愿者的热心护送下，前往上海浦南医院接受免费治疗。4天时间过去了，他们在上海生活得好吗？治疗情况怎样？广大市民和媒体非常关注。为此，本报记者驻点上海浦南医院，实地采访老人康复治疗情况。

当天上午，记者在浦南医院看到，来自婺城的9位老人在医护人员的安排下，正在精心地进行身体情况检查。“老人们的年纪都比较大了，先要做一个全面的检查，等结果出来后，再根据每位老人的情况安排系统的治疗。”该院骨科主任黄伟杰说。而骨科副主任罗涛也表示，此前有一位富阳的遭受日军细菌战导致烂脚的患者就在浦南医院治好了，对于婺城遭受细菌战创伤老人的治疗，他们很有信心。

“医院很贴心，检查基本上不需要排队等候。”一位患者的家属叶美兰说，为方便家属晚上陪护，浦南医院还提供了躺椅和毯子，医院的细心照顾让我们非常感动。13病区的护士长张蓉为了方便家属联系，还特意制作了“温馨联系卡”发放给家属，卡上写着医院的详细地址和电话号码。

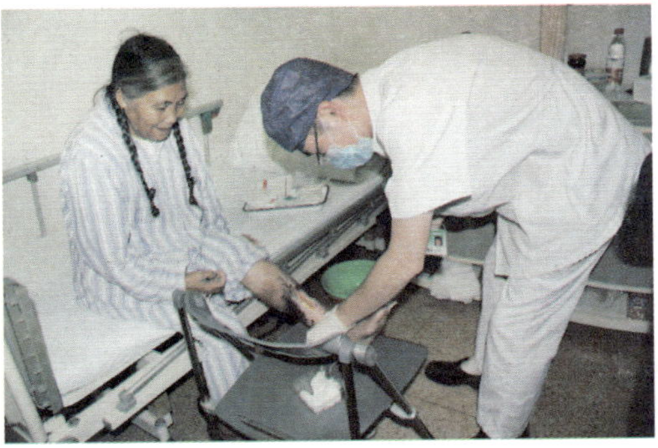

岭上乡桃源村的董桂娣的病情较为严重，其脚上的伤口渗出液较多，在第二天早上便沾满了床单、被套。护士发现后，便立即更换用具。家属方美君为了避免发生类似情况，马上到医院小店购买了成人护理垫，包扎董桂娣腿部伤口。张蓉得知情况，向医院反映后，退回了方美君购买成人护理垫的钱，医院还表示将免费提供成人护理垫。方美君说：“医生、护士人都特别好，能够得到这么细心的照顾，真的非常感谢。”

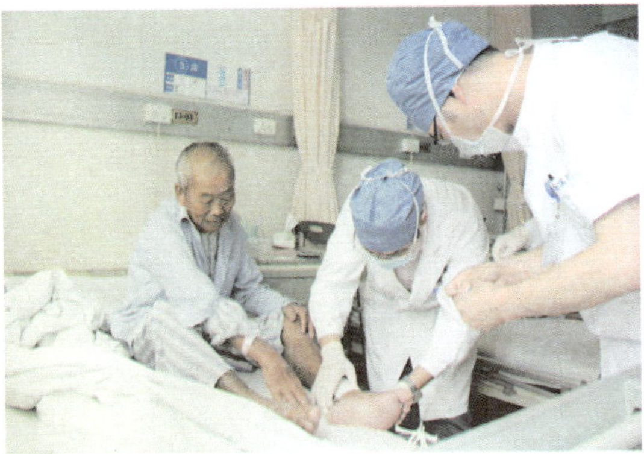

短短数日的治疗，老人们和家属已经与浦南医院的医生、护士打成了一片。“左腿抬高，右手轻轻敲打左脚……”张蓉正在演示关节保健法，引来了老人和家属的围观。在得知家属方冬芝

的毛病后，张蓉不但教授个人保健法，还详细讲解了缓解关节炎的各种注意事项。主治医生陈雨在给雅畈镇彭上村的应彩琴换药时，

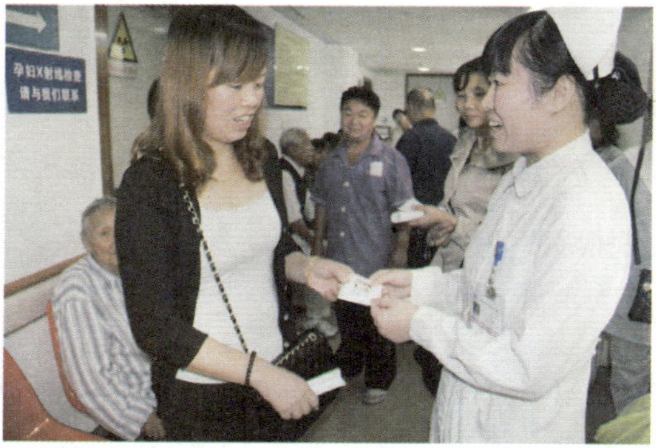

与老人聊着家常，看到老人左脚大脚趾异常厚的脚趾甲后，仔细询问情况，并给出了科学的治疗办法。

尤其令人感动的是浦南医院还为老人和家属免费提供一日三餐。“荤素搭配，饭菜很好，大家在这里吃得好住得好。”家属徐彩风说，医院得知家属睡不惯躺椅，还在病房内增加了病床，方便大家晚上休息。

（施　俊　2014年9月22日）

历史不该被遗忘

浙江工商大学细菌战问题研究会来沪记录婺城细菌战受害老人口述史

本报上海消息 9月20日，浙江工商大学细菌战问题研究会的4名同学从杭州赶到上海浦南医院，访谈了婺城细菌战受害老人，为老人叶方良、董桂娣、汪荣富、吕妹妹进行口述历史记录。

“我们到达上海浦南医院做口述历史记录时，正是老人们吃好饭准备午休的时候，可他们却没有午睡，一直等候着。”浙江工商大学细菌战问题研究会会长白永明说，与老人们的交谈十分融洽，老人们也因他们的到来，非常高兴。

白永明介绍，浙江工商大学细菌战问题研究会成立于2008年4月，主要致力于调研日本侵华期间实施细菌战对我国造成的危害并保存搜集到的珍贵资料。“这次来到上海，主要是增加当年调查漏掉的细菌战受害老人董桂娣、汪荣富的口述历史记录材料，补充吕妹妹的记录材料。”白永明说，势必要找到遗漏的细菌战幸存受害者，研究会的会员们也将在国庆节期间到婺城区寻访遗漏的细菌战受害者。

“个人信息，目前家庭情况，当时家庭情况，烂脚最初发病的时间、地点、起因、症状及其发展，周围人烂脚的情况”等《烂脚病受害者调查表》的各项调查项目较为繁琐，再加上老人们不会说普通话，虽有家属的翻译，但有些翻译内容并不是很到位。参与调查的其中2位大学生来自婺城区白龙桥镇、汤溪镇，他们担负起了现场翻译工作。

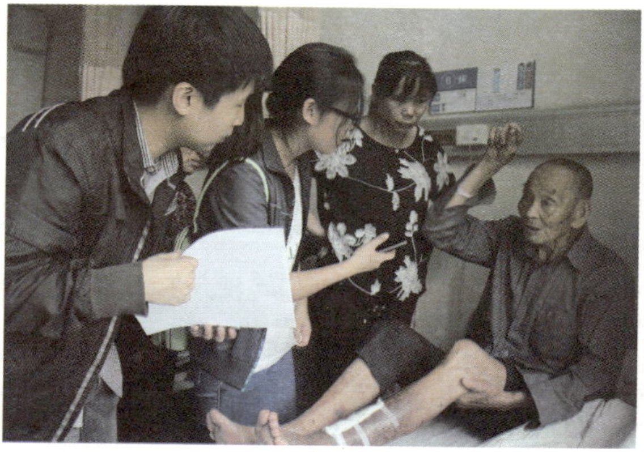

蒋堂镇下汪村的汪荣富今年82岁，是日军侵华细菌战的幸存者之一。汪荣富老人撩起裤腿，只见骨瘦如柴的腿上布满着一些类似“黑色图斑”的伤口。“以前脚烂得严重，经常流脓、发黑，皮肤也开始腐烂，都可以看到里面的肉，还有很臭的脓水流出来，到了夏天因为伤口不好包扎，还会引蚊子、苍蝇飞到伤口处。”汪荣富说，为了治病，各种草药、土方都用过，谁说哪种药好就试哪种，这么多年了，时好时坏，一直折磨着他。

听着4位老人的陈述，浙江工商大学细菌战问题研究会的同学们沉默了。“看到这些老人的现状，很震撼、悲痛，也很愤怒。”第一次参与调查的大学生、白龙桥人周霞告诉记者，小时候村上也有一个烂脚老人，他没有妻子儿女，生活贫困，住在毛坯房内，整个脚烂得严重到不能走路，在10年前老人就去世了，如果不是日本发动的细菌战，他们都可以生活得很好，不会受到“烂脚”的折磨。

“寻访细菌战幸存老人，最怕听到‘老人已经不在了’这样的话。”白永明说，在前一次19天的富阳寻访过程中，也多次遇到过这种情况，只找到了44位幸存受害者，历史不应该被遗忘，希望通过这些调查，让更多的人关注这些在日军侵华细菌战中的受害者，关注他们的生存现状，记住这段历史。

（施 俊 2014年9月23日）

婺城第十位细菌战受害老人在沪入院治疗

本报上海消息 昨天上午8时许，婺城细菌战受害老人梅兰芝在其家属的陪伴下来到上海浦南医院，接受医院免费治疗，成为医院第十位免费治疗的婺城细菌战受害老人。

梅兰芝老人今年88岁，在十几岁的时候就得了烂脚病，70多年来一直深受烂脚病的折磨，多年来病情反反复复，一直没有得到治愈，至今左脚还有两个伤口。梅兰芝老人入院后，马上住进了医院提前安排好的病房，护士张燕萍紧接着为老人提供病服、测量血压，骨科副主任罗涛也立即对梅兰芝的脚部伤口进行检查。下午，在医院的安排下，梅兰芝老人做了B超、心电图、脚部CT等各项检查。

得到上海浦南医院医生、护士的细心照顾，梅兰芝老人双手抱拳，不停地说着感谢的话，“谢谢，真好，你们真好”。老人说，因为脚部伤口疼痛，多年来晚上没有睡过几个安稳觉，严重的时候根本不能行走。“当年，日本人来了，我们只能把最值钱的被子、锅装进箩筐，逃到安地、雅畈一带的深山中，苦，那时候的日子苦得没法说。然后不知道为什么我的脚就开始烂了，因为父亲是中医，他用草药来敷我的伤口，稍微有所好转。”梅兰芝回忆起当年的事情和父亲，不禁泣不成声，她父亲后来被日本人抓去建飞机场时，被日本鬼子折磨得内出血，死在日本鬼子的屠刀下。

除了梅兰芝，她的老伴方桂荣也是细菌战受害者之一，但在2008年老人就去世了，他去世前一直深受烂脚病的折磨。“父亲的老家在赤松镇山口冯村，是金华北山脚下唯一遭到日本飞机轰炸的村庄，隔壁村庄王宅村还驻有日本兵的小分队，这些都在《金华县志》上有记录。”梅兰芝的儿子方康明说，他父亲还被日本人抓去建过飞机场和通往武义运送萤石矿的铁路桥。

“父亲的脚终身带伤，看了多家医院一直没有治好，走路也微微跛脚，在他生前一直没有治好这病是我们做子女的遗憾。”方康明说。

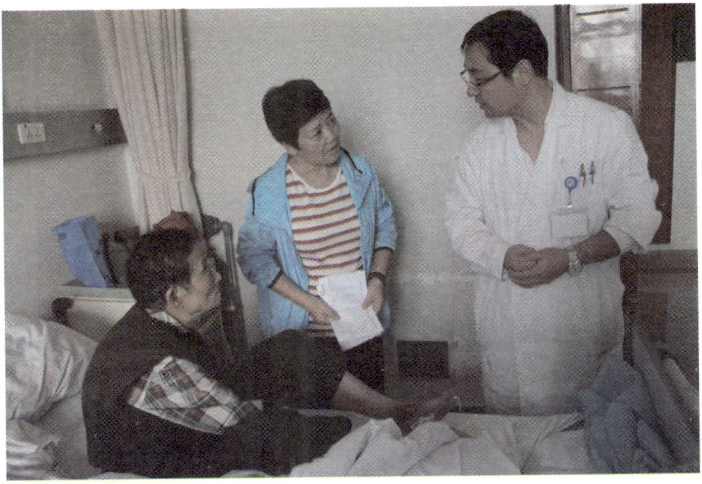

前两天，老人的女儿方阿姨在《今日婺城》上看到寻访救助细菌战受害者的报道后，马上致电婺城区新闻传媒中心、金华电视台新闻综合频道，询问具体情况，要求前往上海救治。经过有关方面协商，老人顺利地入住上海浦南医院得到免费救助。

（施　俊　2014年9月24日）

5 位老人术后得到医院精心照顾

本报上海消息　一个星期过去了，前往上海浦南医院接受免费治疗的婺城细菌战受害老人的治疗情况如何？本报记者驻点上海浦南医院，实地采访老人康复治疗情况。

“目前，其中 9 位老人的身体检查报告结果已经出来了，治疗团队会根据每位老人的症状实行不同的治疗方案，团队也将老人腿部伤口进行细菌培养，并将发现的细菌进行药物敏感试验，根据试验结果再详细讨论进一步治疗的方案。”骨科副主任罗涛说，部分老人已经开始了系统的治疗。

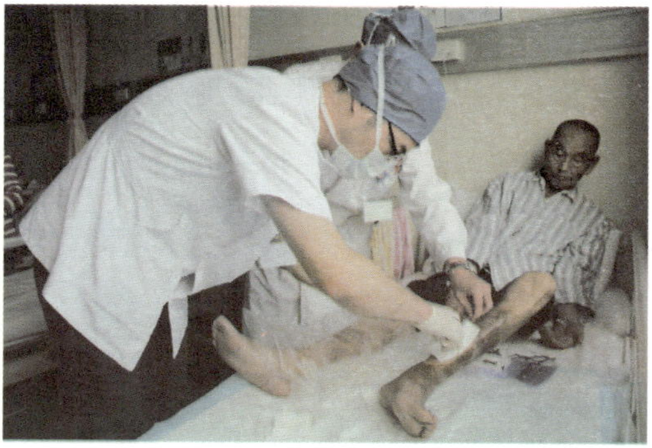

9 月 22 日，董桂娣、应彩琴、吕妹妹、叶方良 4 位老人在医院的安排下，做了腿部伤口清创手术；9 月 23 日，池春仙老人也做了清创手术。术后，医院使用基于“微氧医学”研制的“伤

口治疗仪”，加强白细胞的活动能力并诱发创面的生长因子，促使伤口局部血液循环

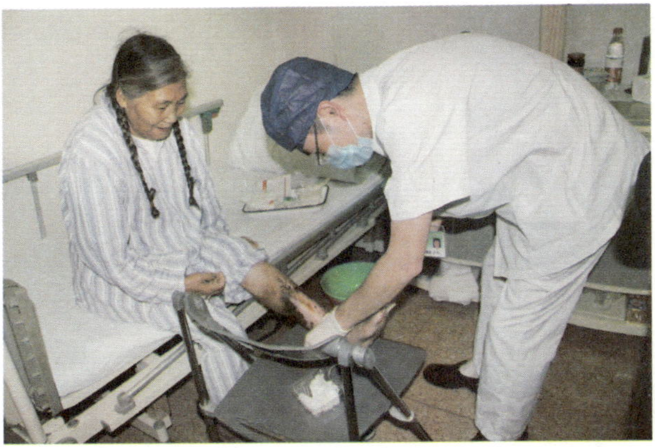

从而达到让老人们的伤口愈合的效果。据悉，此前有一位遭受日军细菌战导致烂脚的富阳患者——今年90岁的王老太，她深受烂脚病的折磨72年，一直未治愈，直到在上海浦南医院使用“伤口治疗仪”，经过7天的治疗后，康复出院。

对于上海浦南医院，老人的家属们也非常有信心。“医生、护士很细心，老人术后各项注意事项都对我们陪护家属讲得很详细，希望能够早点治好折磨我母亲几十年的烂脚病。”家属洪素亨说，母亲应彩琴术后出现血压一度高至200/90mmHg的情况，医生马上采取措施，血压才慢慢地下降到临界正常值。记者在病房看到，应彩琴老人用着心电监护仪，护士也实时监测着血压等指标。

董桂娣老人的体检报告显示其重度贫血，在术后，医院马上对其进行输血，加强生命体征监测。为了方便老人排便，医院还为老人们免费提供了“便器”。董桂娣老人贫血，护士长张蓉反复叮嘱董桂娣的家属为老人增加营养。

张蓉还为每一位老人整理好化验报告，针对每位老人的身体状况，叮嘱家属改善饮食来调整身体状况。“根据检查结果，邓樟福老人患有胆囊结石，尿酸高，一定要合理控制饮食，少吃油腻的食物，少吃海鲜、豆制品，少喝啤酒等，还要适当的多饮水……”因年纪大听力不好，邓樟福的妻子徐彩风多次询问，张蓉细心地再次回答道。医生也根据邓樟福老人的检验报告结果，合理调整饮食。

（施 俊 2014年9月25日）

婺城4位细菌战受害老人昨出院

本报上海消息 经过为期11天的系统诊治，前往上海浦南医院接受免费治疗的10位婺城细菌战受害老人均得到了有效治疗。昨天，经过治疗后的申竹根、汪荣富、邓樟福、苏华根4位老人已经可以出院，上海浦南医院还特意安排车辆送老人和其家属返回金华。

4位要出院的老人及其家属和医务人员进行了合影。平均年龄80多岁的4位老人童心未泯，拍照时不约而同地做出了V型“剪刀手”，对着镜头露出了灿烂的笑容。

“谢谢医院，我的脚经过治疗后，以前那种痛痒的感觉渐渐消失了。”邓樟福老人高兴地说，自从用了医生配的药水洗脚，再加上药物内服和外敷，现在脚已经好多了。对于浦南医院的治疗效果，申竹根老人也深有体会，“之前左脚这里有个大拇指长的伤口，存在时间很久了，医生使用‘伤口治疗仪’治疗后，现在伤口已经痊愈了，真没想到会这么快好”。申竹根老人说，他七八岁的时候就开始烂脚，腿严重的时候肿胀到不能走路，这2年情况才慢慢好起来，这次能够得到免费治疗的机会，很感谢。

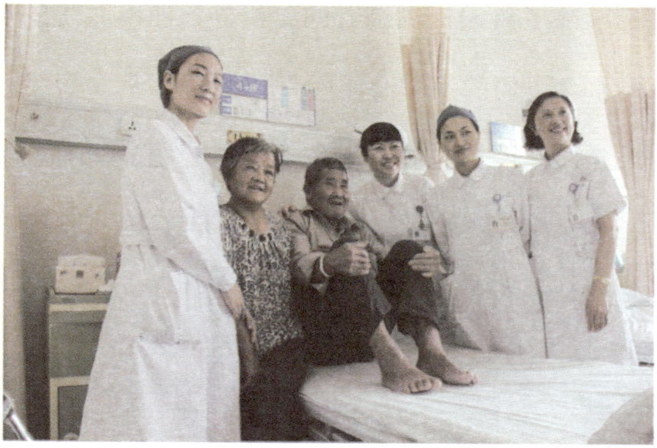

前期，浦南医院给每位老人做了全面系统的体检，有的老人被查出了糖尿病、贫血、心力衰竭等各种疾病。针对这一情况，上海浦南医院院长刘卫东表示，通过诊治，除了烂脚病外，老人的其他病情也得到了一定控制，其中，包括可以出院的4位老人，他们回到金华后也可转入当地医院进行治疗。出院时，院方免费为老人们配备了一些药品，而其余6位老人仍继续留院接受免费治疗。

另外，其余6位老人的病情也在慢慢地好转，他们的腿部伤口在进行清创手术后，使用基于“微氧医学”研制的“伤口治疗仪”，伤口均长出了新鲜的肉芽。应彩琴老人的家属洪素亨说，她相信用不了多久，困扰老人几十年的烂脚病就会得到根治。

对于老人的治疗情况，董桂娣的家属方美君也表示，效果很明显。

“刚进医院时，伤口渗液厉害，被子、床单都会沾上很多的渗出液，而且味道很难闻。现在，伤口变得干了，也长出了新鲜肉芽。”方美君说，每天医生换药时，她都能看到伤口有了明显好转。

除了每天提供细心的诊治外，浦南医院的医务人员还做起了老人和家属们的“知心姐姐”，缓解其负面情绪。经过手术后的吕妹妹老人显得有些憔悴，平常爱笑的她显得有些沉默。“我最喜欢您老的麻花辫了，这么有特色的辫子应该每天梳，笑笑，嘴巴拉开了，伤口就愈合了……”在护士长张蓉的调侃下，吕妹妹终于露出了笑容。

（施　俊　2014年9月30日）

婺城细菌战受害老人在沪过国庆

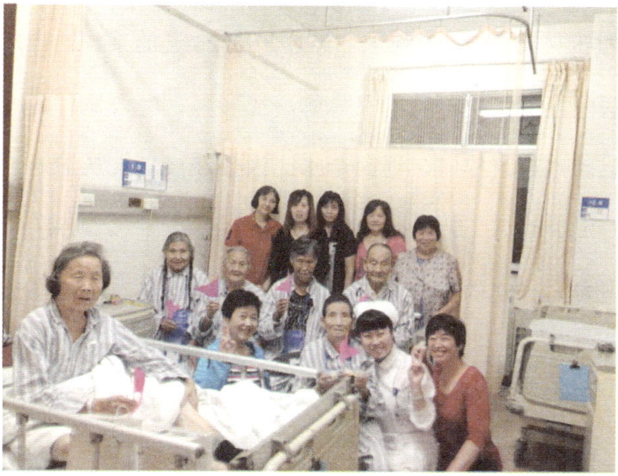

10月1日，仍在上海浦南医院接受免费治疗的6位婺城老人齐聚病房欢乐过节。在医院，他们不仅享受着精心的治疗和护理，还收获了满满的爱心。10月1日晚，拿着医院为他们特地准备的节日“礼物”——插着小国旗的重阳糕，老人们非常开心：“谢谢医院准备的特色糕点，很好吃，这个国庆节我们过得很有意义。”

（施 俊 张 蓉 2014年10月8日）

婺城区细菌战
受害老人上海出院回金

本报讯 10月11日晚上，经过为期23天的系统治疗后，在上海浦南医院接受免费治疗的吕妹妹、应彩琴、叶方良3名细菌战受害老人已基本康复出院，返回金华。为了迎接老人从沪返金，婺城区新闻传媒中心第一时间在微信群发布“征集令”，吸引了15名热心志愿者参与当晚的爱心迎接活动。金华火车站获悉此事后，及时开通了“绿色通道”方便老人下车，使他们顺利回家与亲人团聚。

至此，上月婺城区10名前往上海治疗的细菌战受害老人已有7名康复出院。

8岁时得了烂脚病，80岁才愈合

从微信群得知老人出院，特意赶来迎接的秋滨街道王五元村王根华以及“羊爸爸”爱心志愿者协会的志愿者们自带鲜花，早早地等候在站台，为回金的老人们送上祝福和惊喜。

90岁的叶方良老人在少年时得了烂脚病后，几十年来病情一直反反复复，严重的时候甚至不能够独立行走，左腿处的伤口更是多年难以愈合。

现在，他高兴地说：“我的伤口已经基本愈合了，走路也比以前有力气了。”

80 岁老人吕妹妹也是 8 岁时即 1942 年得了烂脚病，现在她腿上的伤口已经完全愈合了，不痛不痒。“日本人来了，我们一家人都逃到山上避难，我和大哥双脚被荆棘划伤，不久后两人的脚就烂了。”

原侵华日军细菌战中国受害者原告团团长王选说，1942 年浙赣战役中，日军曾经大量施放细菌武器和化学武器，导致浙赣铁路沿线的许多村庄都出现了“烂脚病人”，这些“烂脚病人”极可能是日军散布炭疽、鼻疽病菌后的受害者。

上海浦南医院提供了10个免费救治名额

不久前，上海浦南医院找到王选，说院方引进了一种新的疗法，治好了一个“烂脚病人”，医院愿意提供10个免费救治名额，希望能帮助金华婺城区的烂脚病受害者。

经过多方走访，王选最终在婺城区确定了10名患烂脚病的老人，并在9月18日“九一八事变”纪念日当天，由婺城区政府统一组织、王选带队，赶赴上海浦南医院接受免费治疗。

此前的9月底，10名老人中已有4名老人出院，恢复情况良好，上海浦南医院还特意安排车辆送老人回金华。截至目前，还剩下3名老人在上海接受进一步治疗。

今后将继续扩大救治范围

2004年至2011年，王选曾带细菌战调查会的成员，辗转金华、兰溪、义乌、东阳多地，寻访“烂脚老人”，根据调查统计，到2008年时，婺城区被发现的“烂脚老人”有近400名。6年过去了，其中一半以上老人已经过世，仍然在世的有很大一部分生活无法自理。

3名老人出院时，上海浦南医院也为老人们配备了一些药品，护士长张蓉还给每个老人发放了温馨联系卡，写上自己的个人手机号码，以便老人们咨询相关问题。

上海浦南医院方面表示，今后他们还将继续扩大救治范围，或者与金华的医院进行对接，让“烂脚病人”在金华就能得到救治。

（施　俊/文　宋佳骐/摄　2014年10月13日）

全国创面修复专家关注
婺城细菌战受害老人

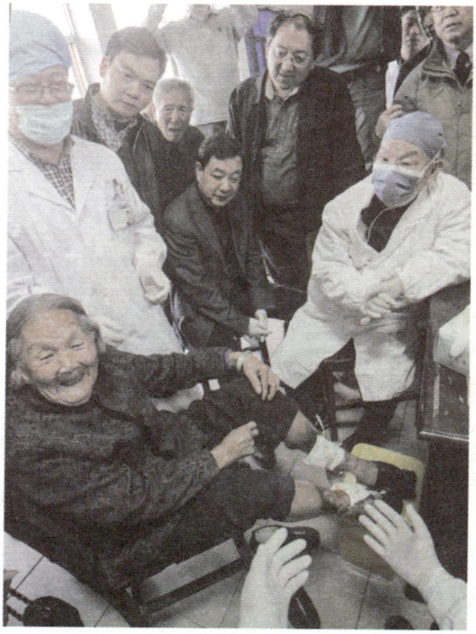

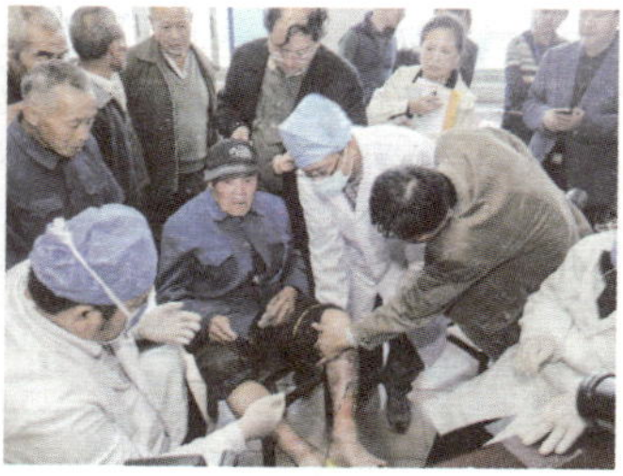

2014 年 11 月 6 日，在感动中国人物王选、中国工程院院士付小兵的带领下，全国创面修复专科联盟的专家们来到金华，在婺城区第一人民医院召开历史遗留“烂脚病人”创面诊疗现场研讨会，为深受几十年烂脚病之害的细菌战受害者提供帮助。活动现场，专家们还为 10 余位“烂脚老人”进行诊断。

（施　俊　傅卫明　2014 年 11 月 7 日）

让我们铭记历史的伤痛，一起关爱细菌战受害老人

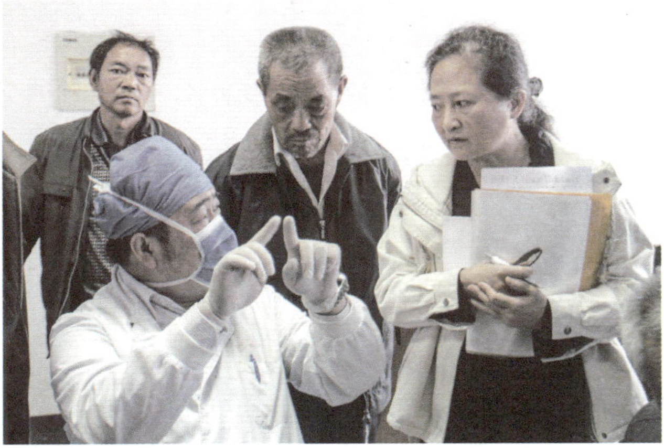

1942 年，侵华日军在浙江、江西境内沿浙赣铁路从空中、地面撒播大量细菌，使得很多村民的腿部出现大面积的溃烂，由于农村医疗条件的限制，很多老人反复感染，至今还未痊愈。金华地区曾出现多个“烂脚村”。据调查，婺城区、金东区的“烂脚老人”目前幸存的还有近百人，战争给他们带来难以愈合的伤痛，他们在战争的阴影里渐渐老去。随着时间的推移，这段历史的证人将越来越少，逐渐被人淡忘。

但早在2004—2008年，王选就曾带宁波大学和浙江工商大学细菌战调查会的成员，先后辗转金华、兰溪、义乌、东阳、衢州、江山的30个乡镇，寻访烂脚老人、记录口述历史、整理烂脚村分布资料，最终汇成《烂脚病受害者名单统计》和百万字的笔录。其中，婺城区截至2008年的调查统计，被发现的烂脚老人有近400名（包括金西三镇）。他们用“口述历史”的方式记录下了“烂脚病人”的生存现状、对战争的记忆。

70多年过去了，现在幸存的细菌战受害者，身体和心理上还在受着折磨。他们需要社会各界的关爱和帮助。

社会各界为细菌战受害者送温暖

今年9月10日，王选与上海浦南医院、上海瑞金医院、上海第九人民医院、上海交通大学的多位专家来到金华，与金华市中心医院的有关专家共同探讨烂脚病的救治问题，并走访了白龙桥、汤溪等地10多位细菌战受害者，进行现场问诊，并选择了10名符合条件且愿意前往上海就医的烂脚病老人，送至上海浦南医院接受免费治疗。9月18日，10位老人在王选、婺城区新闻传媒中心、金华电视台新闻综合频道等媒体记者的护送下，在各自家属和志愿者的陪同下，踏上了前往上海浦南医院接受免费治疗的行程。在医院的细心诊治和照顾下，10位细菌战受害老人的病情均得到了有效的治疗，目前，已经有7位老人痊愈返回金华，另外3位老人也正在逐渐好转、康复（本报曾做过详细报道）。

在救助婺城细菌战老人的行动中，王选、来自上海的专家、上海浦南医院等单位都做了极大的努力。在这一支帮助“烂脚老人”的队伍中，“安多福生命健康基金”、无锡国赢科技有限公司也付出了很多。

无锡国赢科技有限公司为上海浦南医院免费提供基于“微氧医学”研制的“伤口治疗仪”，为“烂脚老人”治疗。叶方良、吕妹妹等婺城“烂脚老人”能够康复出院，除了医务人员的诊治外，“伤口治疗仪”的治疗效果也是显著的，它能够加强白细胞的活动能力并诱发创面的生长因子，促使伤口局部血液循环，从而达到让老人们的伤口愈合的效果。“在下一批金华‘烂脚老人’的救治中，公司将继续免费提供‘伤口治疗仪’。”无锡国赢科技有限公司董事长曾亮说。

今年，“安多福生命健康基金”多次为“烂脚老人”送药，并出资组织全国创面修复专家前往金华，为更多的金华“烂脚老人”提供帮助。“安多福生命健康基金”是由中国红十字会总会事业发展中心和深圳市安多福消毒高科技股份有限公司共同设立的，专项资助患有褥疮、烧伤烫伤、火器伤、大面积外伤创面且家境贫寒的患者，帮助患者早日脱离病痛困扰，以及研发相关治疗技术和治疗手段。“安多福生命健康基金”慈善活动代表郭春生说：“看到这些饱受战争伤害的‘烂脚老人’，我们必须伸出援手。”他表示，接下来还将进一步扩大救助规模。同时，郭春生还呼吁社会各界的爱心人士，成立政府主导、多方合力的救助模式，为细菌战受害幸存者提供制度化的医疗服务平台，减少这群历经疮痍的老人们的创伤。

创面修复专家来金关注受害老人

11 月 6 日下午，在王选、中国工程院院士付小兵的带领下，全国创面修复专科联盟的专家们来到金华，在婺城区第一人民医院召开历史遗留“烂脚病人”创面诊疗现场研讨会，为深受几十年烂脚病折磨的细菌战受害者提供帮助，重新燃起他们的救治希望，给更多的细菌战受害者带去转机。

此次研讨会，不断总结创面修复经验，为历史遗留“烂脚病人”提供更多的救助机会。活动现场，来自中国人民解放军总医院、上海浦南医院、上海瑞金医院、上海交通大学第九人民医院、上海中西医结合医院、上海公安消防总队职工医院的专家们，接待了 10 多位“烂脚老人”，并对他们的病情进行了现场问诊。

今年 85 岁的应彩琴老人是之前接受上海浦南医院免费治疗的病人之一，在经过为期 23 天的医治后，困扰她六七十年的烂脚病已经

基本治愈，生活质量也得到了提高。“你看，我的脚基本上已经好了，不会因为腿疼而半夜痛醒，止痛药也停了，走起路来都比

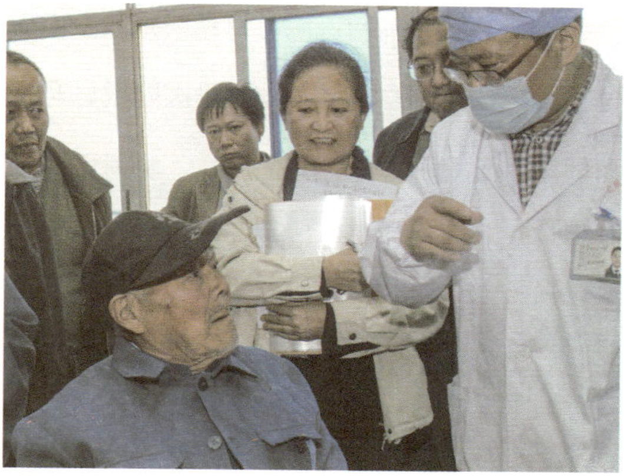

以前矫健了。”应彩琴高兴地说，这次来除了让专家们再看看她的脚，也想向王选和专家们表示感谢。

和应彩琴一样，得知全国一流的创面修复科专家来到金华后，很多得烂脚病的老人纷纷赶到婺城区第一人民医院。今年77岁的郑彩花老人从八九岁就开始“烂脚”，多年来一直深受烂脚病的折磨。抹药膏、敷草药、每天洗伤口，为了治好顽疾，郑彩花老人一直奔波于各大医院，但是收效甚微。“希望能够在有生之年把病治好，睡个安稳觉。”郑彩花老人期待道。

“上次来金华，专家们说能治好的，绝大部分人都能治好的，只要进行适当的治疗。”王选说，这次有更多的专家到来，也将为“烂脚老人”带来更大的希望。前段时间得知金华有这么多的“烂脚老人”，此次付小兵院士特意和全国创面修复专科联盟专家一起来金华，他说：“创面临床治疗必须要见到病人，到现场了解病人的情况，然后看创面决定治疗的方法。”

当天，上海浦南医院将总结前期的个案病例的临床疗效经验更好地推广，并与婺城区第一人民医院做好对接，以便诊治更多的细菌战受害者。为了做好对接工作，全国创面修复专科联盟还运用远端设备、利用智能眼镜，进行现场远程治疗的演示。通过这套远程治疗设备，即使专家远在外地，也可对现场救治人员的治疗工作提供指导，让会诊专家获得最全面的信息，也让“烂脚病人”得到及时的救助。当天，上海中西医结合医院、上海公安消防总队职工医院表示会选择6名金华“烂脚病人”前往上海接受免费治疗。

“婺一医”为贫困细菌战受害者免费治疗

在召开的历史遗留“烂脚病人”创面诊疗现场研讨会上，婺城区第一人民医院学习了上海浦南医院总结的个案病例的临床疗效经验，以便诊治更多的细菌战受害者。作为金华市婺城区的唯一一家规模最大的综合性县级医院，浙江省文明医院和金华市优质服务单位，首批放心药房，并曾获得“爱婴医院”“金华市级、区级文明单位”等多项荣誉称号，婺城区第一人民医院也加入到了救助“烂脚老人”的队伍中。

患烂脚病60余年的汤溪镇派溪李村孤寡老人李仲明因生活贫困，其腿部得不到很好的治疗、护理，婺城区第一人民医院得知李仲明的情况后，及时伸出了援手，给予其治疗并承担其医疗报销以外的自费部分。每天，李仲明都到婺城区第一人民医院为“烂脚”换药，医生为他清洁、消毒、用药、包扎，使李仲明的伤口有了好转（本报9月16日第一版曾做过详细报道）。

除了李仲明外，在得知金西三镇还存在不少“烂脚老人”后，婺城区第一人民医院院长张琳鑫表示，愿意为金西更多贫困“烂脚老人”提供帮助，免除医保以外需个人承担的医药费。目前，婺城区第一人民医院救助“烂脚老人”的工作开展有序，卓有成效，受到了当地群众的一致好评。

家住汤溪镇冬畈村的丰志元是婺城区第一人民医院救助的其中一位“烂脚老人”。由于烂脚，丰志元一辈子没有娶妻，生活十分困难。“我的一半右脚都烂光了，骨头也没有了，为了止痛每天只能吃止痛药，整个人因服药过多，变得浮肿。”丰志元说，虽然每天都用盐水、茶叶水清洗伤口，用了很多的草药，可病情一天比一天严重。为了保持身体平衡，丰志元只能用拐杖和小板凳行走。10月22日，丰志元入院，接受免费治疗。因其右足部反复感染坏死20余年，在丰志元的同意下，婺城区第一人民医院对其进行了右小腿截肢手术。“没有了‘烂脚’的拖累，反而感觉比以前轻松了，医生说到时候装上假肢，行走也能更加方便。”丰志元说，感谢婺城区第一人民医院提供免费治疗。

今年79岁的汤溪镇曹界村戴兆开老人，因日军细菌战而深受烂脚病折磨70余年，至今双腿仍有溃烂伤口，目前正在婺城区第一人民医院接受免费治疗。“我是八九岁的时候开始‘烂脚’的，因为实在是太痛了，为了治好这病，我开始学医，成了一名‘赤脚医生’。”戴兆开说。“日本兵还曾多次来村上，抢猪、鸭等，强奸妇女，抓村民去干苦力，我们只能逃到山里的岩石洞里，村上当时死了 200 多人，还有 30 多个村民烂脚。”在回忆的过程中，戴兆开哽咽道，现在村上的“烂脚老人”只有他还活着。

目前，李仲明等多位“烂脚老人”都得到了婺城区第一人民医院的免费救治。

细菌战受害者口述历史项目寻访幸存者

70 多年过去了，老人们的听力、记忆都在衰退，伤痛还在，但对于经历过的那场浩劫慢慢变得模糊，岁月侵蚀着他们诉说历史的能力。11 月 7 日，细菌战受害者口述历史项目在金华市档案中心正

式启动，寻访幸存的、遭受过战争伤害的老人，同时通过影像、文字等多种方式记录下他们对战争的记忆。此次项目由金华电视台新闻综合频道、婺城区新闻传媒中心、金华市档案局共同主办。浙江省档案局副局长韩李敏，感动中国年度人物王选，金华市档案局局长钱静，金华电视台新闻综合频道总监杨亚初，婺城区新闻传媒中心主任、《今日婺城》总编辑李英参加启动仪式。

据悉，细菌战受害者口述历史项目分为两个阶段。一是核实寻访、影像记录，从今年11月份到明年3月底，招募志愿者开展实地调查核实幸存者，开展对细菌战受害老人进行影像、文字采访，记录受害人生存状况，制作宣传片，发布到相关微信、微博平台；二是实施救助、推广宣传，从明年4月到年底，开展志愿者结对帮助、帮扶等爱心行动，跟踪回访受救助老人，记录老人们对战争的记忆，把活动向全市推广。

（施　俊　傅卫明　2014年11月12日）

感谢信

尊敬的上海浦南医院领导：

你们好！

9 月 18 日，我们在王选老师带领下，在金华电视台、婺城区新闻传媒中心等领导以及志愿者的陪同下从金华驱车来到贵院进行免费就医。我们金华 10 位老人，5 男 5 女，年龄最大的 91 岁，最小的 74 岁，平均年龄 85 岁左右。我们有一个共同特征就是“烂脚”，说起烂脚很是气愤加心酸，恨日本鬼子在我们中华大地犯下滔天罪行，让我们无辜百姓遭受到一辈子的伤痛，终身被这毒菌缠身，生不如死。让我们一生的精力、财力都消耗在这“烂脚”上，拖累了子女，而且烂脚发出的臭气使得人们都躲得远远的，让我们遭受到了常人无法忍受的痛苦，子女们有时对我们很是无奈，把我们的“烂脚”称为金子打造的“金脚”。10 年前，王选老师和她的学生们对我们这批“烂脚老人”进行了摸底调查，金华大约有上千名“烂脚老人”，10 年后的今天大多数老人由于长期得不到医治，缺医少药，加上子女的财力有限，无法医治，有的老人甚至是活活“烂脚”而死，迄今也就留下数百人左右。我们10位“烂脚老人”能够来到贵院免费治疗真的是不幸中的万幸，在我们生命的有限之年又给了我们一次重生的希望，这个希望是王选带给我们的，是上海浦南医院给予我们的。

医院领导，当我们进入上海浦南医院那一刻，我们就像来到了温暖的家，受到了你们各部门的迎接。在贵院，我们受到了贵宾式的待遇，你们有一支医术精湛、医德高尚的医疗队伍，在你们的亲切关怀下，我们10位老人经过了全面身体检查，经过院长刘卫东、书记殷志发、骨科主任黄伟杰、骨科副主任罗涛等医生的细心了解和观察，根据每位患者的具体情况进行了清创手术，并做了每位患者的治疗方案，在医治过程中发现了除“烂脚”以外的其他症状，并一一医治，这次医治让我们享受到国内一流的先进医疗技术——“微氧治疗”，贵院不惜一切成本，为我们10位老人千方百计地争取时间，是你们医院给了我们第二次生命，让我们几十年的“烂脚”得到痊愈。

医院领导，你们不光有一支医术高医德好的队伍，还有一群认真、细致的白衣天使，她们在张蓉护士长带领下，对我们10位老人护理有加，每位责任护士都很尽职尽责，有条有理，每次问询中，阿公、阿婆的叫，比我们自己的子孙辈叫得还甜。护士长对我们说，每天嘴上笑一笑，伤口就会合一合，好的快。年轻、漂亮的护士长不怕我们脏、臭，帮我们梳头，剪脚指甲，比我们子女还亲，她不仅对我们10位患者很关心，而且对我们前来陪同的家属也很是关心，天凉了，连夜打电话询问我们是否需加棉被，就连我们洗晒衣物都想得很周到。重阳前夕，护士长连夜给我们送来了重阳糕，并给每位老人送来了小彩旗，还给我们拍照，欢声笑语不断，让我们觉得这并不是医院，而是和子女生活在一起的温暖之家。20多天过去了，我们有7位老人已经分两批回家，第一批4位老人是医院派车直接将老人送到金华，第二批3位老人及家属共有6人，一早护士长就安排人员、车子、轮椅，将老人们送到车站，并与车站负责人协商，提前将老人们用轮椅送入站台，一直忙到老人上火车安置好座位，方才离开。回院后，说起这经过，91岁的梅兰芝老人翘着双手大拇指直称护士长“你真是带头的老大姐，有你在我们烂脚会好得快很多”。为了让剩余的3位老人能更安心、静心，更好地配合治疗，护士长每天在百忙之中抽出时间陪伴我们，下载了动画片，每天下午给我们看。在不知不觉中过了一个多月，到月底又有两位老人的“烂脚”会愈合。

医院领导，千言万语说不出我们对你们的感谢与感激，是你们给了我们10位老人得以重生的机会，给了我们第二次生命。痊愈后的我们，将会珍惜过好每一天。我们会时刻感受到在你们这里每一天的温暖，同时也祝愿医院各位领导和全体医务人员，身体健康、工作顺利、医院医疗水平更上一层楼，使更多的患者得以救治，造福人类。

最后，我们10位婺城细菌战受害老人，再次感谢医院领导及为我们救治的全体医务工作人员，感谢王选老师，感谢金华电视台领导、婺城区新闻传媒中心领导，带给我们的温暖。

赠：浦南医院领导及医务工作人员

毒菌无情缠终身　医德超尚除病根

10位烂脚得救治 凤凰涅槃再重生

浙江金华婺城区

10位细菌战受害人及家属

2014年10月26日

细菌战第八位老人康复出院

11 月 14 日，经过为期 53 天的系统治疗后，在上海浦南医院接受免费治疗的婺城细菌战受害老人梅兰芝已基本康复出院，并返回金华。截至目前，还剩下 2 名老人在上海接受进一步治疗。

（施　俊　张　蓉　2014 年 11 月 18 日）

婺城第二批细菌战
受害者赴沪免费治疗

本报讯　11月25日，3位金华“烂脚老人”在各自家属的陪同下，在婺城区新闻传媒中心、金华电视台新闻综合频道等媒体记者以及婺城区第一人民医院医务人员陈洪义和蒋堂镇泽口村志愿者洪增贵的护送下，踏上了前往上海中西医结合医院接受免费治疗的行程。

此次活动由全国创面修复专科联盟组织。11月6日，全国创面修复专科联盟的专家们来到金华，在婺城区第一人民医院召开历史遗留“烂脚病人”创面诊疗现场研讨会，并牵头金华“烂脚老人”前往上海接受免费治疗事宜。

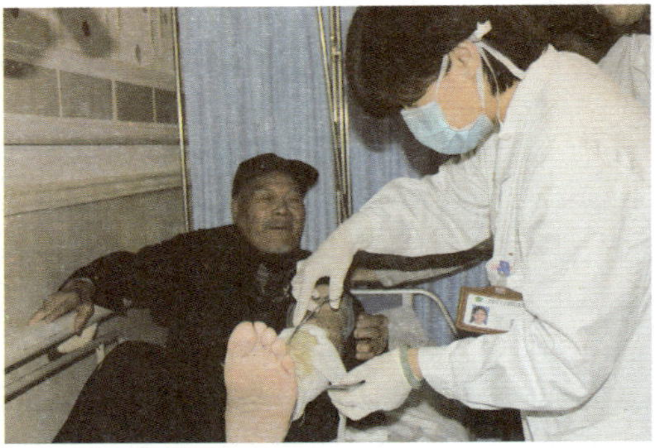

当天送医的老人是经过烂脚病情、身体状况、家庭情况等综合因素考量确定的，分别是婺城区塔石乡岱上村的傅立堂、琅琊镇新兰村的华金根、汤溪镇冬畈村的丰志元。能够得到此次去上海接受免费治疗的机会，3 位老人及其家属显得激动不已，“感谢大家，是你们为能够治好几十年的烂脚病带来了希望”。

今年 86 岁的傅立堂老人 10 多岁就得了烂脚病，已深受病痛折磨 70 多年了。至今，老人的左腿还有大面积的伤口，其渗出液更是发出阵阵臭味。“知道哪里有好的土方就去寻找，也去过一些好的医院，这么多年了，在伤口也敷了无数的草药、贴了很多张药膏，但伤口一直反反复复。”老人说，因为左脚烂得厉害，味道重，几十年来只能一直坚持用盐水清洗伤口、每天至少吃 2 片止痛药来缓解病痛。“当年日本人来了以后，村上还有 5 个人得了烂脚病，现在他们都去世了，其中的 4 个活到了八九十岁，但是到死都没有治好这病。”老人说，他是现在村上唯一幸存的“烂脚老人”了，希望这次去上海能够治好这病，安享晚年。

今年 80 岁的华金根老人也是其村上唯一幸存的“烂脚老人”，他同样希望能够治好烂脚病，远离烂脚病带来的伤痛。“我是从 7

岁开始烂脚的，也去过杭州的医院看过病，医生都建议我截肢，但我还是抱着能够治好的心态，不过到现在一直都

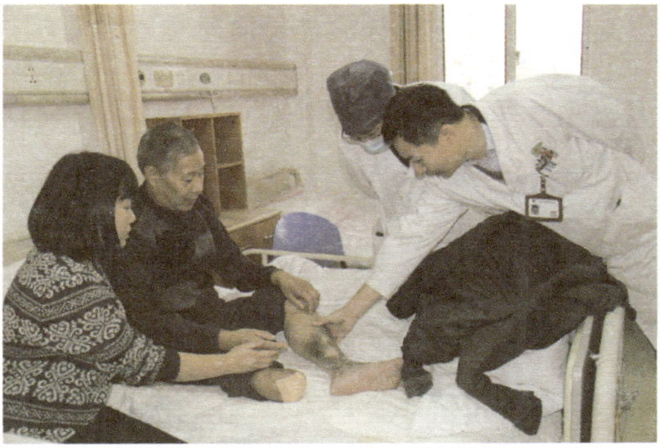

没好，尤其是左脚，烂得比较严重。”华金根老人说，有时候实在痛的不行只能去医院挂水，但过了三四天腿上的伤口又开始痛了。和傅立堂一样，华金根为了止痛，也是每天服用止痛药。“我从小看着爸爸深受病痛的折磨，也很痛苦。这么多年了，也陪着爸爸去一些医院看过病，但因为经济困难，也只能这样。当知道能去上海接受免费治疗时，真的很诧异，以为是骗人的，没想到是真的，真的有希望治好。”华金根的女儿华桂香哭着说，“谢谢，谢谢。”

相比而言，丰志元就没有那么幸运了。因为他一半右脚都烂光了，在一个多月前进行了截肢手术。“右脚已经完全坏死，为

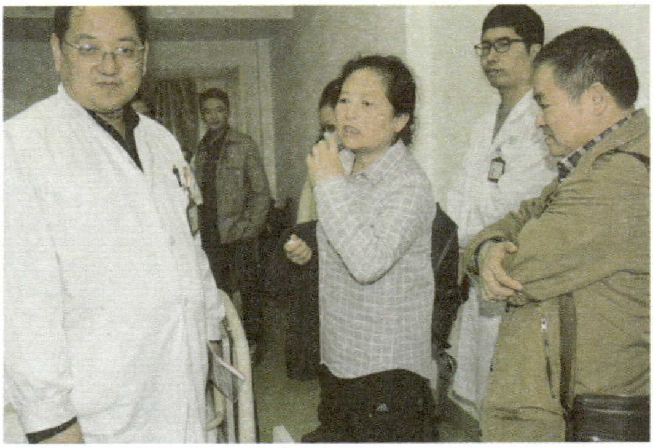

了以防蔓延，婺城区第一人民医院免费为我进行右小腿截肢手术，

没有了‘烂脚’的拖累，反而感觉比以前轻松了，医生说到时候装上假肢，行走也能更加方便。”因为烂脚，丰志元的左腿布满黑色的图斑。“得到这次免费治疗的机会，谢谢大家，希望上海的专家把左腿给治好。”丰志元感激道。

当天，经过5个多小时的车程，老人们终于到达了上海中西医结合医院。王选还特意赶到医院看望老人们。上海中西医结合医院脉管科的所有医务人员早早地就在院门口迎接，等老人们一下车，医院马上安排老人住进了提前准备好的脉管科病房，并对老人们进行病情检查，为伤口换药。“明天将会为老人们安排全面的身体检查，根据检查结果，结合腿部创面情况，中西医结合，为3位老人安排系统的治疗。”上海中西医结合医院脉管科主任曹烨民介绍。

（施　俊　2014年11月27日）

“国赢科技”捐赠伤口治疗仪医治“烂脚老人”

本报讯 近日，在王选的协调下，无锡国赢科技有限公司董事长曾亮一行来到婺城区第一人民医院，赠送两台伤口治疗仪，用于医治“烂脚老人”。

无锡国赢科技有限公司利用燃料电池原理，研发出的伤口治疗仪，只有手机般大小，能够将含氧量21%的空气浓缩为95%以上的纯氧，精准地以每小时3毫升的流量连续输出，并在临床试验中神奇般地治愈了不少难以愈合的表皮伤口。整个项目投入近2000万，自主研发5年时间，使伤口治疗仪于今年4月获得批准，正式进入市场，并于7月份开始公益性地提供给医院治疗患者。一台伤口治疗仪造价约3万多元。目前，伤口治疗仪已治愈了200多位伤口难以愈合的患者。

在上海浦南医院接受免费治疗的婺城区10位“烂脚老人”，其中叶方良、吕妹妹等8位老人已经康复出院，除了医务人员的诊治外，由无锡国赢科技有限公司提供的伤口治疗仪的治疗效果也是显著的，它能够加强白细胞的活动能力并诱发创面的生长因子，促使伤口局部血液循环，从而达到让老人们的伤口愈合的效果。“去上海治疗的老人因伤口创面大，愈合时间长，不少老人没治愈就急着想回家，把伤口治疗仪捐赠当地的医院，可以方便老人们，也是尽公司的能力为细菌战受害者提供帮助，也希望社会各界的爱心人士共同来减少这群历经疮痍的老人们的创伤。”无锡国赢科技有限公司董事长曾亮说。

（施　俊　2014年12月4日）

精心诊疗

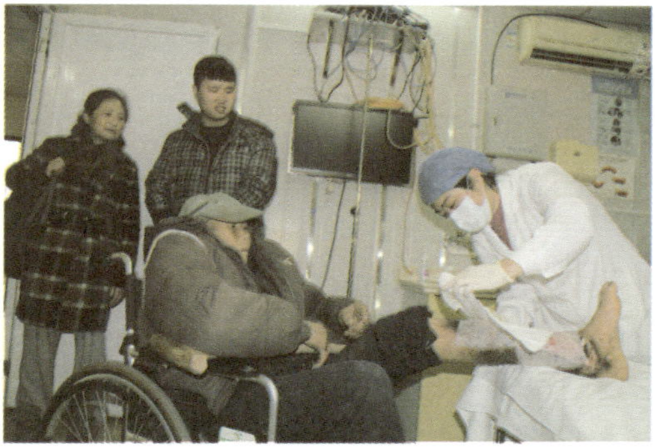

12 月 12 日，在全国创面修复专科联盟的组织下，琅琊镇徐村徐高照、汤溪镇派溪李村李仲明两位侵华日军细菌战受害者，在各自家属、婺城区新闻传媒中心记者的陪同下，前往上海市第九人民医院接受免费治疗。

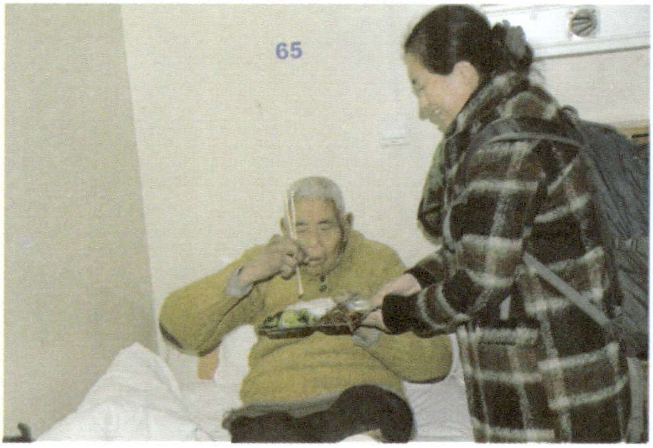

当天，上海市第九人民医院的医务人员马上安排两位老人住进提前安排好的创面修复科病房，并对老人们进行病情检查，为

伤口换药。“明天将会为老人们安排全面的身体检查，根据检查结果，结合腿部创面情况，确定系统的治疗方案。”上海市第九人民医院创面修复科医师吴敏洁介绍。

（施　俊　2014年12月15日）

细菌战受害老人治疗又添喜讯

诊治历史遗留细菌战受害老人行动计划会在婺举行

本报讯 1月4日，由著名社会活动家王选发起的“诊治历史遗留细菌战受害老人行动计划会”在婺城区第一人民医院举行，来自上海市创面修复研究中心的肖玉瑞教授、陆树良教授，中国人才发展基金会相关工作人员，婺城区新闻传媒中心及婺城区第一人民医院相关负责人等10余人参加了该计划会。

会上，王选对前一阶段细菌战受害老人的治疗情况进行了总结，应对下一阶段的治疗难题，经会上讨论后确定未来3个阶段的治疗计划：第一阶段，除之前在上海接受治疗的15名细菌战受害老人外，浙江历史遗留细菌战受害老人治疗小组（以上海市创面修复研究中心为主体）的相关专家还将从金华地区收治自愿接受治疗的患者20余名，安排在上海各对口医院接受治疗。希望通过该次治疗行动，增强细菌战受害老人治愈创面的信心，同时根据临床经验，总结出治疗慢性创面的方法；第二阶段，上海交通大学附属瑞金医院将派送两名研究生赴婺城区第一人民医院，在远程可视眼镜的支持下，通过远端专家实施指导，与当地医生一起治疗患者，为就地开展细菌战受害老人创面治疗提供了可行性；第三阶段，治疗小组将在阶段二工作的基础上，由中国医师协会及全国创面修复专科联盟牵头，对我省细菌战受害老人分布区域的基层医院医师或村医进行培训，推广智能远程技术，广泛铺开对细菌战受害老人的创面诊治工作，惠及极大多数历史遗留细菌战受害老人。

根据3个阶段的治疗计划，相关专家及志愿者领导小组各抒己见，展开了热烈地讨论。接下来，婺城区对细菌战受害老人的诊治也将陆续跟进。如符合细菌战受害老人治疗条件并自愿去上海接受免费治疗的老人，也可与本报记者施俊联系，电话：18258903266。

（郦　莎　2015年1月7日）

康复出院　依依话别

昨天下午，接受上海中西医结合医院免费治疗的细菌战受害老人华金根、丰志元，在经过为期 2 个多月的系统治疗后康复出院并回到金华。“我的脚治好了，以后不用再受烂脚病的折磨了，感谢中西医结合医院的医生们，感谢所有关心和帮助我的好人。”今年 80 岁的华金根老人激动地说。2 位老人在车站依依话别。

据悉，目前浙江历史遗留细菌战受害老人治疗小组还将从金华地区收治自愿接受治疗的患者 20 余名，安排在上海各对口医院接受治疗，婺城区对细菌战受害老人的诊治也将陆续跟进。如符合细菌战受害老人治疗条件并自愿去上海接受免费治疗的老人，也可与本报记者施俊联系，电话：18258903266。

（施　俊　2015 年 1 月 29 日）

汤溪中学细菌战展览馆昨开馆

本报讯 昨天上午，由金华市汤溪高级中学主办，金华市教育局关工委、退教协协办的纪念抗战胜利70周年暨细菌战展览馆开馆仪式在汤溪高级中学举行。中国细菌战受害者诉讼原告团团长王选参加开馆仪式。

汤溪中学退休老师傅自律等人从2004年开始至今，通过10多年的努力，跑遍了婺城13个乡镇的135个村，根据不完全统计，调查出被细菌战武器毒害致死的有3300多人，其中伤害死亡1226人，霍乱死亡331人，炭疽病死亡408人。通过傅自律等人收集的大量事实、资料，建成了细菌战展览馆。

70多年过去了，随着时间的推移，老人们的听力、记忆逐渐衰退，对于那场浩劫的记忆慢慢变得模糊，甚至大部分细菌战受害者已经与世长辞，这段历史的见证者越来越少。细菌战展览馆的建成，可以让更多的人了解到发生在金华的这段历史，特别是让年轻人铭记历史，勿忘国耻。细菌战展览馆也将成为爱国主义教育基地，引导更多的年轻人接受爱国主义教育，了解发生在身边的历史真实故事。

（施　俊　2015年3月31日）

细菌战受害者现场接受治疗

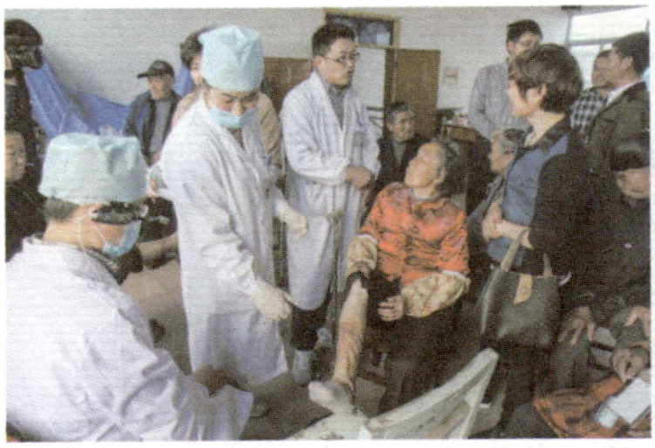

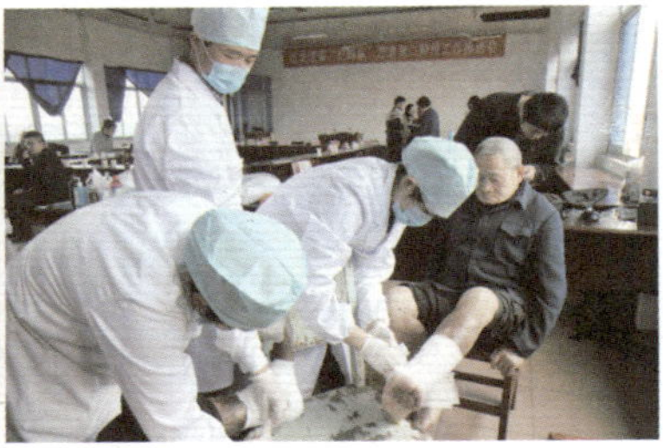

昨天下午，由著名社会活动家王选发起，中国工程院院士、解放军 301 医院生命科学院院长付小兵，上海市创面修复研究中心主任陆树良带队，上海市创面修复研究中心团队在婺城区第一人民医院开展烂脚病患者第二阶段治疗工作推进会。现场，上海市创面修复研究中心选派上海交通大学医学院附属瑞金医院 2 位研究生与第一人民医院医生一起对来自金华汤溪、塔石、安地、衢州地区的 20 多位患者进行了换药及复诊工作，并配合使用智能远程可视眼镜，通过患者创面信息的实时传输，在远端专家（上海）的实时指导下开展创面治疗。

（宋佳骐　2015 年 3 月 31 日）

铭记历史的伤痛　关爱细菌战受害者

70 多年过去了，关于那段细菌战的记忆渐渐变得模糊，逐渐被人淡忘。但是幸存的细菌战受害者却还是饱受着战争的创伤，身体和心理还在受着折磨。他们需要社会各界的关爱和帮助。

3 月 30 日上午，位于汤溪中学的细菌战展览馆开馆，让更多人了解到发生在金华的这段历史，提醒人们勿忘国耻，珍惜和平。3 月 30 日下午，上海市创面修复研究中心的专家团队在中国工程院院士、解放军总医院生命科学院院长付小兵的指导下，来到婺城区第一人民医院，为细菌战烂脚病患者进行现场会诊，商定治疗方案，启动了烂脚病患者救治第二阶段工作，在金华率先设立细菌战烂脚病治疗点。

汤溪中学细菌战展览馆开馆

3 月 30 日上午，金华市汤溪中学细菌战展览馆正式开馆。中国细菌战受害者诉讼原告团团长王选参加开馆仪式。

汤溪中学退休老师傅自律等人从 2004 年开始至今，通过 10 多年的努力，跑遍了婺城 13 个乡镇的 135 个村。据不完全统计，汤溪被细菌战毒害至死 3300 多人，其中伤害死亡 1226 人，霍乱死亡 331 人，炭疽病死亡 408 人，全户死亡的 116 户 303 人。傅自律等人自费寻访亲历过日军细菌战的幸存者和寻找日军战争罪证，整理了大量资料。2014 年底，傅自律向学校提请建细菌战展览馆，经学校同意，于今年 1 月底建成。

傅自律介绍，仅汤溪镇曹界村，就有 227 人死亡，占总人口的

76%。村里上了年纪的人回忆，1942年3月15日下午3时左右，日军飞机飞得很低，在村庄上喷洒出一股白雾，当时他们不知道是什么东西。到了第二天，多数村民都病倒了，几个月之内死亡227人。村民曹树高一家14人，死亡12人。当时，村上家家户户有哭声。宗氏祠堂内，尸体每天进出不断，村边小山坡上到处是坟墓，棺工、收尸工忙不过来……

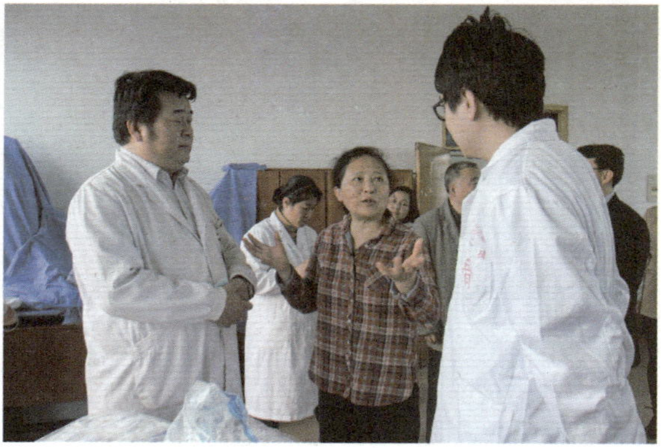

“建立细菌战展览馆的目的，就是让年轻人，特别是学生铭记历史，勿忘国耻。”傅自律说。市教育局党委委员、机关党委书记杨惠玲表示，还将充分发挥细菌战展览馆爱国主义教育基地的作用，引导更多的年轻人接受爱国主义教育，了解发生在身边的历史真实故事。

面对展览馆满墙的金华“烂脚病人”的照片以及各地细菌战的惨状，不少参观的汤溪中学学生都表示了沉默和哀伤。“作为学生，我们没有经历过战争，细菌战只是历史教科书中几段令人感慨的文字，几张令人头皮发麻的图片，但去年9月份的一次探望‘烂脚老人’的志愿者活动，让我深刻认识到了我们离战争似乎并不遥远，战争所带来的影响依然存在，战争的痛苦依然有人在承受着。”高三学生钱惠思说，有一位老人因为烂脚病，只能依靠凳子来行走，他的脚自少年时期就开始溃烂，几十年来时好时坏，现在他的脚早已没有了正常的轮廓，脚趾也因溃烂而粘在了一起。

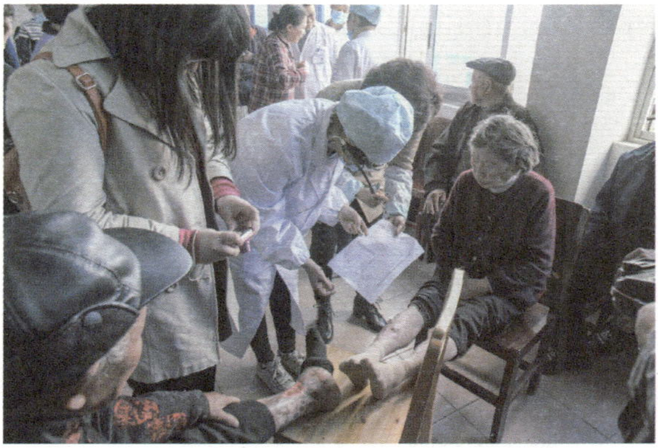

王选为展览馆开馆揭幕。“汤溪是细菌战金华受害者的重灾区，一直深受国际学术界的关注，美国著名历史学家、《死亡工厂》作者哈里斯以及德国、英国等众多专家、学者都到汤溪做过调查。我带着学生在汤溪做细菌战调查时发现，几乎每一个村子都能发现‘烂脚病人’，在同一时期发生的‘烂脚’，这是很不正常的现象。历史的记忆需要大家一起去补充完善，每一个人都是历史的一部分，我们应该付诸行动。”王选说。

金华率先设立细菌战烂脚病治疗点

当天下午，上海市创面修复研究中心的专家团队在中国工程院院士、解放军总医院生命科学院院长付小兵的指导下，为细菌战烂脚病患者进行现场会诊，商定治疗方案，启动了烂脚病患者救治第二阶段工作。

自去年 8 月份，在王选的奔走推动下，金华的 15 位“烂脚老人”得到社会爱心慈善救助，前往上海浦南医院、上海第九人民医院、上海中西医结合医院接受创面修复治疗。目前，患者均已出院，且创面愈合明显。

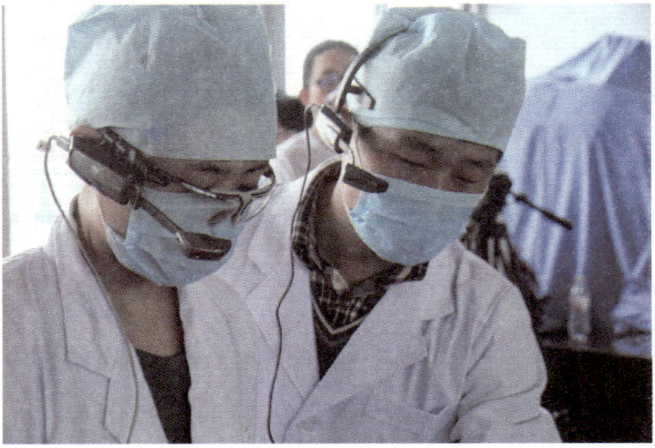

得知上海专家来金的消息，不少“烂脚老人”赶往婺城区第一人民医院。80 岁的吴学龙是婺城区洪源人，他 7 岁时，曾看到日本飞机轰炸金华，在他 7 岁的时候脚上就开始长水泡，然后开始烂脚，伤口多年来反反复复；91 岁的王竹花从 10 多岁就开始烂脚了，现在

晚上睡觉还经常被痛醒，脚也肿得像柱子一样；家住石门农场的陆家祥今年85岁，他的脚上布满了多年来因烂脚而留下的黑褐色的图斑，每天晚上必须要用红外线灯照腿部后才能入睡……

“抗战胜利已经70周年了，但还是有这么多饱受战争创伤的‘烂脚病人’没有治好，这是对我们的一个鞭策，我们应该尽全力来救治这些老人，抚平战争留下的创伤。”中国著名创伤修复专家、上海瑞金医院教授陆树良，在区第一人民医院宣布，在金华设立历史遗留烂脚病患者治疗点。

“数量庞大的细菌战烂脚病患者，光靠慈善和爱心救助是不够的，必须发挥全社会合力。”付小兵表示，他将联合中国医师协会创伤外科医师分会、中华医学会创伤学分会等医疗学术机构，呼吁当地政府重视“烂脚病人”现状，打通患者的救助政策瓶颈。

目前，由上海市创面修复研究中心选派的上海交通大学医学院附属瑞金医院的两位研究生已经在婺城区第一人民医院，与当地医生一起治疗烂脚病患者，并配合使用智能远程可视眼镜，通过患者创面信息的实时传输，在远端专家的实时指导下开展创面治疗工作。如果你或你身边的人有患上烂脚病至今未愈的，可以前往婺城区第一人民医院接受治疗。

（施　俊　宋佳骐　2015年4月3日）

金华烂脚病治疗点
病人家门口享受专家会诊

本报讯 4月30日下午2时，中国著名创伤修复专家、上海瑞金医院教授肖玉瑞其弟子陆树良教授赶到婺城区第一人民医院，帮“烂脚病人”诊治伤情，并为病人做手术。

婺城区第一人民医院是全国最早设有知名专家团队作支撑的历史遗留烂脚病患者治疗点。

虽然细菌战的硝烟已散去近70年，但这场战争所带来的疼痛，至今难以愈合。在当地，仍有近百名耄耋老人，在“烂脚之痛”中备受煎熬。“关于那段历史，我们应该做什么。”2014年9月10日，中国细菌战受害者诉讼原告团团长王选与上海多位医学专家来到金华，选择了10名烂脚病老人送至上海浦南医院接受免费治疗。然而，因为大部分病人都在山区、已经70岁高龄，所以并不愿意舟车劳顿赴异地就诊。

针对这一现状，前段时间，在王选和付小兵院士的共同努力下，在婺城区第一人民医院设立历史遗留烂脚病患者治疗点，通过远程视频智能眼镜，联动后方专家进行联合会诊。目前，治疗点已经接诊10多名病人，年纪最大的82岁。

今年70岁的何根禄和73岁的金岳宜就是接受诊治的患者。何根禄，家住金华市金东区孝顺镇范村，20岁的时候得了烂脚病。“我是农民，种田的时候镰刀把左腿给割破了，后来腿就开始烂了，皮也破了，腿上血淋淋的一片。痛，腿部每天都痛得厉害。”何根禄说，50年来他的腿一直都没有完全痊愈过。4年前，何根禄的左腿病情加重，每天腿部流出大量的血水，打湿鞋子、袜子。现在，他每天都用盐水清理伤口，再用纱布包扎好。不过，通过在治疗点享受到的医疗服务，很快，他就将摆脱困扰其近50年的这个“梦魇”。

“设立治疗点以后，我们用上了智能设备，通过智能远程可视眼镜的支持，可以在远端专家的指导下开展创面治疗工作。”肖玉瑞说，通过远程会诊，病人在家门口就可以享受专家会诊治疗服务，简单点的前期手术，也可以在汤溪分院进行，据悉，衢州、丽水也将同步设立类似治疗点，并有望向全国推广。

（施　俊　2015年5月5日）

社会各界为治愈“烂脚病人”努力

本报讯 5月25日，王选携腾迅和全国著名烧伤科专家、上海瑞金医院主任医师肖玉瑞及其弟子陆树良教授再次来到金华市中心医院金西院区，会诊当地的“烂脚病人”。自金华市中心医院金西院区设立烂脚病治疗点以来，肖玉瑞、陆树良时刻关注着来治疗点就诊的患者，配合驻守在治疗点的上海交通大学瑞金医院的博士生左衍海、硕士康雨恬，通过智能远程可视眼镜多次给予治疗指导。

此外，他们还特意从上海赶到金华，为两个病情较重的烂脚病患者进行二次手术。

今年73岁的金东区塘雅镇金村村民金岳宜来到医院换药，恰巧能够碰到上海来的专家的他颇为激动，“上次多谢从上海赶来的专家给我做手术，手术很成功，我的脚恢复得不错，谢谢医生们”。经过清创、植皮手术，金岳宜腿部的患处看起来已经不像之前那么恐怖，伤口愈合较好。

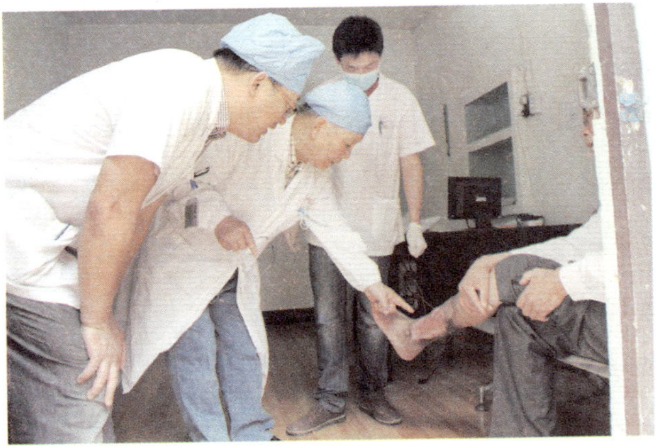

除了金岳宜，还有很多烂脚病患者在治疗点接受治疗。义乌佛堂的朱晓斌，其82岁的父亲也患有烂脚病，为此他在得知这里的治疗点后，特意赶来了解情况。家住婺城区洪源村的80岁老人吴学龙，自7岁就开始烂脚，多年来伤口反反复复，一直未治愈，实在受不了腿部疼痛的他，做了把腿上的敏感神经剪掉的手术。因为腿部伤口腐烂，老人的腿肿大至正常的两三倍，腿上还有一个手掌大小的伤口，黄色脓水不停渗流出。肖玉瑞在检查吴学龙的腿部后，建议其住院治疗。

当天，病人多，左衍海、康雨恬为病人消毒换药，面对刺鼻的臭味，他们连眉头都没有皱一下，而是忙得一刻都不停。截至目前，两位年轻的医生已经在金华驻守了两个月的时间，他们工作非常认真负责，在工作本上，写着一位位病人的治疗信息。为了方便病人看病，他们还特意申请了一个金华本地号码。

“经过两个月时间的实践，两位研究生在远程可视眼镜的支持下，通过远端专家实施指导，与当地医生一起治疗患者，证明就地开展‘烂脚病人’创面治疗是可行的。”陆树良表示，下一步将由中国医师协会及全国创面修复专科联盟牵头，对细菌战受害老人分布区域的基层医院医师或村医进行培训，推广智能远程技术，广泛铺开对细菌战受害老人的创面诊治工作，惠及极大多数历史遗留细菌战受害老人。

社会各界都在为治疗好这些老人而努力。当天，王选又一次来到金华，为“烂脚老人”奔波，寻找更多的机会治愈他们。王选牵头腾讯，开展大型战争遗留烂脚病救治活动，将在全国进行募捐和征集志愿者。腾讯大浙网的两位记者一路跟随王选从上海来到金华，用镜头记录下了金华“烂脚病人”的现状，“必须争取更多的社会资源，来帮助这批老人”。金华王氏“四世一品”文化研究会的王根华、王连根也为“烂脚病人”提供帮助，他们表示，将会为那些住在偏远山区的病人、没儿没女的孤寡老人提供护送等服务。

（施　俊　2015年5月27日）

“双向联动”大接力抚平烂脚病患者创伤

王选和三院士聚首金华总结历史遗留烂脚病患者治疗经验

8 月 9 日下午，历史遗留烂脚病患者治疗经验总结会在金华市中心医院召开。侵华日军细菌战中国受害者诉讼原告团团长王选，中国工程院院士王正国、付小兵、夏照帆以及一批来自上海、北京的医疗专家参加会议。

历史遗留烂脚病患者，是指 70 多年前，在日本侵华战争期间，受日本细菌战之害的患者。他们大多已七八十岁，创面疾病缠身几十年，又因经济条件有限，难以承受治疗费用，导致对治疗丧失了信心。虽然相当一部分患者依靠常规换药治疗治愈的可能性不大，但是通过合理的手术治疗是可以治愈的。

针对这一现状，王选发出对历史遗留烂脚病患者开展诊治的呼吁，在她的奔走推动下，自 2014 年 9 月，金华的 15 位烂脚病患者先后前往上海浦南医院、上海中西医结合医院、上海交通大学医学院附属第九人民医院接受免费治疗。婺城区新闻传媒中心全程参与了这一行动，并开辟了“王选与你同行”专栏，跟踪报道。目前，历史遗留烂脚病治疗工作已取得了阶段性成果。

志愿者医疗团队使烂脚病治愈成为可能

2014 年 9 月，中国工程院院士、中国医师协会创伤外科医师分会名誉会长、解放军 301 医院生命科学院院长付小兵教授，中国医师协会创伤外科医师分会会长、上海交通大学医学院附属瑞金医院上海市烧伤研究所所长、上海市创面修复研究中心主任陆树良教授积极响应王选发出的对历史遗留烂脚病患者开展诊治的呼吁，以中国医师协会创伤外科医师分会的名义带动上海市创面修复研究中心和全国创面修复专科联盟及其相关专家联合组成志愿者医疗团队，应对这一历史遗留烂脚病患者的治疗难题。

第一阶段，上海中西医结合医院免费收治 3 名患者、上海交通大学医学院附属第九人民医院通过王正国创伤医学基金会资助免费收治 9 名患者，通过治疗这批历史遗留烂脚病患者，总结出了治疗经验，证明使用现有的医疗技术手段，长期的难愈性烂脚病在目前我国的医疗状态下是可以被治愈的。

第二阶段，上海交通大学医学院附属瑞金医院派送博士生左衍海、硕士康雨田，来到金华市中心医院金西分院（婺城区第一人民医院），与当地医生一起治疗患者，并通过智能远程可视眼镜，实时传输患者创面信息，在上海专家的实时指导下开展治疗工作。在此期间，共接纳创面换药近300人次，为2位历史遗留烂脚病患者开展了4台手术。实践证明，对创面治疗经验不丰富的基层医生，在远程专家的指导下能够开展创面治疗工作。

傅军华老人（右一）感谢医生治愈其烂脚病

第三阶段，中国医师协会创伤外科医师分会副会长、浙江大学附二院韩春茂教授牵头协调，构建基于智能远程可视眼镜系统的金华市中心医院与金华市中心医院金西分院双向联动的治疗模式，使患者能够在金华市中心医院金西分院就近做基本治疗，需要手术时转入金华市中心医院。自开展双向联动机制治疗后，已治疗患者200多人，手术治愈患者已达9例，成为解决偏远乡村患者就医路途遥远困难的有效模式。中国医师学会创伤外科医师分会将会同上海市创面修复研究中心以及全国创面修复联盟的相关专家继续支持历史遗留烂脚病患者治疗工作，继续推广基层医院与大医院双向联动模式，惠及更多的历史遗留烂脚病患者。

傅军华老人（右一）握着医生的手，不停地说着“谢谢”

现场，陆树良详细介绍了历史遗留烂脚病患者前期治疗及治疗模式的构建。“实践证明历史遗留烂脚病患者是可以治愈的，依靠可视化信息技术，在远程专家指导下，基层医院也可以开展创面治疗。作为中国医生要担起责任，治好70年前留下的创伤。”陆树良教授表示，这不是为了揭开战争的伤疤，而是为了抚平战争的创伤，让更多的烂脚病患者得到治愈。

王选发起腾讯公募，烂脚病患者可申请免费治疗

总结会现场，王选显得特别地高兴。“现在，越来越多的人加入到关爱历史遗留烂脚病患者的行列中来，3 位中国工程院院士，还有这么多的专家齐聚金华，共同探讨历史遗留烂脚病患者治疗经验，总结阶段性成果，以实践证明了烂脚病是可以治愈的。”王选说，这些都为久医不愈的烂脚病患者带来了痊愈的希望，没有比这个更让人兴奋的了。

王选说，她和学生做浙江烂脚病调查中发现，金华、丽水、衢州等地还有 1000 名历史遗留的烂脚病老人，他们大多已经八九十岁，共同症状都是腿部大面积溃烂，几十年来创面久治不愈。这些烂脚病老人深受病痛折磨，有的老人甚至死前也没有治好烂脚病，晚年生活还得经受腿部伤口的疼痛，带着遗憾离开这个世界。“现在，金华、丽水、衢州都有烂脚病患者得到了治愈，这是非常了不起的事情，我要向你们表示感谢和敬意。”现场，王选特别向历史遗留烂脚病患者的治疗团队表示感谢。

为了帮助更多的历史遗留烂脚病老人，尽可能让这些老人不带着遗憾离开这个世界，王选还通过中国扶贫基金会，发起腾讯公开募捐，呼吁社会力量在抗日战争胜利 70 周年之际，治愈烂脚病患者

裸露至今的战争创伤。据了解，计划募集100万元人民币，将全部用于战争遗留烂脚病老人的救助医疗，让这些饱受战争之苦、伤病之痛的老人，能在他们人生最后的时日，终结战争的痛苦，安享晚年。截至当天，募捐资金为94.7万余元。

申请免费治疗的患者需属于历史遗留烂脚病患者，且家境困难，就可以提交患者姓名、年龄、病情、家庭状况等书面申请给当地的志愿者团队，由他们转交后进行筛选。届时，王选受全国创面修复专科联盟委托进行审核，通过审核的历史遗留烂脚病患者就可享受治疗团队医保之外的免费治疗。

社会各界助力治愈烂脚病患者

两位来自丽水、得到治愈的烂脚病患者得知总结会的消息后，特意赶来金华，感谢帮助过他们的专家们。84岁的傅君华、88岁的叶阿庭在去年年底被送往上海接受专家组精心治疗后，治好了困扰他们70多年的烂脚病。 傅君华从1944年得了烂脚病，伤口从脚背延伸近膝盖，严重的时候连骨头都能看见，只能拄着拐杖行走。老人说，从没有想过能够在有生之年治好烂脚病。现场，他们握着医生的手，不停地说着“谢谢”。除了他们，还有金华的傅立堂、华金根等烂脚病患者在上海得到了治愈。

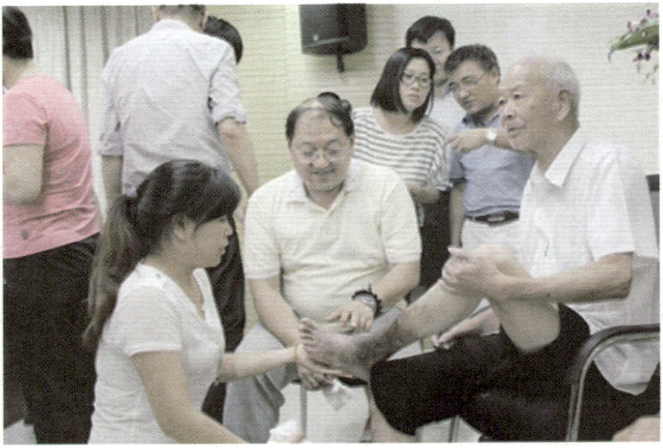

叶阿庭老人（右一）现场展示自己已经治愈的烂脚

除了志愿者和医务人员，治愈更多的烂脚病老人，还需要更多的社会热心人士和企业的参与。现场，又有10家企业成为项目的捐赠单位，王正国院士向捐赠企业颁发了感谢状。现场，还表彰了连鸿凯、陆树良、付小兵、肖玉瑞、曹烨民、谢挺、吴敏洁、倪鹏文、相胜敏、左衍海、康雨田、叶建华等人，获得第一届上海王正国创伤医学发展基金会特殊贡献奖。

（施　俊　2015年8月17日）

志愿者在行动，让烂脚老人感受冬日温暖

昨天上午，金华市电视台、婺城区新闻传媒中心和“山山烘焙学雷锋志愿队”联合开展慰问细菌战受害老人活动，为烂脚病患者送上冬日的关爱。志愿者们为老人带来了鲜花、蛋糕，陪老人聊天解闷，与老人话家常，还分别为老人送上了一千元慰问金。董桂娣和李仲明看到志愿者们的到来，他们感受到了别样的温暖，脸上洋溢着开心的笑容，两位老人感动道，“谢谢大家的关心，脚上的伤口好了很多”。

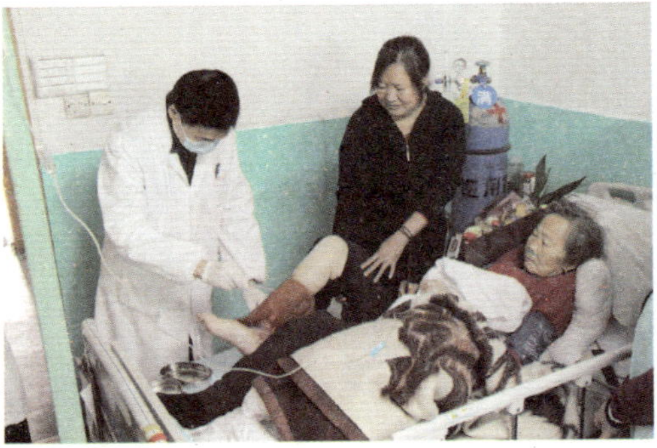

董桂娣老人今年81岁，家住婺城区岭上乡桃源村，去年，老人在王选的带领下前往上海浦南医院接受免费治疗，创面愈合情况良好，但因出院后卫生条件、老年病等情况导致创面恶化。10月22日，董桂娣入住金华市中心医院金西院区，再次接受免费治疗。金华市中心医院金西院区副院长叶建华介绍，老人患有重度贫血，普通人血红蛋白为110-160g/L，老人的血红蛋白值为44g/L，再加上老人还患有低蛋白血症、全心衰竭、全身性水肿等症状，住院期间出现多次病危。目前，老人的身体不适宜动手术，只能保守治疗，进行创面换药以及输血，但血站用血又紧张，老人的贫血症状严重，急需输血。为此，叶建华呼吁广大市民和社会各界爱心人士能够积极参与无偿献血活动，为老人献力出力。有意向献血的热心市民可以前往各献血站献血，并告知工作人员是为金华市中心医院金西院区六病区骨科14床的董桂娣献血即可。

李仲明是汤溪镇派溪李村的孤寡老人，因为烂脚病，他一辈子没有娶妻，生活十分困难。以前，李仲明的创面都是用旧报纸、纸板包扎的，伤口烂得惨不忍睹。去年 12 月份，老人前往上海交通大学医学院附属第九人民医院接受免费治疗，经过三次手术以及治疗后，老人伤口愈合良好。但老人卫生意识不强，出院后伤口感染，导致创面变大。为帮助老人，金西院区的医务人员和志愿者们多次前去老人家中看望他，并为老人换药。现在，李仲明每隔一天就到金西院区清创换药，创面也在慢慢恢复中。

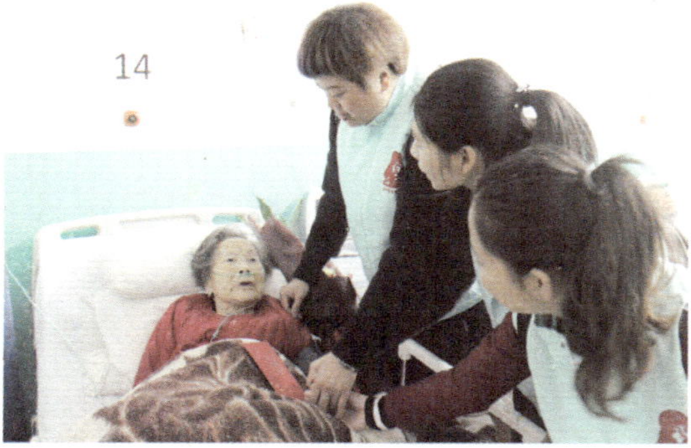

“自烂脚病治疗点设立以来，已经为患者提供换药服务 300 多人次，住院 20 多人次。”叶建华介绍，病情严重的患者，市中心医院会派遣专家来到治疗点对患者进行诊治。同时，医院也与上海的专家通过远程视频智能眼镜等设备保持联系，对疑难病症进行会诊，寻求最佳的治疗方式。

董桂娣、李仲明等“烂脚老人”治疗的所需费用除医保报销部分外，都由“细菌战烂脚病人救助”腾讯公益项目支付。今年，王选联合上海王正国创伤医学发展基金会，在腾讯公益频道推出“细菌战烂脚病人救助”公益项目，计划筹集 100 万元人民币，用于救助衢州、丽水、金华等地的烂脚病患者，目前该项目已筹集到善款近98.6万元，希望更多的人能够为“烂脚老人”摆脱伤痛出力。

（施　俊　孙佳佳）

王选来金推动细菌战受害老人救治工作

2月25日，王选再次来到金华看望历史遗留细菌战受害老人，并前往金华市中心医院金西院区了解治疗点救助开展情况，联系金东区新闻传媒中心商议增设金东救助治疗点相关事宜，以进一步推动金华细菌战受害老人救治工作。

王选与金东区新闻传媒中心商议
增设金东救助治疗点相关事宜

自金华市中心医院金西院区设立烂脚病治疗点以来，不少至今未痊愈的细菌战受害老人慕名而来，享受免费换药、免费治疗等服务。当天，金东区塘雅镇金村村民金岳宜来到医院换药。去年，金岳宜经过医院清创、植皮手术后，腿部的患处伤口愈合较好。但由于出院后护理不当等原因，金岳宜的创面渗出液多、腿部肿胀严重，金西院区副院长叶建华为其换药后，马上开通绿色通道，安排其住院治疗。金岳宜的状况让叶建华觉得惋惜，“老人去年手术很成功，只剩下小拇指般大小的伤口，但现在这种情况，只能等手术条件允许后再进行进一步的治疗”。叶建华介绍，目前，医院已经为患者提供住院服务20多人次，病情严重的患者，市中心医院会派遣专家到治疗点对患者进行诊治。同时，医院也与上海的专家通过远程视频智能眼镜等设备保持联系，对疑难病症进行会诊，寻求最佳的治疗方式。

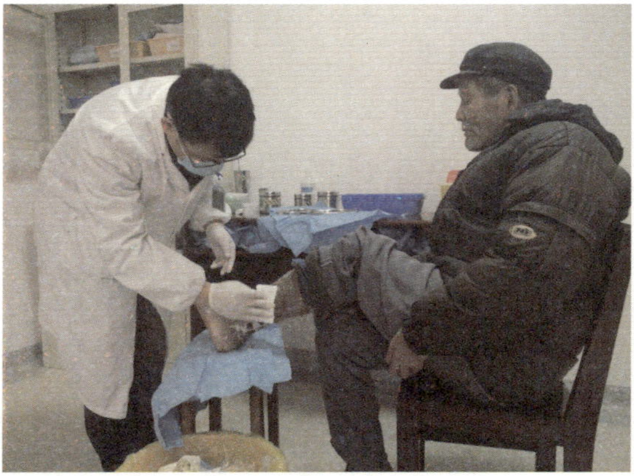

金西院区为金岳宜免费换药，随后安排其入院治疗

随后，王选一行来到汤溪镇派溪李村看望细菌战受害老人李仲明。李仲明是位孤寡老人，因为烂脚病，他一辈子没有娶妻，生活十分困难。以前，李仲明

的创面目不忍睹，通过上海第九人民医院的手术治疗以及金西院区医务人员的换药服务后，现在的李仲明走路带劲，连心态都变好了，看到王选和叶建华的到来，非常开心。

金岳宜、李仲明等细菌战受害老人治疗所需的费用通过医保报销后的自付费用，都由“细菌战烂脚病人救助”腾讯公益项目支付。去年，王选联合上海王正国创伤医学发展基金会，在腾讯公益频道推出“细菌战烂脚病人救助”公益项目，目前该项目已筹集到善款100多万元，用于救助衢州、丽水、金华等地的细菌战受害老人。

对于金华目前的救治工作，王选希望更多的爱心人士能够为这些老人出力，加入到救助细菌战受害老人的志愿者团队中来，让老人能在人生最后的时光，终结战争的痛苦、安享晚年。

（施　俊　2016年2月29日）

难忘的烽火岁月，难忘的抗战记忆

章一平

2015年是中国人民抗日战争暨世界反法西斯战争胜利70周年。在这个缅怀先烈、致敬英雄的庄严时刻，我们更加怀念为国家、为民族、为和平付出宝贵生命的英烈们。

70多年前，为了抗击日本侵略者，无数婺城儿女保家卫国，上阵杀敌；为了保卫祖国的大好河山，他们把一腔鲜血洒到了抗击日寇的每一个战场，也把最美丽的年华献给了那场中国历史上最残酷的反侵略战争。作为中国抗战的重要区域，婺城有着许多抗战遗址和抗日老战士。

铭记历史，是为了更好地开创未来；缅怀先烈，是为了更好地激励今人；不忘苦难，是为了更好地创造幸福。我们不仅要铭记历史、缅怀英烈，更要传承抗战精神。

2015年5月，在婺城区新闻传媒中心主任、今日婺城总编李英的大力支持下，我们周末部在《今日婺城》周末版上策划开设了《寻找婺城抗战记忆》专题，组织记者深入到偏远乡镇的山村、街道的弄堂小巷进行采访。

2015年上半年，开设专题前，在多年积累的基础上，我事先作了大量的调查。在调查过程中，区有关部门给予了很多帮助，如区民政局、老干局的有关负责人热心地提供了他们所掌握的抗战老兵名单，从而比较全面地了解了婺城抗战老兵的分布情况。

专题开设后，首篇为《以少胜多，琅峰山大捷振奋人心》。该专题从当年的5月15日开设，至9月25日结束，历时4个多月，共发表文章35篇，10多万字。

《寻找婺城抗战记忆》专题着力于采访抗战老兵的“亲历、亲闻、亲见”，再现尘封的岁月，重温至死不渝的家国情怀。

在采访中，我带着记者深入采访了许多地处偏远、地方方言难懂的抗战老兵，在35篇文章（注：另有2篇来稿不收入本书）中，带着记者采写或自己采写的文章就达到了16篇。安排每个记者采访前，我对要采写的稿子都事先提出具体要求。采写后的稿子，我都严格把关，细细修改，做好标题，力求文章抓住主要情节，细节准确，用词得当。

在采访对象中，既有当年参加民兵自卫队，配合主力部队打日寇的放牛娃，也有在抗日战争时期牺牲的著名战地记者；既有参加腾冲之战的军医，参加过昆仑关战役、编入中国远征军奔赴缅甸参战97岁的抗战老兵，也有参加过抗战后回家务农、生活在深山区的百岁抗战老兵，亲身经历过日本鬼子暴行的老教师；他们都经历了那艰苦卓绝的战争岁月，目睹了日本侵略者的种种暴行。

因此，把老一辈的历史记忆复制下来，为后人留下一份精神财富，这对发扬以爱国主义为核心的团结统一、爱好和平、勤劳勇敢、自强不息的伟大的民族精神，具有重大的政治现实意义和深远的历史意义。

《寻找婺城抗战记忆》在区新闻传媒中心领导支持下，除了在周末版上连续刊登外，还专门在婺城新闻网上开设了专题，网站有关人员精心制作了网页，实行了报网互动，在社会上引起了很大反响。

2015年11月，由婺城新闻网选送的《寻找婺城抗战记忆》获得2015年度浙江在线支站优秀专题一等奖。专家组给出的评价是：《寻找婺城抗战记忆》专题结合抗战主题，把主题报道本地化，十分接地气，对老兵的采访报道也有声有色，体现了主流媒体的责任担当。

2016年7月12日，由婺城新闻网报送的《寻找婺城抗战记忆》专题，在众多县区报和新闻网中脱颖而出，获得2015年度浙江新闻奖（新闻网络类）三等奖。这是婺城区新闻传媒中心成立十年来获得的唯一一个浙江新闻奖三等奖，也是献给区新闻传媒中心成立十周年的厚礼。

在此之前，在婺城区新闻传媒中心主任、今日婺城总编李英的策划下，婺城区新闻传媒中心通过中国细菌战受害者诉讼原告团团长王选，邀请上海浦南医院、上海瑞金医院、上海第九人民医院、上海交通大学的多位专家来到金华，看望烂脚病老人，进行现场问诊，共同开展了寻访救治侵华日军细菌战受害烂脚老人的活动，唤醒大家对历史的记忆。

婺城区新闻传媒中心在报纸《今日婺城》和婺城新闻网上开辟了“王选与你同行”专栏，进行跟踪报道。同时，婺城区新闻传媒中心还推出了《与王选同行——细菌战受害老人口述录》《与王选同行——寻访救助细菌战受害老人》等专栏，寻访幸存、遭受过战争伤害的老人，通过文字等形式记录下他们的生存现状以及对战争的记忆。通过这一活动，婺城的30多名细菌战受害者得到了医治。

2015年11月7日，由金华电视台新闻综合频道、婺城区新闻传媒中心、金华市档案局共同主办的细菌战受害者口述历史项目在金华市档案中心正式启动，通过寻访幸存的、遭受过战争伤害的老人，同时通过影像、文字等多种方式记录下他们对战争的记忆。

报道得到了社会各界的广泛关注与认同，婺城新闻网《以爱止殇——寻访救助侵华日军细菌战受害者系列报道》入选由国家网信办指导，中国互联网发展基金会主办，中国青年网承办的“2015年度百项网络正能量专题”。

感谢金华市档案馆、金华电视台、婺城区委统战部、民政局、老干局、党史办给予的支持和帮助！

感谢李英昌、施俊、杨诗悦、胡敏霞、郦莎、苏晓婕、姜景芳、周玉南、邱琪、宋佳骐等对本书给予的支持！

是为记。